고3

실전편

# 고득점 수능듣기

*Listening Power Is in You*

RHK
알엔비 컨텐츠

**집필진**

**민아미**

현) 대치동 수능입시 & TEPS 전문, Ami-English 원장
전) 목동 Chung-Top Language Institute 외고입시 대표강사
전) 목동 Seo-June Language Institute 외고입시 대표강사
University of Toronto TESOL 수료
이화여자대학교 교육학과
저서] 고득점 수능듣기 B형 고3유형편 (2013)

**박명재**

현) 경선식 에듀 듣기 대표강사
전) 메가스터디 외국어 듣기 전문강사
전) EBS 듣기 대표강사
전) 비타에듀 외국어 듣기 대표강사
전) 강남 영독학원 외국어 듣기 대표강사
전) 청평 비타 외국어 듣기 대표강사

**감수**

**변성우**

현) 인천고등학교 교사
전) 인천공항중학교 교사
숙명여자대학교 SMU-TESOL Diploma
인하대학교 영어영문학과

**검토진**

**Elizabeth Woyke**

B.A., Yale University, New Haven, Connecticut
M.S., Columbia University Graduate School of
Journalism, New York

**Ryan Min, AIA**

B.S., Yonsei University
M.Arch., Columbia University Graduate
School of Architecture, New York

**Christina Yang**

현) 대치동 GSI-SAT 어학원 대표
전) 대치동 Generation Solution Institute 대표
Wilfrid Laurier University, Canada

**민계정**

현) 미추홀외국어고등학교 영어교사
이화여자대학교 영어교육학과

**Hea Jung Noh**

현) 거제대학교 TOEIC&TOEFL 강사
전) 대치동 Wonder-Land Language
Institute 대표강사

**Yoni Kim (김소연)**

부산경성대 국제무역통상학과
세계예능교류협회 English Speech
수상

**Sarah Joo (주한별)**

서울 강남구 구룡중학교 재학 중
Rundle College Elementary
School, Canada

서울시 강남구 대치동 Ami-English
중 · 고등학생 일동

고득점 수능듣기 [고3 실전편]
*Listening Power Is in You*

**1판 1쇄 인쇄** 2014년 7월 15일
**1판 1쇄 발행** 2014년 7월 22일
**지은이** 민아미 · 박명재

**발행인** 양원석
**편집장** 오수민
**디자인** 황선재
**전산편집** 함동춘
**삽화** 김태복
**해외저작권** 황지현, 지소연
**제작** 문태일, 김수진
**영업마케팅** 김경만, 정재만, 곽희은, 임충진, 김민수, 장현기, 송기현, 우지연, 임우열, 정미진, 윤선미, 이선미, 최경민

**펴낸 곳** ㈜알에이치코리아
**주소** 서울시 금천구 가산디지털2로 53, 20층 (가산동, 한라시그마밸리)
**편집문의** 02-6443-8800 **구입문의** 02-6443-8838
**홈페이지** www.dobedobe.com
**등록** 2004년 1월 15일 제2-3726호

© 2014 민아미
**ISBN** 978-89-255-5114-2 (53740)

 는 랜덤하우스코리아의 새 이름입니다.

# Contents

# 이 책의 특징

## 수능 막바지 최종 정리 모의고사
### "고득점 수능듣기 실전편"이 해답입니다!

### 1. 정부 발표 연계 문제를 심층 분석했습니다.

정부에서 발표한 교육 방송 교재 연계 문제 분석하여
새로운 접근을 시도하는 수능의 입맛에 최대한 맞춘 파이널 교재입니다.
수능 직전, 이제 이 책으로 변별력을 높일 차례입니다.

### 2. 수능 10일을 앞두고 최종 점검하세요.

총 10회 구성으로 아쉽지도, 버겁지도 않도록 구성하였습니다.
수능 보기 한 달 전부터 최소 10일 전까지 활용할 수 있는 파이널 교재로
부담과 걱정 없이 외국어 영역 듣기를 정복하세요.

### 3. 이 책으로 여러분의 대학이 한 단계 높아집니다.

비중이 높아진 영어 듣기 시험 유형에 발맞추어 모든 문제마다
유형을 반복 연습하고 마무리할 수 있도록 구성하였습니다.
다양한 수준의 질문으로 간과했던 부분을 최종 정리하세요.

### 4. 현직 교사와 영어 전문가 및 수능 경험자들이 직접 검토하였습니다.

현 문제 출제 경향 및 연계 문제에 대한 검수를 현직 교사가 직접 검수하였습니다.
또한 여러 영어 전문가의 검토진 외에도 전 수능 세대인 대학생과 현 수능 세대인
고등학생이 직접 문제를 검토하여 문제의 실제성을 높였습니다.

# 핵심 실전 모의고사 1회
## 대학수학능력평가 대비
## 영어영역 듣기

# 핵심 실전 모의고사 1회

## 대학수학능력평가 대비 영어영역 듣기

| 성명 | | 수험번호 | | | | | | | | | | |
|---|---|---|---|---|---|---|---|---|---|---|---|---|

- 문제지의 해당란에 성명과 수험 번호를 정확히 쓰시오.
- 답안지의 해당란에 성명과 수험 번호를 쓰고, 또 수험 번호와 답을 정확히 표시하시오.
- 문항에 따라 배점이 다르니, 각 물음의 끝에 표시된 배점을 참고하시오.
  3점 문항에만 점수가 표시되어 있습니다. 점수 표시가 없는 문항은 모두 2점입니다.

**MP3 01**

1번부터 17번까지는 듣고 답하는 문제입니다. 1번부터 15번까지는 한 번만 들려주고, 16부터 17번까지는 두 번 들려줍니다. 방송을 잘 듣고 답을 하기 바랍니다.

**1** 대화를 듣고, 남자의 마지막 말에 대한 여자의 응답으로 가장 적절한 것을 고르시오.

① Don't worry. It has been done 2 hours ago.
② Yes, more people will make the work lighter.
③ I don't know whether we can finish it or not.
④ Of course, our team is the best in the world.
⑤ No, thank you. We've already done with the project.

**2** 대화를 듣고, 여자의 마지막 말에 대한 남자의 응답으로 가장 적절한 것을 고르시오.

① Well, I think taking a bus is a good idea.
② The Flower Festival should have an age limit.
③ We can catch up with the space shuttle mission.
④ Right next to the big white building. It's very close.
⑤ Incheon has become a well-known city for its flowers.

**3** 다음을 듣고, 남자가 하는 말의 목적으로 가장 적절한 것을 고르시오.

① 아동용 학용품이 할인 중임을 홍보하기 위해서
② 쓰지 않는 아동용 학용품을 기증받기 위해서
③ 가난한 나라에서의 봉사 활동을 권장하기 위해서
④ 어린이에게 무료 교육을 할 교사를 모집하기 위해서
⑤ 학교 교육용 세트를 사도록 하여 아이들을 돕기 위해서

**4** 다음을 듣고, 여자가 하는 말의 주제로 가장 적절한 것을 고르시오.

① Smart way to use your time
② The way to save your time
③ What to prepare for moving
④ Why you need to help neighbors
⑤ How to meet neighbors after a move

**5** 대화를 듣고, 방과 후 수업 학생 선발에 대한 남자의 의견으로 가장 적절한 것을 고르시오.

① 방과 후 수업은 연기되어야 한다.
② 영어 성적은 객관적이어야 한다.
③ 인터뷰하는 방법을 알려줘야 한다.
④ 긴장되는 분위기를 완화시켜야 한다.
⑤ 학생 선발을 성적에 따라 해야 한다.

**6** 대화를 듣고, 자전거 여행에 대해 두 사람이 언급하지 <u>않은</u> 것을 고르시오.

① 자전거 여행의 장점
② 자전거 여행 소요 시간
③ 그들이 타고 갈 자전거의 특징
④ 출발 전 그들이 준비할 것들
⑤ 그들이 선택한 자전거 노선

**7** 대화를 듣고, 남자가 여자를 위해 할 일로 가장 적절한 것을 고르시오.

① to teach music class
② to give comments
③ to write a draft
④ to revise his report
⑤ to confirm email address

**8** 대화를 듣고, 수면 도둑(sleep thieves)으로 그들이 언급하지 <u>않은</u> 것을 고르시오.
[2015 EBS 고교듣기 변형]

① 애완견의 방해
② 걱정스러운 생각
③ 공복의 위장 상태
④ 충분하지 않은 수면 시간
⑤ TV, 이웃사람 등의 소음

**9** 대화를 듣고, 그림에서 대화의 내용과 일치하지 <u>않는</u> 것을 고르시오.

**10** 대화를 듣고, 여자가 지불할 총 금액을 고르시오.

① 1,800 won
② 2,100 won
③ 3,900 won
④ 4,000 won
⑤ 5,000 won

**11** 다음 표를 보면서 대화를 듣고, 부부가 아이를 위해 선택한 여름 캠프를 고르시오.

| | Summer Camp | Camp Size | Main Activity | Period | Price |
|---|---|---|---|---|---|
| ① | Star Camp | 100 | Valley Drafting | Jul. 20 ~ Aug. 9 | $750 |
| ② | Moon Camp | 160 | Adventure Hiking | Jul. 27 ~ Aug. 16 | $550 |
| ③ | Earth Camp | 200 | Valley Drafting | Jul. 23 ~ Aug. 12 | $650 |
| ④ | Heaven Camp | 300 | Valley Drafting | Jul. 27 ~ Aug. 16 | $600 |
| ⑤ | Sky Camp | 420 | Adventure Hiking | Jul. 23 ~ Aug. 12 | $450 |

**12** 빅토리아 장미 축제에 관한 다음 내용을 듣고, 일치하지 <u>않는</u> 것을 고르시오.

① 여러 종류의 장미를 볼 수 있는 축제이다.
② 올해가 5번째 축제이며 5월 5일에 시작된다.
③ 올해는 장미 관련 상품도 판매될 예정이다.
④ 꽃 전시 외에도 다양한 활동이 준비되어 있다.
⑤ 올해 입장료는 작년 입장료보다 3달러 비싸다.

**13** 대화를 듣고, 남자의 마지막 말에 대한 여자의 응답으로 가장 적절한 것을 고르시오.
[2015 EBS 고교듣기 변형]

Woman: _____

① Can you teach me how to quit watching TV?
② I don't think we need more homework now.
③ Okay. Then let's go and watch movies together.
④ 10 minutes is not enough. You need more than that.
⑤ I hope you should know there's 'No Exception to the Rule.'

**14** 대화를 듣고, 여자의 마지막 말에 대한 남자의 응답으로 가장 적절한 것을 고르시오.

Man: _____

① Of course, I do. Let me show you some.
② No, I lost all of them because of the pickpockets.
③ Yes, I do. I had to recover everything from my wallet.
④ Maybe next time, I will visit Moscow instead of Rome.
⑤ Unfortunately, I didn't purchase any pictures last year.


**15** 다음 상황 설명을 듣고, Bob이 Emily에게 할 말로 가장 적절한 것을 고르시오. [3점]

Bob: Emily, _____

① you have such a strong mind.
② it's better to be safe than sorry.
③ you should be a medical doctor.
④ why don't you finish moving the boxes?
⑤ take a rest. But we can do it right now.


**[16~17]** 다음을 듣고, 물음에 답하시오.

**16** 남자가 하는 말의 제목으로 가장 적절한 것을 고르시오.

① How to study effectively
② How to prevent forgetfulness
③ The ways to improve your health
④ The ways to spend your time wisely
⑤ The ways to make your dream come true


**17** 남자가 말한 방법으로 옳지 <u>않은</u> 것을 고르시오.

① 관련된 약 복용하기
② 스트레스 없이 휴식하기
③ 해야 할 일 목록 만들기
④ 연상법으로 이름 기억하기
⑤ 많이 읽고 어휘 향상하기

# 핵심 실전 모의고사 2회

## 대학수학능력평가 대비
## 영어영역 듣기

# 핵심 실전 모의고사 2회

## 대학수학능력평가 대비 영어영역 듣기

| 성명 | | 수험번호 | | | | | | | | | | |
|---|---|---|---|---|---|---|---|---|---|---|---|---|

- 문제지의 해당란에 성명과 수험 번호를 정확히 쓰시오.
- 답안지의 해당란에 성명과 수험 번호를 쓰고, 또 수험 번호와 답을 정확히 표시하시오.
- 문항에 따라 배점이 다르니, 각 물음의 끝에 표시된 배점을 참고하시오.
  3점 문항에만 점수가 표시되어 있습니다. 점수 표시가 없는 문항은 모두 2점입니다.

**MP3 02**

1번부터 17번까지는 듣고 답하는 문제입니다. 1번부터 15번까지는 한 번만 들려주고, 16부터 17번까지는 두 번 들려줍니다. 방송을 잘 듣고 답을 하기 바랍니다.

**1** 대화를 듣고, 남자의 마지막 말에 대한 여자의 응답으로 가장 적절한 것을 고르시오.

① Yes. Rice and noodles have the same nutritious value.
② No, I try to eat healthy food to improve my physical condition.
③ No, because I was too tired to help my colleague during lunch time.
④ Sure, that restaurant is always busy with customers. I think it's good.
⑤ Around the corner? That is too close. The next block is better for.

**2** 대화를 듣고, 여자의 마지막 말에 대한 남자의 응답으로 가장 적절한 것을 고르시오.

① Then, I can't help but use them here in the library.
② Outside of the library, there is no book store around here.
③ Well, magazines and books are too expensive to buy.
④ Right. I forgot to bring my library card. Can I use my driver's license?
⑤ But I have no overdue library books. I can check out more books.

**3** 다음을 듣고, 여자가 하는 말의 목적으로 가장 적절한 것을 고르시오.
[2015 EBS 고교듣기 변형]

① Vision of World 단체를 설명하기 위해
② 봉사 활동 경험의 어려움을 조언하기 위해
③ 네팔 봉사 활동의 진척 상황을 알려주기 위해
④ 자원봉사 활동 참여할 것을 권장하기 위해
⑤ 학생들의 방학 계획 세우기를 권장하기 위해

**4** 다음을 듣고, 남자가 하는 말의 주제로 가장 적절한 것을 고르시오.
[2015 EBS 고교듣기 변형]

① 유머와 웃음의 중요성
② 유머를 사용할 때 유의할 점
③ 일상생활에서 유머의 필요성
④ 웃음이 전염성을 지니는 이유
⑤ 웃음이 건강에 미치는 긍정적 영향

**5** 대화를 듣고, 남자의 의견으로 가장 적절한 것을 고르시오.

① 봉사 활동을 위해 돈을 더 많이 모금해야 한다.
② 그림을 그릴 때에는 많은 색깔을 쓰면 좋지 않다.
③ 자원봉사 활동을 할 때에는 티셔츠를 입어야 한다.
④ 티셔츠를 고를 때는 색깔보다는 디자인이 더 중요하다.
⑤ 셔츠 로고는 그림 모양 보다는 글씨로 하는 것이 좋다.

**6** 대화를 듣고 진공청소기에 관해 두 사람이 언급하지 <u>않은</u> 것을 고르시오.
[2015 EBS 고교듣기 변형]

① motor power
② degrees of noise
③ a new cordless model
④ durability and warranty
⑤ styles of vacuum cleaners

**7** 대화를 듣고, 여자가 할 일로 가장 적절한 것을 고르시오.

① 계란 사오기
② 식료품점 문 닫기
③ 음식 포장 부탁하기
④ 남자의 지갑 가져오기
⑤ 당근과 시금치 요리하기

**8** 대화를 듣고, 가수와의 인터뷰가 취소되는 이유를 고르시오.

① 공연 후에 넘어졌기 때문에
② 콘서트가 취소되었기 때문에
③ 인터뷰의 질문이 많으므로
④ 현재 병원에 입원 중이기 때문에
⑤ 뮤직 페스티벌에 참가해야 하므로

**9** 대화를 듣고, 그림에서 대화의 내용과 일치하지 <u>않는</u> 것을 고르시오.

**10** 대화를 듣고, 두 사람이 지금까지 기부받은 총 금액을 고르시오.

① $38,000
② $38,500
③ $56,000
④ $59,000
⑤ $60,300

**11** 다음 표를 보면서 대화를 듣고, 그들이 선택할 사과 따기 날을 고르시오.

| | Harvest Dates | Apple Name, Appearance | Characteristics | Best Used For |
|---|---|---|---|---|
| ① | Aug. 10 ~ Aug. 20 | Jonagold, Small & Red skin | Tender & Juicy | Eating |
| ② | Sept. 5 ~ Sept. 20 | Red Delicious, Medium & Red skin | Tender & Juicy | Cooking, Eating |
| ③ | Sept. 15 ~ Sept. 30 | Connell Red, Medium & Green skin | Firm & Crisp | Cooking, Eating |
| ④ | Sept. 20 ~ Oct. 10 | Macintosh, Large & Green skin | Very Sweet | Cooking, Eating |
| ⑤ | Sept. 25 ~ Oct. 5 | Empire, Large & Deep red | Very Sweet | Cooking, Salads |

Table title: **WISCONSIN'S FAVORITE APPLES**

**12** 라이온즈 국제 평화 포스터 콘테스트에 관한 다음 내용을 듣고, 일치하지 <u>않는</u> 것을 고르시오.

① 25년간 전 세계 4백만이 넘는 아이들이 참가했다.
② 올해 포스터의 주제는 '우리 세상, 우리의 미래'이다.
③ 다양한 재료를 이용하여 포스터를 그리는 것이 가능하다.
④ 독창성, 예술적 가치, 주제 표현을 심사기준으로 한다.
⑤ 대상은 상금 수령 대신 시상식에 가는 여행을 할 수 있다.

**13** 대화를 듣고, 남자의 마지막 말에 대한 여자의 응답으로 가장 적절한 것을 고르시오.
[2015 EBS 고교듣기 변형]

Woman: _____

① You'll be by far the better candidate than me.
② Now, our election strategy is not important at all.
③ Thank you. You'll be a great help with the election.
④ I think Sandra should have registered as a candidate.
⑤ You don't need to. They won't listen to election speech.

**14** 대화를 듣고, 여자의 마지막 말에 대한 남자의 응답으로 가장 적절한 것을 고르시오.
**[2015 EBS 고교듣기 변형]**

Man: _____

① I don't have a mind to pay for yours.
② Of course not. How much do you want?
③ Yes, I do. I think I can lend you mine.
④ Sure. If you stand in line for him.
⑤ No, I don't. I don't have any enough money.

**15** 다음 상황 설명을 듣고, Mina가 Sam에게 할 말로 가장 적절한 것을 고르시오. [3점]

Mina: Sam, _____

① can I send the information by postal mail to you?
② do you know some beautiful places to visit?
③ Gangneung is a fantastic place to visit, isn't it?
④ can you include the lodging information as well?
⑤ you don't need to gather information for me.

**[16~17]** 다음을 듣고, 물음에 답하시오.

**16** 여자가 하는 말의 제목으로 가장 적절한 것을 고르시오.

① Typical skin troubles
② Preventing insect's bites
③ Taking care of the burnt skin
④ Repelling mosquitoes at home
⑤ Treating mosquito bites on babies

**17** 여자가 말한 방법으로 언급되지 <u>않은</u> 것을 고르시오.

① Applying a cold washcloth
② Cutting the baby's fingernails
③ Cleaning the bitten area with disinfectant
④ Monitoring the bites for 24 hours
⑤ Using Calamine lotion to the bite

# 핵심 실전 모의고사 3회
## 대학수학능력평가 대비
## 영어영역 듣기

# 핵심 실전 모의고사 3회

## 대학수학능력평가 대비 영어영역 듣기

| 성명 | | 수험번호 | | | | | | | | | |
|------|--|----------|--|--|--|--|--|--|--|--|--|

- 문제지의 해당란에 성명과 수험 번호를 정확히 쓰시오.
- 답안지의 해당란에 성명과 수험 번호를 쓰고, 또 수험 번호와 답을 정확히 표시하시오.
- 문항에 따라 배점이 다르니, 각 물음의 끝에 표시된 배점을 참고하시오.
  3점 문항에만 점수가 표시되어 있습니다. 점수 표시가 없는 문항은 모두 2점입니다.

**MP3 03**

1번부터 17번까지는 듣고 답하는 문제입니다. 1번부터 15번까지는 한 번만 들려주고, 16부터 17번까지는 두 번 들려줍니다. 방송을 잘 듣고 답을 하기 바랍니다.

**1** 대화를 듣고, 남자의 마지막 말에 대한 여자의 응답으로 가장 적절한 것을 고르시오.

① Yes, she is the one who always makes me laugh.
② Whenever we meet, we have a good time each other.
③ Actually after the fight, we became closer. It's not my fault.
④ No, she arrived too early for the party so that we enjoyed chatting.
⑤ I hate when she talks behind my back. She doesn't show respect to people.

**2** 대화를 듣고, 여자의 마지막 말에 대한 남자의 응답으로 가장 적절한 것을 고르시오.

① Actually, it's my birthday party.
② Let me show you, please come this way.
③ There are four of us, including one child.
④ We have a table for two not five.
⑤ Of course, I've already reserved a seat.

**3** 다음을 듣고, 남자가 하는 말의 목적으로 가장 적절한 것을 고르시오.
[2015 EBS 고교듣기 변형]

① the history of economic development
② effects of economic factors on fashion
③ how to keep up with the latest fashion
④ changes of the standard of beauty over time
⑤ the economic growth of the fashion industry

**4** 다음을 듣고, 여자가 하는 말의 주제로 가장 적절한 것을 고르시오. [3점]

① The power of white color
② The reason to see a dentist
③ Safety tips for teeth whitening
④ The importance of regular check-up
⑤ How to choose right teeth products

**5** 대화를 듣고, 남자의 의견으로 가장 적절한 것을 고르시오.

① 장을 보고 요리를 해서 저녁 파티를 해야 한다.
② 피자를 주문해서 먹는 것이 부부에게 편할 것이다.
③ 요리 재료가 부족해도 집에서 만들어 먹는 것이 좋다.
④ 이번 주는 일을 해야 하므로 다음 주에 요리해야 한다.
⑤ 피자는 건강에 좋지 않으므로 직접 요리를 해서 먹어야 한다.

**6** 대화를 듣고, 두 사람의 관계를 가장 잘 나타낸 것을 고르시오.

① tourist – tour guide
② businessman – colleague
③ shop manager – customer
④ airline worker – passenger
⑤ shop manager – flight attendant

**7** 대화를 듣고, 여자가 남자를 위해 할 일로 가장 적절한 것을 고르시오.

① 춤 가르쳐 주기
② 남자에게 편지 써주기
③ 토요일 회의 내용 알려주기
④ 춤 동아리 회원 소개해주기
⑤ 자기소개서 쓰는 것 도와주기

**8** 대화를 듣고, 여자가 화가 난 이유를 고르시오.

① 음식의 맛이 형편없어서
② 음식점이 바가지를 씌워서
③ 자신의 대기 순서를 무시당해서
④ 프로답지 못한 음식 서빙 때문에
⑤ 대기하는 줄이 길어 오래 기다려서

**9** 대화를 듣고, 그림에서 대화의 내용과 일치하지 <u>않는</u> 것을 고르시오.

**10** 대화를 듣고, 남자가 지불할 총 금액을 고르시오.

① $45
② $50
③ $63
④ $66
⑤ $78

**11** 다음 표를 보면서 대화를 듣고, 그들이 선택할 상품을 고르시오.

| Ali Ruwang Resort | | | | | |
|---|---|---|---|---|---|
| | Type | Low Season | Peak Season | Breakfast | Airport Pick Up |
| ① | Two-Bedroom Pool Villa | $200 | $300 | Available $25 per person | Not Available |
| ② | Two-Bedroom Cliffside Pool Villa | $300 | $400 | Not Available | Not Available |
| ③ | Two-Bedroom Cliffside Pool Villa | $400 | $500 | Available $25 per person | Not Available |
| ④ | Three-Bedroom Pool Villa | $400 | $500 | Not Available | Available |
| ⑤ | Three-Bedroom Cliffside Pool Villa | $500 | $600 | Available $25 per person | Available |

**12** 금호선인장(Echinocactus grusonii)에 관한 다음 내용을 듣고, 일치하지 <u>않는</u> 것을 고르시오.

① 노란 가시를 가진 선인장이다.
② 두 배로 크는데 몇 년 걸린다.
③ 멕시코에서는 90cm까지 넓게 자란다.
④ 일 년에 한 번 비료를 주어야 한다.
⑤ 겨울에 물을 많이 주면 썩게 된다.

**13** 대화를 듣고, 여자의 마지막 말에 대한 남자의 응답으로 가장 적절한 것을 고르시오.

Man: ＿＿＿＿＿＿＿＿＿＿＿＿＿＿＿＿＿＿＿＿＿＿＿＿＿＿＿

① Sorry, I don't have enough time to help you.
② What are friends for? Let me help you treat the wound.
③ I'm looking forward to seeing him out of the hospital.
④ That sounds great. Let's go to the school library to see John.
⑤ Think nothing of it. After finishing it, let's go and see John together.

**14** 대화를 듣고, 남자의 마지막 말에 대한 여자의 응답으로 가장 적절한 것을 고르시오.

Woman: _____

① No, it wouldn't. It's better late than never.
② I don't think so. You have a good eye for flowers.
③ It's nice to thank her with some beautiful flowers.
④ I'm sorry to hear that. How can you say that to me?
⑤ Yes. It would be better to choose a different present.

**15** 다음 상황 설명을 듣고, Laura가 Michael에게 할 말로 가장 적절한 것을 고르시오. [3점]

Laura: Michael, _____

① aren't we going very different ways?
② don't try to lie to your parents. That's useless.
③ do you have a problem with your senior musicians?
④ are you going to try to persuade your parents?
⑤ you're going to become a famous programmer.

**[16~17] 다음을 듣고, 물음에 답하시오.**

**16** 남자가 하는 말의 제목으로 가장 적절한 것을 고르시오.

① Finding nutritious food
② Diabetes, curable disease
③ Low fat fruits and vegetables
④ What fruits are good for diabetes?
⑤ Do organic fruits contain more sugar?

**17** 남자가 말하는 효능이 있는 식품으로 언급되지 <u>않은</u> 것을 고르시오.

① 사과　　　　　　② 오이
③ 오렌지　　　　　④ 바나나
⑤ 자몽

# 핵심 실전 모의고사 4회
## 대학수학능력평가 대비
## 영어영역 듣기

# 핵심 실전 모의고사 4회

## 대학수학능력평가 대비 영어영역 듣기

| 성명 | | 수험번호 | | | | | | | | | |
|------|--|----------|--|--|--|--|--|--|--|--|--|

- 문제지의 해당란에 성명과 수험 번호를 정확히 쓰시오.
- 답안지의 해당란에 성명과 수험 번호를 쓰고, 또 수험 번호와 답을 정확히 표시하시오.
- 문항에 따라 배점이 다르니, 각 물음의 끝에 표시된 배점을 참고하시오.
  3점 문항에만 점수가 표시되어 있습니다. 점수 표시가 없는 문항은 모두 2점입니다.

**MP3 04**

1번부터 17번까지는 듣고 답하는 문제입니다. 1번부터 15번까지는 한 번만 들려주고, 16부터 17번까지는 두 번 들려줍니다. 방송을 잘 듣고 답을 하기 바랍니다.

**1**  대화를 듣고, 여자의 마지막 말에 대한 남자의 응답으로 가장 적절한 것을 고르시오.

① Okay. Let's meet there.
② I'll be with you the whole time.
③ No, we were supposed to meet at 6.
④ No. I have an appointment at 7 o'clock.
⑤ Sorry, but I don't feel like waiting for you.

**2**  대화를 듣고, 남자의 마지막 말에 대한 여자의 응답으로 가장 적절한 것을 고르시오.

① No problem. I can easily find the bag I want to buy.
② No, I left my school backpack in your house.
③ Wow! Look at you. Your backpack is brand new.
④ Yes, the researchers have finished their project.
⑤ Yes, I already have but it was not there, either.

**3** 다음을 듣고, 여자가 하는 말의 목적으로 가장 적절한 것을 고르시오.
[2015 EBS 고교듣기 변형]

① 환경오염의 심각성을 강조하려고
② 중고 휴대폰 구매를 홍보하려고
③ 에너지 절약 캠페인을 공지하려고
④ 폐휴대폰 수거 참여를 독려하려고
⑤ 휴대폰 사용 시 유의점을 설명하려고

**4** 대화를 듣고, 두 사람이 하는 말의 주제로 가장 적절한 것을 고르시오.
[2015 EBS 고교듣기 변형]

① 여행 경비를 마련하는 방법
② 국제 학생증 사용의 장단점
③ 해외여행 시 필요한 물품구입
④ 호주의 교통 현황과 개선점
⑤ 호주 여행 시 버스요금 절약법

**5** 대화를 듣고, 남자의 의견으로 가장 적절한 것을 고르시오.

① 취미생활보다는 공부를 해야 한다.
② 나이에 상관없이 배울 수 있다.
③ 영어 학습은 춤 배우기보다 어렵다.
④ 타인을 격려하는 것은 옳지 않을 수 있다.
⑤ 사업에 성공하려면 지속적인 노력을 해야 한다.

**6** 대화를 듣고, 두 사람의 관계를 가장 잘 나타낸 것을 고르시오.

① guest – hotel manager
② taxi driver – bank clerk
③ airport staff – tourist
④ tour guide – tourist
⑤ airport staff – tour guide

**7** 대화를 듣고, 남자가 여자에게 부탁한 일을 고르시오.

① to email him the manual
② to repair the fax machine
③ to help Mr. Brown make the manual
④ to buy the notebook computer
⑤ to keep record of his purchase

**8** 대화를 듣고, 남자가 회사를 그만두는 이유를 고르시오.

① 회계 일이 복잡해서
② 월급이 많지 않아서
③ 회사의 권고퇴직 때문에
④ 직장동료와 문제가 있어서
⑤ 가족과 해외로 가게 되어서

**9** 대화를 듣고, 그림에서 대화의 내용과 일치하지 <u>않는</u> 것을 고르시오.

**10** 대화를 듣고, 남자가 지불할 총 금액을 고르시오.

① $9                    ② $18
③ $23                   ④ $32
⑤ $56

**11** 다음 표를 보면서 대화를 듣고, 그들이 선택할 집을 고르시오.

| | House | Price | Ideal Direction | Wall Paper | Extra Restroom |
|---|---|---|---|---|---|
| ① | Block A-101 | $400 | North-facing | Renewed | × |
| ② | Block A-105 | $500 | South-facing | Renewed | ○ |
| ③ | Block B-201 | $500 | North-facing | Not-renewed | × |
| ④ | Block B-301 | $600 | South-facing | Renewed | ○ |
| ⑤ | Block C-501 | $700 | South-facing | Not-renewed | ○ |

**12** 고대 이집트 가구 전시회에 관한 다음 내용을 듣고, 일치하지 <u>않는</u> 것을 고르시오.

① 의자, 책상, 바구니 등이 전시되어 있다.
② 고대 이집트 시대의 의자는 고위층 사람만 사용하였다.
③ 고대 이집트 모든 사람은 대부분 침대를 사용했다.
④ 전시회는 6월 5일에 시작하여 9월 전에 끝날 예정이다.
⑤ 일요일은 개장하지 않으며 전시는 오전 9시에 시작한다.

**13** 대화를 듣고, 남자의 마지막 말에 대한 여자의 응답으로 가장 적절한 것을 고르시오.
[2015 EBS 고교듣기 변형]

Woman: _____

① Then why don't we do them right now?
② Then, I want to move to another house.
③ Cleaning-up is what we can do tomorrow.
④ Don't worry. I can prepare spring holidays.
⑤ Then, let's set up our cleaning schedule, first.

**14** 대화를 듣고, 남자의 마지막 말에 대한 여자의 응답으로 가장 적절한 것을 고르시오.
[2015 EBS 고교듣기 변형]

Woman: _____

① You were supposed to receive it by yesterday.
② Sorry but you have to pay shipping charge.
③ I think you should have canceled your order.
④ We promise to deliver it within 48 hours.
⑤ Sorry but you can't get the running shoes you ordered.

**15** 다음 상황 설명을 듣고, Kate가 Jacob에게 할 말로 가장 적절한 것을 고르시오. [3점]

Kate: Jacob, _____

① don't worry. Silence never makes a mistake.
② everybody knows you have a talent for singing.
③ mistakes happen to everyone. Be confident!
④ you shouldn't be over-confident in everything.
⑤ you'd better make up your mind as soon as possible.

**[16~17]** 다음을 듣고, 물음에 답하시오.

**16** 뉴스 주제로 가장 적절한 것을 고르시오.

① A building collapse
② A stranded dog in a building
③ A bomb threat at a hospital
④ A traffic accident on the road
⑤ A fire at an apartment building

**17** 뉴스의 내용과 일치하지 <u>않는</u> 것을 고르시오.

① This event occurred in the morning.
② The reporter could enter the building.
③ It was a baby that was rescued.
④ The dog pulled the baby to safety.
⑤ The survivor's medical condition is good.

# 핵심 실전 모의고사 5회
## 대학수학능력평가 대비
### 영어영역 듣기

## 핵심 실전 모의고사 5회

## 대학수학능력평가 대비 영어영역 듣기

| 성명 | | 수험번호 | | | | | | | | | |
|---|---|---|---|---|---|---|---|---|---|---|---|

- 문제지의 해당란에 성명과 수험 번호를 정확히 쓰시오.
- 답안지의 해당란에 성명과 수험 번호를 쓰고, 또 수험 번호와 답을 정확히 표시하시오.
- 문항에 따라 배점이 다르니, 각 물음의 끝에 표시된 배점을 참고하시오.
  3점 문항에만 점수가 표시되어 있습니다. 점수 표시가 없는 문항은 모두 2점입니다.

**MP3 05**

1번부터 17번까지는 듣고 답하는 문제입니다. 1번부터 15번까지는 한 번만 들려주고, 16부터 17번까지는 두 번 들려줍니다. 방송을 잘 듣고 답을 하기 바랍니다.

**1** 대화를 듣고, 남자의 마지막 말에 대한 여자의 응답으로 가장 적절한 것을 고르시오.

① Why not? Well begun, half done.
② I will. Prevention is better than cure.
③ Okay. The early bird gets the worm.
④ Sure. Don't judge a book by its cover.
⑤ Well, a drowning man will catch at a straw.

**2** 대화를 듣고, 여자의 마지막 말에 대한 남자의 응답으로 가장 적절한 것을 고르시오.

① Sure. Can I get a refund now?
② That's not as colorful as I wanted.
③ I'd like something in gray or blue.
④ Man's size 32 is too big for me, How about 34?
⑤ Well, I have no idea which color is good for the paint.

**3** 다음을 듣고, 여자가 하는 말의 목적으로 가장 적절한 것을 고르시오.
[2015 EBS 고교듣기 변형]

① 해변 여행을 장려하기 위해서
② 자원봉사 티셔츠를 판매하기 위해서
③ 해변 청소의 어려움을 설명하기 위해서
④ 해변 청소 봉사 활동 참여를 권유하기 위해서
⑤ 위험한 해변에 가지 않도록 설득하기 위해서

**4** 대화를 듣고, 두 사람이 하는 말의 주제로 가장 적절한 것을 고르시오.
[2015 EBS 고교듣기 변형]

① 손 씻기의 중요성
② 세균 증식의 위험성
③ 올바른 손 씻기 방법
④ 식욕과 학습의 상관관계
⑤ 건강한 식습관의 중요성

**5** 대화를 듣고, 여자의 의견으로 가장 적절한 것을 고르시오.
[2015 EBS 고교듣기 변형]

① 운동을 지나치게 하면 몸에 좋지 않다.
② 다이어트는 음식조절과 운동이 병행되어야 한다.
③ 음식의 양을 조절하면 요요 현상을 막을 수 있다.
④ 다이어트에는 기름진 음식보다는 샐러드를 먹어야 한다.
⑤ 건강 관리를 위해 하루에 한 끼 식사를 하는 것이 좋다.

**6** 대화를 듣고, 두 사람의 관계를 가장 잘 나타낸 것을 고르시오.

① 야구선수 – 행사 담당자
② 경찰관 – 신인가수
③ 행사 담당자 – 안전요원
④ 건축기사 – 건물주인
⑤ 안전요원 – 가수의 팬

**7** 대화를 듣고, 여자가 남자에게 부탁한 일로 가장 적절한 것을 고르시오.

① to fix the washing machine
② to pump out the water
③ to take the laundry out
④ to bring a bucket
⑤ to call the after service center


**8** 대화를 듣고, 여자가 화가 난 이유를 고르시오.

① 회의 준비를 하지 않아서
② 전달받은 내용을 잊어서
③ 전화를 하지 않았기 때문에
④ 제안서를 잃어버렸기 때문에
⑤ 잘못된 날짜의 회의에 참석해서


**9** 대화를 듣고, 남자가 영화관에 가기 위해 내려야 할 지하철역을 고르시오.

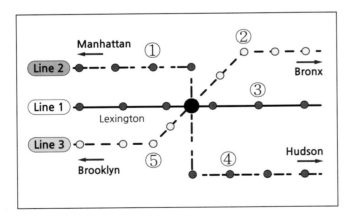


**10** 대화를 듣고, 여자가 지불할 총 금액을 고르시오.

① $55
② $65
③ $63
④ $70
⑤ $75

**11** 다음 표를 보면서 대화를 듣고, 그들이 선택할 상품을 고르시오.

| | Package Tour | Departure | Price | Place of Departure |
|---|---|---|---|---|
| ① | International Flower Festival | Everyday | $70 | Department Gate South |
| ② | Strawberry Picking Tour | Tue & Thurs | $90 | Department Gate North |
| ③ | Olle Walking Tour | Mon & Wed & Fri | $80 | Department Gate North |
| ④ | Mt. Jiri Hiking Tour | Tue & Thurs | $110 | Department Gate North |
| ⑤ | Gangwha Island Tour | Friday only | $120 | Department Gate South |

**12** 드림 나이트에 관한 다음 내용을 듣고, 일치하지 <u>않는</u> 것을 고르시오.

① 연간 행사이며 7회 모임은 3월 10일에 열렸다.
② 두 지점의 직원이 모두 모여 진행되었다.
③ 인터뷰로 시작하여 지난 발자취를 돌아보았다.
④ 우수 직원과 장기 근속 직원에 대한 시상이 있었다.
⑤ 고객들도 참여하여 함께 축하파티를 하였다.

**13** 대화를 듣고, 여자의 마지막 말에 대한 남자의 응답으로 가장 적절한 것을 고르시오.
[2015 EBS 고교듣기 변형]

Man: _____

① Thank you for your effort for improvement.
② You don't have to submit this proposal now.
③ No. The words should be legible handwriting.
④ Actually, the color you chose was dark enough.
⑤ Well, I don't think your favorite color is dark blue.

**14** 대화를 듣고, 여자의 마지막 말에 대한 남자의 응답으로 가장 적절한 것을 고르시오.
[2015 EBS 고교듣기 변형]

Man: _____

① We already had lunch at the office, don't you remember?
② Don't worry. We'll be provided with lunch on the plane.
③ Right. I can't believe what the travel agency is doing now.
④ Now, we have to hurry up to arrive at the airport on time.
⑤ I don't think we need an orientation. We're all well informed.

**15** 다음 상황 설명을 듣고, Duke가 Naomi에게 할 말로 가장 적절한 것을 고르시오. [3점]

Duke: Naomi, _____

① you can do it. Just try your hardest.
② you don't have to. I can help you do it.
③ it's so fortunate that you feel similar to me.
④ that's great. Let's do together a similar project.
⑤ thanks. I'm lucky to have a friend like you.

**[16~17] 다음을 듣고, 물음에 답하시오.**

**16** 남자가 하는 말의 목적으로 가장 적절한 것을 고르시오.

① 체육관이 개장되었음을 알리려고
② 운동 관련 제품들을 팔기 위해서
③ 운동에 관련된 책을 홍보하려고
④ 웹사이트 가입을 권유하기 위해서
⑤ 건강상식 증진을 위한 강의를 하려고

**17** MAX Workouts에 대한 내용과 일치하는 것을 고르시오.

① 비용은 50달러이다.
② 관련 사진을 볼 수 있다.
③ 하루에 30분 이상 필요하다.
④ 빠른 결과는 기대할 수 없다.
⑤ 유행에 따른 운동 프로그램이다.

# 핵심 실전 모의고사 6회
## 대학수학능력평가 대비
## 영어영역 듣기

# 핵심 실전 모의고사 6회

## 대학수학능력평가 대비 영어영역 듣기

| 성명 | | 수험번호 | | | | | | | | | |
|---|---|---|---|---|---|---|---|---|---|---|---|

-------------------------------------------------------------------------------

● 문제지의 해당란에 성명과 수험 번호를 정확히 쓰시오.

● 답안지의 해당란에 성명과 수험 번호를 쓰고, 또 수험 번호와 답을 정확히 표시하시오.

● 문항에 따라 배점이 다르니, 각 물음의 끝에 표시된 배점을 참고하시오.
  3점 문항에만 점수가 표시되어 있습니다. 점수 표시가 없는 문항은 모두 2점입니다.

-------------------------------------------------------------------------------

🔘 MP3 06

1번부터 17번까지는 듣고 답하는 문제입니다. 1번부터 15번까지는 한 번만 들려주고, 16부터 17번까지는 두 번 들려줍니다. 방송을 잘 듣고 답을 하기 바랍니다.

**1** 대화를 듣고, 남자의 마지막 말에 대한 여자의 응답으로 가장 적절한 것을 고르시오.

① Can you wrap a chicken sandwich up with a black coffee?
② That can't be possible! Why do you think they are sold out?
③ In that case, I don't need to take them out. I'll eat them here.
④ Ham and eggs are the most popular. They are really healthy food.
⑤ Cancel my order. I want the smoked chicken one, nothing else.

**2** 대화를 듣고, 남자의 마지막 말에 대한 여자의 응답으로 가장 적절한 것을 고르시오.

① You're welcome. I know you have wanted to have a new office room.
② Don't worry, I'll help you walk to the nurses' office. It's far from here.
③ You should have seen the doctor. I'm afraid it's too late to walk again.
④ I hope you'll recover soon. After you rest a bit, let me know you're okay.
⑤ Yes, walking is good for your health so you should try to walk every day.

**3** 다음을 듣고, 여자가 하는 말의 목적으로 가장 적절한 것을 고르시오.
   [2015 EBS 고교듣기 변형]

① 예절의 중요성을 설명하기 위해서
② 신간 책의 할인을 홍보하기 위해서
③ 자신이 쓴 책의 취지를 알리기 위해서
④ 자신의 책의 잘못된 점을 수정하기 위해서
⑤ 아이들을 가르치는 어려움을 공유하기 위해서

**4** 대화를 듣고, 두 사람이 하는 말의 주제로 가장 적절한 것을 고르시오.
   [2015 EBS 고교듣기 변형]

① 교사와의 상담의 중요성
② 자녀 양육의 보람과 어려움
③ 단기간에 성적을 받는 방법
④ 자녀의 자기 주도 학습의 중요성
⑤ 칭찬과 학습 동기 유발의 상관관계

**5** 대화를 듣고, 여자의 의견으로 가장 적절한 것을 고르시오.

① 수업시간에 말이 많은 것을 허용해선 안 된다.
② 어린 나이일수록 외국어를 배울 수 있도록 해야 한다.
③ 규칙이 필요하지만 자유롭게 대화하도록 조장해야 한다.
④ 수업시간에는 속어를 쓰지 않도록 규칙을 마련해야 한다.
⑤ 엄격한 훈육은 아이들의 나이를 고려해서 시행되어야 한다.

**6** 대화를 듣고, 두 사람의 관계를 가장 잘 나타낸 것을 고르시오.

① 남편 – 아내
② 아빠 – 아이 돌보는 사람
③ 의사 – 가사 도우미
④ 학부모 – 학교 선생님
⑤ 유치원 교사 – 유치원 교사

**7** 대화를 듣고, 남자가 여자에게 부탁한 일을 고르시오.

① to take Mom to the hospital
② to pick up his checkup results
③ to go to the hospital immediately
④ to attend the meeting instead of him
⑤ to let him know about Mom's condition

**8** 대화를 듣고, 남자가 회의에 참석할 수 없는 이유를 고르시오.

① 판매 보고서를 작성해야 하므로
② 회의 시간이 너무 이르기 때문에
③ 제품을 주문할 고객을 만나야 하므로
④ 지역 신문사와 인터뷰 약속이 있으므로
⑤ 계획을 제대로 설명할 능력이 없으므로

**9** 대화를 듣고, 그림에서 대화의 내용과 일치하지 않는 것을 고르시오.

**10** 대화를 듣고, 남자가 지불한 총 금액을 고르시오.

① $9                    ② $11
③ $12.5                 ④ $13
⑤ $14

**11** 다음 표를 보면서 대화를 듣고, 두 사람이 수강할 강좌를 고르시오.

| Chinese-Speaking Class | | Monday | Tuesday | Wednesday | Thursday | Friday |
|---|---|---|---|---|---|---|
| ① | Course A | 2 hours | | | | 2 hours |
| ② | Course B | | 2 hours | | 2 hours | |
| ③ | Course C | | | 2 hours | | 2 hours |
| ④ | Course D | | | | 2 hours | 2 hours |
| ⑤ | Course E | 3 hours | | | 3 hours | |

**12** Patrick Henry 고등학교 에세이 대회에 관한 다음 내용을 듣고, 일치하지 않는 것을 고르시오.

① 우승자는 일주일 안에 발표될 것이다.
② 에세이를 직접 교무실에 제출할 수도 있다.
③ 에세이는 한국문화재청에서 주관하는 것이다.
④ 우승자는 모두 상금과 메달을 받게 될 것이다.
⑤ 최고의 에세이는 국제대회에 보내지게 된다.

**13** 대화를 듣고, 여자의 마지막 말에 대한 남자의 응답으로 가장 적절한 것을 고르시오.
[2015 EBS 고교듣기 변형]

Man: _____

① Well, I don't know how to get a part-time job.
② Now you can focus more on your studies.
③ I think you'd better quit the job right away.
④ All right, I'll recommend a good job to you.
⑤ For us, working is important than studying.

**14** 대화를 듣고, 여자의 마지막 말에 대한 남자의 응답으로 가장 적절한 것을 고르시오.
[2015 EBS 고교듣기 변형]

Man: _____

① I think I will do both jobs like you.
② You shouldn't have entered the TV show.
③ Unfortunately, you have to stop playing the guitar.
④ Well, the best of us sometimes make mistakes.
⑤ It was I that made the mistake that cannot be reversed.


**15** 다음 상황 설명을 듣고, Maria가 Martin에게 할 말로 가장 적절한 것을 고르시오. [3점]

Maria: Martin, _____

① that was two thumbs up.
② I love taking a walk at sunset.
③ it was beautiful in the morning.
④ you must have felt cold at night.
⑤ I loved the scenery of the buildings.


[16~17] 다음을 듣고, 물음에 답하시오.


**16** 남자가 하는 말의 제목으로 가장 적절한 것을 고르시오.
[2015 EBS 고교듣기 변형]

① Eco-friendly construction
② How to choose a good boiler
③ How to keep room temperature low
④ Easy steps to save money this winter
⑤ Let's check if home appliances work properly


**17** 남자가 하는 말로 언급되지 <u>않은</u> 것을 고르시오.

① boiler                    ② clothes
③ insulation               ④ air proofing
⑤ weather forecast

# 핵심 실전 모의고사 7회
## 대학수학능력평가 대비
## 영어영역 듣기

# 핵심 실전 모의고사 7회

## 대학수학능력평가 대비 영어영역 듣기

- 문제지의 해당란에 성명과 수험 번호를 정확히 쓰시오.
- 답안지의 해당란에 성명과 수험 번호를 쓰고, 또 수험 번호와 답을 정확히 표시하시오.
- 문항에 따라 배점이 다르니, 각 물음의 끝에 표시된 배점을 참고하시오.
  3점 문항에만 점수가 표시되어 있습니다. 점수 표시가 없는 문항은 모두 2점입니다.

🔘 **MP3 07**

1번부터 17번까지는 듣고 답하는 문제입니다. 1번부터 15번까지는 한 번만 들려주고, 16부터 17번까지는 두 번 들려줍니다. 방송을 잘 듣고 답을 하기 바랍니다.

**1** 대화를 듣고, 남자의 마지막 말에 대한 여자의 응답으로 가장 적절한 것을 고르시오.

① My direction always makes him confused.
② Sure. I think I'm the best cat trainer. See what he can do!
③ I don't need to give him directions. He has a map.
④ You'll be impressed by his speech. He is an elegant speaker.
⑤ Sorry, I'm too tired now. Let me teach you tricks next week.

**2** 대화를 듣고, 남자의 마지막 말에 대한 여자의 응답으로 가장 적절한 것을 고르시오.

① Due to the poor facilities, I will find another gym.
② How about Monday? I want to go out on the day.
③ I went to the gym twice a day. That's why I was tired all day.
④ There is no doubt that health is the key issue among people.
⑤ I try to work out at least twice a week, but I guess that's not enough.

**3** 다음을 듣고, 여자가 하는 말의 목적으로 가장 적절한 것을 고르시오.

① 오늘 오후의 콘서트를 홍보하려고
② 공연의 각 부에 맞는 사람을 뽑으려고
③ 환자들의 특별 진찰이 있음을 알리려고
④ 록 밴드의 공연이 취소되었음을 알리려고
⑤ 병원 의사들의 변동사항에 대해 안내하려고

**4** 대화를 듣고, 두 사람이 하는 말의 주제로 가장 적절한 것을 고르시오.
**[2015 EBS 고교듣기 변형]**

① 승용차 함께 타기의 장점
② 운전과 건강과의 상관관계
③ 승용차 유지 비용 줄이는 방법
④ 대중교통의 효율적인 이용 방법
⑤ 자가운전이 환경에 끼치는 영향

**5** 대화를 듣고, 여자의 의견으로 가장 적절한 것을 고르시오.

① 온라인 옷 구입은 과소비를 유발할 수 있다.
② 온라인에서 옷을 구입하는 것은 나쁘지 않다.
③ 온라인 쇼핑을 하면 오히려 시간이 오래 걸린다.
④ 쇼핑 중독이 되지 않도록 자제력을 길러야 한다.
⑤ 온라인 쇼핑몰을 만들어 운영하는 것은 좋은 경험이다.

**6** 대화를 듣고, 두 사람이 대화하고 있는 장소로 가장 적절한 곳을 고르시오.

① 교실
② 응급실
③ 교무실
④ 학교 보건실
⑤ 종합 병원

**7** 대화를 듣고, 여자가 남자에게 부탁한 일로 가장 적절한 것을 고르시오.

① to go to the movies
② to do the laundry
③ to shop together
④ to clean the house
⑤ to iron the shirts

**8** 대화를 듣고, 남자가 화가 난 이유를 고르시오.

① 테니스장의 공사가 시작되어서
② 위층 아이들의 소음 때문에
③ 당장 다른 곳으로 이사를 가야 해서
④ 아이의 부모가 교육에 참석하지 않아서
⑤ 아파트의 소음 시설을 다시 해야 해서

**9** 대화를 듣고, 그림에서 대화의 내용과 일치하지 <u>않는</u> 것을 고르시오.

**10** 대화를 듣고, 여자가 보내려고 하는 물건의 예상 배달 소요 시간과 지불 금액을 고르시오.

① 3 hours, $25    ② 3 hours, $35
③ 3 hours, $50    ④ 5 hours, $40
⑤ 5 hours, $55

**11** 다음 표를 보면서 대화를 듣고, 여자가 예약한 요일을 고르시오.

| Renting Assembly Hall | | | | | |
|---|---|---|---|---|---|
| Time \ Day | ① Mon | ② Tue | ③ Wed | ④ Thu | ⑤ Fri |
| 09:00 ~ 10:50 | Booked | Available | Booked | Booked | Booked |
| 11:00 ~ 12:50 | Available | Booked | Booked | Available | Booked |
| 13:00 ~ 14:50 | Booked | Available | Available | Available | Booked |
| 15:00 ~ 16:50 | Booked | Available | Booked | Available | Available |

**12** 여름 역사 탐방 여행에 관한 다음 내용을 듣고, 일치하지 <u>않는</u> 것을 고르시오.

① National Youth Center에서 실시하는 여행이다.
② 올해 여행지는 터키의 앙카라와 이스탄불이다.
③ 스노클링 등의 야외 활동을 포함한다.
④ 참가비는 숙박, 식비 포함해서 300달러이다.
⑤ 참가자는 옷, 신발, 모자와 선크림을 가져와야 한다.

**13** 대화를 듣고, 남자의 마지막 말에 대한 여자의 응답으로 가장 적절한 것을 고르시오.
[2015 EBS 고교듣기 변형]

Woman: _____

① Well, I didn't know that you called me.
② Sure! Please let me know soon if you can join us or not.
③ I'm really sorry, but I don't think it fits my schedule.
④ Why not? You can rent a study room 101 anytime.
⑤ I'm glad that you used to be a member of my study group.

**14** 대화를 듣고, 여자의 마지막 말에 대한 남자의 응답으로 가장 적절한 것을 고르시오. [2015 EBS 고교듣기 변형]

Man: _____

① Let's go shopping together.
② Well, I think he will not buy anything.
③ We should celebrate the teacher's day.
④ How about flowers and a fountain pen?
⑤ Why don't we invite more teachers on that day?

**15** 다음 상황 설명을 듣고, Justin이 Brenda에게 할 말로 가장 적절한 것을 고르시오. [3점]

Justin: Brenda, _____

① I'm relieved to know that he'll do well.
② now you understand worries change nothing.
③ there's nothing he can do about it, either.
④ I would have been more worried about him.
⑤ he's not interested in getting a job now.

**[16~17] 다음을 듣고, 물음에 답하시오.**

**16** 고대 로마 결혼에 대해서 알 수 <u>없는</u> 것을 고르시오.

① 결혼 연령          ② 약혼 풍습
③ 결혼 장소          ④ 결혼 비용
⑤ 결혼 제물

**17** 남자의 말의 내용과 일치하는 것을 고르시오.

① 로마 시대에는 이혼이 빈번하게 있었다.
② 결혼 최소 연령은 신랑이 신부보다 2살 많다.
③ 결혼반지는 상징적 의미가 없어 사용하지 않았다.
④ 결혼식 하객이 있었으나 결혼식 증인은 없었다.
⑤ 결혼식에서 케이크를 준비했다.

# 핵심 실전 모의고사 8회
## 대학수학능력평가 대비
## 영어영역 듣기

# 핵심 실전 모의고사 8회

## 대학수학능력평가 대비 영어영역 듣기

<table>
<tr><td>성명</td><td></td><td>수험번호</td><td></td><td></td><td></td><td></td><td></td><td></td><td></td><td></td></tr>
</table>

- 문제지의 해당란에 성명과 수험 번호를 정확히 쓰시오.
- 답안지의 해당란에 성명과 수험 번호를 쓰고, 또 수험 번호와 답을 정확히 표시하시오.
- 문항에 따라 배점이 다르니, 각 물음의 끝에 표시된 배점을 참고하시오.
  3점 문항에만 점수가 표시되어 있습니다. 점수 표시가 없는 문항은 모두 2점입니다.

MP3 08

1번부터 17번까지는 듣고 답하는 문제입니다. 1번부터 15번까지는 한 번만 들려주고, 16부터 17번까지는 두 번 들려줍니다. 방송을 잘 듣고 답을 하기 바랍니다.

**1** 대화를 듣고, 남자의 마지막 말에 대한 여자의 응답으로 가장 적절한 것을 고르시오.

① Why not? I want to eat seafood more.
② If that is a safety tip, I have to follow it, right?
③ Well, then let's go out and swim together, shall we?
④ Right. We have to be careful about seafood poisoning.
⑤ It'll take about 30 minutes to look around the whole beach.

**2** 대화를 듣고, 여자의 마지막 말에 대한 남자의 응답으로 가장 적절한 것을 고르시오.

① I think my friend is too superstitious. Don't trust anybody.
② My credit card will be expired soon. It won't be available.
③ Fortune-telling has a long history, so you have to study on it.
④ I think it is you that decide your future, not tarot cards.
⑤ Yes, I work really hard, so that I can get promoted soon.

**3** 다음을 듣고, 여자가 하는 말의 목적으로 가장 적절한 것을 고르시오.

① 대학 교수직을 사임하기 위해
② 시장의 자격 요건을 설명하기 위해
③ 우리 시의 문제점을 열거하고 시정하기 위해
④ 자신을 시장으로 뽑아줄 것을 호소하기 위해
⑤ 대통령 선거의 중요성을 알리고 교육하기 위해서

**4** 다음을 듣고, 남자가 하는 말의 주제로 가장 적절한 것을 고르시오.

① 좋은 스피치의 요령
② 다양한 성격의 중요성
③ 긍정적 태도의 중요성
④ 이웃과 잘 지내는 방법
⑤ 수줍음을 극복하는 방법

**5** 대화를 듣고, 여자의 의견으로 가장 적절한 것을 고르시오.

① 눈물이 많이 날 때는 병원에 들러야 한다.
② 눈을 과도하게 사용하면 안경을 써야 한다.
③ 눈이 충혈되었을 때는 손찜질로 완화시켜라.
④ 충혈될 때는 눈을 비비지 말고 인공 눈물을 사용해라.
⑤ 안약을 사용할 때는 의사의 처방을 꼭 받아야 한다.

**6** 대화를 듣고, 두 사람이 대화하고 있는 장소로 가장 적절한 곳을 고르시오.

① 병원
② 약국
③ 백화점
④ 보건소
⑤ 레스토랑

**7**　대화를 듣고, 여자가 남자에게 부탁한 일로 가장 적절한 것을 고르시오.

① to deliver a birthday cake together
② to clean up the kitchen oven
③ to wash vegetables in a sink
④ to wash a cake container
⑤ to make a party room reservation

**8**　대화를 듣고, 여자가 재킷을 교환해야 하는 이유를 고르시오.

① 단추가 달리지 않아서
② 바느질이 잘못되어 있어서
③ 원하는 상표의 옷이 아니라서
④ 주머니 위치가 잘못되어서
⑤ 유행에 맞지 않는 단추이기 때문에

**9**　대화를 듣고, 그림에서 대화의 내용과 일치하지 <u>않는</u> 것을 고르시오.

**10**　대화를 듣고, 여자가 지불할 총 금액을 고르시오.

① $25　　　② $27
③ $30　　　④ $34
⑤ $37

**11** 다음 표를 보면서 대화를 듣고, 그들이 선택할 양말을 고르시오.

| Happy Socks – Cheap Socks & Happy Toes | | |
|---|---|---|
| Model | Color | Price |
| ① Stripe Half Sock | White with Blue | $10 |
| ② Stripe Half Sock | White with Gray | $12 |
| ③ Big Dot Sock | White with Gray | $13 |
| ④ One Colored Sock | Black or White | $10 |
| ⑤ One Colored Sock | Black Only | $9 |

**12** Fresh Throat Drops에 관한 다음 내용을 듣고, 일치하지 <u>않는</u> 것을 고르시오.

① 입과 목의 통증을 일시적으로 덜어주는 사탕이다.
② 성인은 2시간 간격으로 사탕 한 알을 녹여 먹는다.
③ 심한 통증 완화를 위해 한 번에 두 알을 먹을 수 있다.
④ 통증이 심각하거나 호흡 문제가 있으면 사용하면 안 된다.
⑤ 열, 두통, 멀미 등이 동반되면 즉시 병원으로 가야 한다.

**13** 대화를 듣고, 여자의 마지막 말에 대한 남자의 응답으로 가장 적절한 것을 고르시오.

Man: _____

① That's terrible. You should have cancelled the class.
② How about giving a call to the administration office?
③ You should do your best to keep the class open.
④ Why don't you do the registration after brunch?
⑤ You had better give a rain check for another day.

**14** 대화를 듣고, 남자의 마지막 말에 대한 여자의 응답으로 가장 적절한 것을 고르시오.

Woman: _____

① I'd like to have it delivered free of charge.
② Would you let me know your e-mail address?
③ Why don't you send the copies I ordered first?
④ Both are okay with me if they are popular books.
⑤ I'll be out of town for about a week, so I prefer online.

**15** 다음 상황 설명을 듣고, Jane이 아빠에게 할 말로 가장 적절한 것을 고르시오. [3점]

Jane: Dad, _____

① I'll buy a special phone for you.
② I can come home by myself.
③ I'll put it in my bag and no mistake.
④ I don't want to disturb you much.
⑤ don't worry. I'll keep it in my hand.

**[16~17] 다음을 듣고, 물음에 답하시오.**

**16** 여자가 하는 말의 제목으로 가장 적절한 것을 고르시오.

① Tips to break unhealthy habits
② Sanitation prevents deadly diseases
③ Why hand washing is so important
④ How to do an effective hand washing
⑤ The ways to improve immune system

**17** 여자가 말한 감염 경로로 언급되지 <u>않은</u> 것을 고르시오.

① 더러운 손의 접촉
② 유행병 예방 접종
③ 오염된 물과 음식
④ 기침이나 재채기
⑤ 환자와의 접촉

# 핵심 실전 모의고사 9회
## 대학수학능력평가 대비
### 영어영역 듣기

# 핵심 실전 모의고사 9회

## 대학수학능력평가 대비 영어영역 듣기

| 성명 | | 수험번호 | | | | | | | | | | |
|------|--|----------|--|--|--|--|--|--|--|--|--|--|

---

- 문제지의 해당란에 성명과 수험 번호를 정확히 쓰시오.
- 답안지의 해당란에 성명과 수험 번호를 쓰고, 또 수험 번호와 답을 정확히 표시하시오.
- 문항에 따라 배점이 다르니, 각 물음의 끝에 표시된 배점을 참고하시오.
  3점 문항에만 점수가 표시되어 있습니다. 점수 표시가 없는 문항은 모두 2점입니다.

---

**MP3 09**

1번부터 17번까지는 듣고 답하는 문제입니다. 1번부터 15번까지는 한 번만 들려주고, 16부터 17번까지는
두 번 들려줍니다. 방송을 잘 듣고 답을 하기 바랍니다.

**1** 대화를 듣고, 여자의 마지막 말에 대한 남자의 응답으로 가장 적절한 것을 고르시오.

① The wind will not be strong but let's bring one just in case.
② The meeting will be done indoors so no wind is expected.
③ We don't need break time. Let's proceed with what we're doing now.
④ Didn't you pack a suit and tie? We'll dress up for a going-away party.
⑤ No, we won't need a weather forecasting service at all.

**2** 대화를 듣고, 남자의 마지막 말에 대한 여자의 응답으로 가장 적절한 것을 고르시오.

① Generally, evening time is good for baking cookies.
② Actually it's the day after tomorrow. Sorry for the short notice.
③ Don't you think Monday is too busy for the house cleaning?
④ This Wednesday will be warm enough for the house moving.
⑤ It is next Sunday that I'm supposed to move in my new apartment.

**3** 다음을 듣고, 남자가 하는 말의 목적으로 가장 적절한 것을 고르시오.

① 야외 체력 훈련 점검 요령을 알려주기 위해
② 숲 속에서의 합리적인 숙박 계획을 돕기 위해
③ 건강을 위한 야외 활동의 중요성을 알리기 위해
④ 유용한 등산 장비 고르는 요령을 알려주기 위해
⑤ 하이킹 시 위급 상황 대비 사전 준비를 알려주기 위해


**4** 다음을 듣고, 여자가 하는 말의 주제로 가장 적절한 것을 고르시오. [3점]

① 혼동되는 언어를 올바로 배우는 방법
② 자신의 의견을 정확히 전달하는 요령
③ 전문적인 스피치를 배워야 하는 필요성
④ 언어 치료사가 되기 위해 갖출 자격요건
⑤ 문제성 발화의 아동의 언어 치료사 도움받기


**5** 대화를 듣고, 남자의 의견으로 가장 적절한 것을 고르시오.

① 대학 선택은 신중하게 해야 한다.
② 자기소개서를 최대한 빨리 써라.
③ 대학 입학에 필요한 서류를 철저히 준비해라.
④ 입학원서에 교사 추천서가 꼭 필요한 것은 아니다.
⑤ 합격이 확실한 대학을 적어도 둘 이상 고르도록 해라.


**6** 대화를 듣고, 여자의 심정으로 가장 적절한 것을 고르시오.

① happy and proud
② relieved and thankful
③ nervous and confused
④ confident and satisfied
⑤ worried and concerned

**7** 대화를 듣고, 여자가 남자에게 부탁한 일로 가장 적절한 것을 고르시오.

① to survey for a school journal
② to analyze the survey results
③ to teach her how to use the computer
④ to send the survey results through email
⑤ to take a class on statistical programming

**8** 대화를 듣고, 남자가 여행가이드로 일하는 가장 중요한 이유를 고르시오.

① 이전 사무실 일이 지루해져서
② 휴일과 상관없이 일할 수 있어서
③ 다양한 사람들을 만날 수 있어서
④ 보수가 다른 직종보다 높으므로
⑤ 공짜로 여러 나라를 여행할 수 있어서

**9** 대화를 듣고, 그림에서 대화의 내용과 일치하지 <u>않는</u> 것을 고르시오.

**10** 대화를 듣고, 그들이 지불할 총 금액을 고르시오.

① $144          ② $156
③ $160          ④ $190
⑤ $200

**11** 다음 표를 보면서 대화를 듣고, 두 사람이 주문할 메뉴를 고르시오.

| | Menu | Appetizer | Main Dish | Dessert |
|---|---|---|---|---|
| ① | Course A | Corn Soup | Pasta with Tomato Sauce | Apple Pudding |
| ② | Course B | Chicken Salad | Spicy Chicken | Apple Pudding |
| ③ | Course C | Oriental Salad | Spicy Chicken | No dessert |
| ④ | Course D | Corn Soup | Roasted Salmon Steak | No dessert |
| ⑤ | Course E | Mushroom Soup | Roasted Salmon Steak | Ice cream |

**12** Tawakkol Karman에 관한 다음 내용을 듣고, 일치하지 <u>않는</u> 것을 고르시오.

① 2011년 노벨 평화상을 받았다.
② 여성의 안전과 권리를 위해 비폭력 투쟁을 했다.
③ 32살로 첫 예멘, 아랍 여성 수상자가 되었다.
④ 저널리스트, 정치가가 아닌 인권 활동가이다.
⑤ 평화적인 저항을 위해 광장 텐트에서 시간을 보낸다.

**13** 대화를 듣고, 남자의 마지막 말에 대한 여자의 응답으로 가장 적절한 것을 고르시오.
[2015 EBS 고교듣기 변형]

Woman: _____

① But every rule has its exception. Don't trust it.
② That's great. I think you're so warm-hearted.
③ Illegal support for the poor shouldn't continue.
④ I think I need a helping hand from government.
⑤ Most volunteering work is done by social organization.

**14** 대화를 듣고, 여자의 마지막 말에 대한 남자의 응답으로 가장 적절한 것을 고르시오. [2015 EBS 고교듣기 변형]

Man: _____

① Are those spoons reasonably priced?
② Yes. Saucers match well with the color.
③ That's okay. Will you gift-wrap it for me?
④ I don't like that kind of teacups set, either.
⑤ No problem. They don't like yellow-orange color.


**15** 다음 상황 설명을 듣고, Jake가 Julia에게 할 말로 가장 적절한 것을 고르시오. [3점]

Jake: Julia, _____

① I'll lead the meeting instead of you.
② could you find the files and bring them to me?
③ let me postpone the meeting for you.
④ now you're responsible for the project.
⑤ you know preparation is the best defense.


**[16~17]** 다음을 듣고, 물음에 답하시오.


**16** 남자가 하는 말의 목적으로 가장 적절한 것을 고르시오.

① 읽기를 어려워하는 아동의 독서 지도법을 위해
② 말하기와 읽기와의 상관관계를 이해시키기 위해
③ 전 연령 독서 취미활동을 권장하기 위해
④ 어린이 독서 수업 개선 방안을 제안하기 위해
⑤ 독서를 위한 부모의 역할에 대해 강의하기 위해


**17** 남자의 말에 대한 내용과 일치하지 <u>않는</u> 것을 고르시오.

① 아이들은 종종 읽기 배우는 것을 어려워한다.
② 읽기는 단어의 음가를 이해하는 것을 포함한다.
③ 과학적 방법의 특수한 읽기 교육이 가능하다.
④ 조기 발견된 읽기 장애는 개선되기 힘들다.
⑤ 독서 과정을 안내해줄 수 있는 교재가 있다.

# 핵심 실전 모의고사 10회
## 대학수학능력평가 대비
## 영어영역 듣기

# 핵심 실전 모의고사 10회

## 대학수학능력평가 대비 영어영역 듣기

| 성명 | | 수험번호 | | | | | | | | | | | |
|---|---|---|---|---|---|---|---|---|---|---|---|---|---|

- 문제지의 해당란에 성명과 수험 번호를 정확히 쓰시오.
- 답안지의 해당란에 성명과 수험 번호를 쓰고, 또 수험 번호와 답을 정확히 표시하시오.
- 문항에 따라 배점이 다르니, 각 물음의 끝에 표시된 배점을 참고하시오.
  3점 문항에만 점수가 표시되어 있습니다. 점수 표시가 없는 문항은 모두 2점입니다.

🔘 **MP3 10**

1번부터 17번까지는 듣고 답하는 문제입니다. 1번부터 15번까지는 한 번만 들려주고, 16부터 17번까지는 두 번 들려줍니다. 방송을 잘 듣고 답을 하기 바랍니다.

**1**  대화를 듣고, 남자의 마지막 말에 대한 여자의 응답으로 가장 적절한 것을 고르시오.

① This hat is too big for me to wear. You should return it.
② Of course. I will wear this cap when we go out together.
③ You'd better use your hat, not mine. I don't want to lend you.
④ Of course. Why don't we go shopping for one more baseball?
⑤ You don't have to buy flowers there. I have some at my house.

**2**  대화를 듣고, 남자의 마지막 말에 대한 여자의 응답으로 가장 적절한 것을 고르시오.

① Sorry, but I think this is my best offer.
② No thanks. Keep the change if you want.
③ No doubt apples are good for your health.
④ Pay the price either with cash or by credit card.
⑤ No. You should come down and help me out.

**3** 다음을 듣고, 여자가 하는 말의 목적으로 가장 적절한 것을 고르시오.

① 새로 생긴 놀이기구를 홍보하기 위해
② 어린이 금지 놀이기구를 공지하기 위해
③ 내일 있을 운행 변동사항을 알리기 위해
④ 일부 놀이기구 운행 중단을 공지하기 위해
⑤ 추운 날씨로 인해 개장시간이 단축됨을 알리기 위해


**4** 다음을 듣고, 남자가 하는 말의 주제로 가장 적절한 것을 고르시오.

① How to refuse friendly favors
② Tips to get along with friends
③ How to deal with peer pressure
④ Why peer pressure is important
⑤ The ways teenagers can help peers


**5** 대화를 듣고, 여자의 의견으로 가장 적절한 것을 고르시오.

① 시와 소설은 많이 영작할수록 문학 실력이 향상된다.
② 시험 점수가 공부의 전부는 아니므로 실망할 필요는 없다.
③ 영미문학은 수업시간에 선생님 설명을 열심히 들어야 한다.
④ 문학의 깊은 이해를 위해 작품을 통째로 읽는 것이 필요하다.
⑤ 지식의 폭과 깊이를 위해 취약 과목의 점수 향상을 신경 써야 한다.


**6** 대화를 듣고, 남자의 현재 심정으로 가장 적절한 것을 고르시오.

① annoyed
② helpless
③ excited
④ relieved
⑤ concerned

**7** 대화를 듣고, 여자가 할 일로 가장 적절한 것을 고르시오.

① 이사할 준비하기
② 방송국에 전화하기
③ 입학선물 준비하기
④ 남자가 머물 집 알아보기
⑤ 대학 입학원서 접수하기

**8** 대화를 듣고, 여자가 화가 난 이유를 고르시오.

① 양초의 향기가 마음에 들지 않아서
② 양초 랜턴 부품을 교환할 수 없어서
③ 양초 랜턴의 보증기간이 지났기 때문에
④ 양초 랜턴 수리를 두 달 더 기다려야 해서
⑤ 양초 랜턴의 다른 모델로 교환할 수 없어서

**9** 대화를 듣고, 그림에서 대화의 내용과 일치하지 <u>않는</u> 것을 고르시오.

**10** 대화를 듣고, 남자가 지불할 총 금액을 고르시오.

① $153
② $166
③ $170
④ $230
⑤ $270

**11** 다음 표를 보면서 대화를 듣고, 두 사람이 살 기차표를 고르시오.

| | Departure Time | Train | First Class | Economy Class | Dining Car |
|---|---|---|---|---|---|
| ① | 7:15 a.m. | KTX | Fully Booked<br>Fare 50,000 won | Available 10 seats<br>Fare 40,000 won | ○ |
| ② | 7:30 a.m. | KTX | Available 27 seats<br>Fare 50,000 won | Available 29 seats<br>Fare 38,000 won | × |
| ③ | 8:00 a.m. | ITX | Available 24 seats<br>Fare 40,000 won | Fully Booked<br>Fare 30,000 won | ○ |
| ④ | 8:25 a.m. | ITX | Available 76 seats<br>Fare 40,000 won | Available 86 seats<br>Fare 30,000 won | ○ |
| ⑤ | 8:35 a.m. | ITX | Available 89 seats<br>Fare 40,000 won | Available 112 seats<br>Fare 28,000 won | × |

**12** 태양 곰에 관한 다음 내용을 듣고, 일치하지 않는 것을 고르시오.

① 동남아시아 열대 우림에서 발견된다.
② 길이는 1.2m 정도이며 크기가 작다.
③ 털은 짧고 깨끗한데, 기후 적응 때문이다.
④ 이름은 햇볕을 좋아하기 때문에 붙여진 것이다.
⑤ 가슴에는 연한 주황-노란색의 말굽 모양이 있다.

**13** 대화를 듣고, 여자의 마지막 말에 대한 남자의 응답으로 가장 적절한 것을 고르시오.

Man: _____

① Sure. You used to go skiing with me.
② No, I don't. There is time for everything.
③ I'm sure you'll get used to it very soon.
④ Yes. Let's go to the skateboard trip together.
⑤ No. But I'm sure you'll love the scenery.

**14** 대화를 듣고, 남자의 마지막 말에 대한 여자의 응답으로 가장 적절한 것을 고르시오.

Woman: _____

① Could you tell me what time he arrived?
② Okay. The items must be paid on delivery.
③ The delivery should have been made ASAP.
④ Thanks. Can you make it quick? I'm in a hurry.
⑤ I owe you an apology. Let me check the delivery time.


**15** 다음 상황 설명을 듣고, Leslie가 Tom에게 할 말로 가장 적절한 것을 고르시오. [3점]

Leslie: Tom, _____

① I can't believe it! What a school reunion it will be!
② it's easier said than done. We can't meet him right now.
③ can you tell me when we are going to the school?
④ what happened to you? I wonder if you are okay, now.
⑤ I'm not that surprised to find out where he lives.


**[16~17] 다음을 듣고, 물음에 답하시오.**


**16** 여자가 하는 말의 제목으로 가장 적절한 것을 고르시오.

① Advantages to wear sunglasses
② Whether to buy sunglasses or not
③ Different color means different tastes
④ How to choose UV protective sunglasses
⑤ Why not protect your eye from overworking


**17** 여자의 말에 대한 내용과 일치하지 않는 것을 고르시오.

① 어두운 색깔일수록 눈에 좋다.
② 파란색 렌즈는 운전할 때 좋다.
③ 녹색 렌즈는 눈이 피로할 때 좋다.
④ 회색 렌즈는 야외 활동 시 좋다.
⑤ 빛에 비쳐 흠집이 있는지 살펴본다.

# Answer Key

| 1 | ② | 2 | ④ | 3 | ⑤ | 4 | ⑤ | 5 | ⑤ |
|---|---|---|---|---|---|---|---|---|---|
| 6 | ③ | 7 | ② | 8 | ④ | 9 | ③ | 10 | ④ |
| 11 | ③ | 12 | ⑤ | 13 | ⑤ | 14 | ① | 15 | ② |
| 16 | ② | 17 | ① | | | | | | |

### 문항 1 ②

M: Lisa, did your team finish the painting project I asked for?

W: Sorry, sir. Not yet. Our team is still working on it.

M: Then, do you think there should be more people to complete it?

W: Yes, more people will make the work lighter.

남: Lisa, 당신의 팀은 내가 부탁한 페인팅 프로젝트를 마쳤습니까?

여: 죄송합니다. 아직 못했습니다. 우리 팀은 아직 작업하고 있어요.

남: 그렇다면 완수하기 위해서 더 많은 사람이 필요하다고 생각합니까?

여: 네, 사람이 더 있다면 일이 좀 더 가벼워질 것입니다.

**어휘:** ask for 요청하다   complete 완수하다

**해설:** 미완성 작업에 대해 인력이 더 필요하냐는 제안에 대한 답이다. ③번의 경우 상황적인 응답으로는 가능하지만, 남자의 물음에 대한 직접 대답이 아니므로 ②번이 더 알맞은 응답이다.

### 문항 2 ④

W: You said you wanted to see the Spring Flower Festival. Why don't we go out tomorrow?

M: That's sweet of you to remember what I said. The festival is being held in Incheon, now.

W: Okay. Do you know where we can catch the festival shuttle bus?

M: Right next to the big white building. It's very close.

여: 너는 '봄꽃 축제' 보고 싶다고 말했었어. 내일 가는 것이 어때?

남: 내가 말한 것을 기억해주다니 다정하구나. 페스티벌은 지금 인천에서 열리고 있어.

여: 좋아. 페스티벌에 가는 셔틀버스를 어디서 타는지 아니?

남: 그 큰 흰색 건물 옆에서 탈 수 있어. 아주 가까워.

**어휘:** sweet 다정한   be held (대회, 축제 등이) 열리다
catch up with 따라잡다

**해설:** 페스티벌에 가는 셔틀버스를 어디서 타느냐는 물음에 대한 대답으로 구체적인 장소를 말해주는 ④번이 정답이다.

### 문항 3 ⑤

M: Angel of School is selling a gift set which is an actual lifesaving product shipped straight from our warehouse to poor children. As you know education is a key to ending the cycle of poverty for the world's poorest children. Schooling plays an important role in children's development. But often, due to crisis, conflict, or a lack of resources, there are no schools available in some areas. Angel of School's innovative 'School-in-a-Box' gift set provides everything children need to have a functioning school under any circumstance. It contains books, pencils, erasers, scissors and even a portable desk. At the same time, it gives teachers everything needed to create an instant school. Add our generous gift to your on-line shopping cart to help them. It costs only $80 and if you want to purchase more than two, you get a 10% discount.

남: Angel of School은 생명을 구할 수 있는 실용적인 선물세트를 팔고 있습니다. 그것은 우리 창고에서 가난한 아이들에게 직접 배송이 됩니다. 여러분들도 아시다시피 교육은 세상에서 가장 가난한 아이들이 가난의 고리를 끊을 수 있는 중요한 요소입니다. 학교는 아동의 발달에 중요한 역할을 합니다. 하지만 종종 위기, 갈등, 자원의 부족 등으로 어떤 지역에서는 이용할 수 있는 학교가 없습니다. Angel of School이 제공하는 혁신적인 School-in-a-Box 선물세트는 아이들이 어떤 상황에서도 학교의 기능을 받을 수 있도록 필요한 모든 것을 제공해 줍니다. 그것은 책, 연필, 지우개, 가위 그리고 이동식 책상을 포함합니다. 동시에 이것은 교사들에게 임시 학교를 만들 수 있는 모든 것을 제공해 줍니다. 그들을 돕기 위해 우리의 따뜻한 선물세트를 당신의 온라인 쇼핑 바구니에 담으십시오. 비용은 80달러밖에 들지 않으며 만약 당신이 2개 이상 구입하길 원한다면 10% 할인도 받을 수 있습니다.

**어휘:** lifesaving 목숨을 구하는   warehouse 창고
circumstance 상황   generous (마음이) 후한

**해설:** Angel of School이라는 단체가 불우 아동을 돕기 위해 교육용 선물세트를 팔고 있다. 본문 중 'Add our generous gift to your on-line shopping cart to help them'에 목적이 드러나 있다.

### 문항 4 ⑤

W: Moving to a new home usually means getting to know new neighbors. You'll be busy so you don't have much time to get to know the people in your neighborhood. But there are simple tips you can practice. First, why not spend more time in the front yard of your new house? Whether it's reading a book or magazine, or enjoying a glass of wine, being out in the open naturally leads to conversations with those passing by. Second, try to write a note and attach it to a jar of homemade jam and leave it on a neighbor's porch. You can introduce your family and say where you used to live, and that you are around if they need anything. It is simple and brief and in return, you will find some really great friends. Remember, you don't need to do time-consuming things after the move. Just a hand-wave and a smile or small gestures like those mentioned above can make a huge difference.

여: 새집으로 옮기는 것은 항상 새로운 이웃을 알아가는 것을 의미합니다. 당신은 바쁠 것이기 때문에 이웃사람들을 알아갈 시간이 없을 것입니다. 그러나 당신이 할 수 있는 간단한 요령들이 있습니다. 첫째, 당신의 새집 앞마당에서 더 많은 시간을 보내는 것은 어떨까요? 책이나 잡지를 읽든, 와인을 즐기거나, 자연스럽게 바깥에 나가 있는 것은 지나가는 사람들과의 대화로 당신을 이끕니다. 둘째, 노트를 작성하여 집에서 만든 잼에 붙인 후 이웃의 현관에 놓아두십시오. 당신은 당신의 가족, 전에 살던 곳, 그리고 그들이 무언가 필요할 때 당신이 곁에 있다는 것을 말할 수 있을 것입니다. 그것은 간단하고 간결하며, 그에 대한 보답으로 당신은 몇몇 좋은 친구를 찾을 수 있을 것입니다. 당신이 이사 후 시간을 많이 소비하는 일을 할 필요 없다는 것을 기억하세요. 단지 손짓 인사와 미소 또는 위에서 제시한 제스처로 큰 차이를 만들 수 있습니다.

**어휘:** trim 손질하다  lawn 잔디  passing by 행인  attach 붙이다
porch 현관  brief 간결한  mention 언급하다

**해설:** 이사 후, 이웃사람을 알아가는 간단한 요령에 대해 말하고 있다.

**문항 5** ⑤

M: Ms. Watson, I think we should start planning for the English after-school class.

W: Yes. In a month, we will start the class. Now we need to set up an interview to select students.

M: Well, why don't we do it a different way this year?

W: What are you thinking?

M: Instead of having an interview, let's select the students according to their grades.

W: Sounds reasonable, but I want to see how their English is on the spot.

M: Maybe you can find out their advantages or disadvantages firsthand.

W: That's right.

M: But some students are not good at interviewing and will miss this opportunity.

W: You mean students can be nervous at the interview, right?

M: Yes. Grades will show their progress in English proficiency over the long term. It's more objective data that we can use in selecting students.

W: I see. Let me think about it.

M: Thank you for considering it.

남: Watson 씨, 영어 방과 후 수업에 대한 계획을 시작해야 할 것 같아요.

여: 그래요. 한 달 뒤면, 우리는 그 프로그램을 시작할 겁니다. 이제 학생을 선발할 인터뷰를 준비해야겠습니다.

남: 글쎄요, 올해는 좀 다른 방식으로 하면 어떨까요?

여: 무슨 생각이 있으신가요?

남: 인터뷰를 하는 대신에, 성적에 따라 학생들을 선발하는 것이 어떨까요?

여: 합리적으로 들리긴 하는데요, 저는 학생들의 영어를 현장에서 바로 보길 원해요.

남: 아마도 그렇게 하면 그들의 장단점을 직접 알아낼 수 있을 겁니다.

여: 맞습니다.

남: 하지만 어떤 학생들은 인터뷰에 약하고 이런 기회를 놓칠지 모릅니다.

여: 학생들이 인터뷰에서 긴장할 수 있다는 말씀이시죠?

남: 그래요. 성적은 장기간의 그들 영어 유창성을 보여 줄 겁니다. 이것은 학생들을 선발하는 데 사용할 수 있는 더욱 객관적인 자료가 될 것입니다.

여: 그래요. 한 번 생각해 보겠습니다.

남: 생각해 보신다니 고맙습니다.

**어휘:** after-school class 방과 후 수업
set up an interview 인터뷰를 마련하다
on the spot 그 자리에서  proficiency 유창성
objective 객관적인

**해설:** 여자는 학생들 선발에 인터뷰할 것을, 남자는 성적에 따라서 선발할 것을 주장하고 있다.

**문항 6** ③

M: Silvia, will you come along on the bike trip this weekend?

W: Bike riding sounds good but isn't it too demanding?

M: Not at all. We don't bike all the way. We can rest whenever we want to.

W: Really? I know a bike trip is good for our health and refreshes our exhausted souls.

M: Yeah, it has many advantages.

W: Which route are you going to take? There are 5 bike routes starting from Seoul.

M: How about North Han River course?

W: Sounds good, as long as that's not too tough.

M: Sure. It is a plain road without mountainous terrain.

W: Okay, let's take North Han River course. How long will it take?

M: Maybe 1 to 2 hours each way, or 4 to 5 hours for a roundtrip.

W: I like it. Is there something I can prepare for it?

M: Nothing. I'll take care of everything. You just come with me.

W: Well, still let me prepare water and make some snacks in case we're running out of energy.

남: Silvia, 이번 주에 나랑 자전거 여행 갈래?

여: 자전거 여행 좋지, 근데 너무 위험하지 않아?

남: 전혀 아니야. 끝까지 타고 가는 것이 아니라, 쉬고 싶을 때 쉴 수 있어.

여: 정말? 자전거 여행이 우리 건강에 좋고 지친 심신을 달래주잖아.

남: 맞아, 정말 좋은 점이 많아.

여: 어느 노선으로 갈 예정이야? 서울에서 시작해서 5개의 자전거 노선이 있어.

남: 그럼 북한강 노선이 어때?

여: 좋은 생각이야, 너무 힘들지만 않다면.

남: 괜찮아. 험준한 지형 없는 일반 도로야.

여: 그래, 그럼 북한강 노선으로 가자. 얼마나 걸려?

남: 갈 때랑 올 때 각각 1시간에서 2시간, 왕복 4시간에서 5시간 정도.

여: 마음에 든다. 갈 때 내가 준비해야 할 것이 있나?

남: 아무것도 없어. 다 내가 준비할게. 너는 나와 함께 하면 돼.

여: 음, 그래도 힘이 들 때를 대비해서 물과 간식을 챙길게.

**어휘:** demanding 힘든   exhausted 기진맥진한   terrain 지형

**해설:** 그들이 타고 갈 자전거에 대해서는 언급하지 않고 있다.

---

**문항 7** ②

M: Hello, Jim Clarkson speaking.

W: Hello, Mr. Clarkson. This is Jennifer Philips. I'm in your music class.

M: Oh, Jennifer. What's up?

W: I'm calling to let you know I've mailed you a draft of my project.

M: Did you send it by express mail?

W: Yes, you should have it this afternoon. I hope you can review it for me.

M: Of course. I'll be out of town on business for the next few days, but I'll take it with me.

W: Thank you very much. Mr. Clarkson.

M: By the way, did you have any difficulty writing it? The main topic of the project was rather complicated.

W: Yes, it was. I'm afraid my writing was off the topic.

M: Don't worry. I know it is the first draft so I'll make some suggestions about it.

W: I'm going to make revisions based on your suggestions. Thank you. I'm really looking forward to your feedback.

남: 여보세요, Jim Clarkson입니다.

여: 안녕하세요, Clarkson 교수님. Jennifer Philips입니다. 저는 교수님의 음악 수업을 듣고 있어요.

남: 아, Jennifer. 무슨 일 있니?

여: 제 과제 원고를 택배로 보냈다고 알려드리려고 전화 드렸습니다.

남: 속달 우편으로 보냈니?

여: 네, 아마 오늘 오후에 도착할 거예요. 저를 위해서 검토해주시길 바라요.

남: 당연하지. 며칠 동안 출장으로 외부에 있을 건데, 같이 가져 가도록 하마.

여: 정말 감사합니다. 교수님.

남: 그런데, 쓰는데 어려움은 없었니? 과제 주제가 꽤 복잡 했는데.

여: 네, 그래서 제 원고가 주제를 벗어날까 염려됩니다.

남: 걱정하지 마. 아직 초고이니까 내가 조언을 해보도록 할게.

여: 교수님의 조언을 토대로 수정하겠습니다. 감사합니다. 교수님의 피드백을 학수고대하고 있어요.

**어휘:** draft 원고   express mail 속달 우편   review 검토
revisions 수정   feedback 피드백   off the topic 주제에서 어긋난
look forward to ~을 학수고대하다

**해설:** 여자는 남자 조언을 토대로 자신의 초별 원고를 수정하겠다고 한다. 그렇기 때문에 남자는 여자에게 과제에 대한 조언을 해주어야 한다.

---

**문항 8** ④

W: Dustin, you look so tired.

M: I have a serious sleeping problem.

W: You know there are some reasons you can't fall asleep. We call them sleep thieves.

M: You mean such as 'too much thinking about work or anxious thoughts' like that?

W: Right. Or if your stomach growls, you can't fall asleep, either.

M: I rarely skip my meals, so that shouldn't be a problem.

W: Is it the sound that keeps you up at night? Like the TV, noisy neighbors, traffic and so on.

M: Maybe, but not exactly. Some people are able to sleep under total silence but that's not me.

W: One last thing, your dog, Sandy! Does she sleep next to you?

M: What? Yes. Wait… Before Sandy, I had no sleeping problem.

W: Right. You didn't realize that your dog disrupts your sleeping pattern, it actually affects you.

M: Then, what shall I do?

W: You can solve it in a simple way. Let him sleep in a dog's house next to your bed.

M: All right. Thank you for the advice.

여: Dustin, 많이 피곤해 보이는구나.

남: 나는 심각한 수면 문제가 이어.

여: 네가 잠들 수 없는 몇 개의 이유가 있어. 우리는 그것을 수면 도둑이라고 불러.

남: '너무 많이 일에 대해 생각하거나 걱정스러운 생각들'과 같은 것을 의미하니?

여: 맞아. 혹은 네 위에서 소리가 나도 너는 잠들 수가 없어.

남: 나는 거의 식사를 거르지 않아. 그래서 그것이 문제되지 않을 것 같아.

여: 너를 밤에 못 자게 하는 것은 그럼 소리이니? TV와 시끄러운 이웃, 교통(소음) 등 말이야.

남: 아마도, 하지만 정확하게는 아니야. 어떤 사람들은 완전히 조용한 상태에서 잠들 수 있는데 나의 경우는 그렇지 않아.

여: 마지막으로, 너의 개, Sandy! 너의 개가 네 옆에 자는 것이지?

남: 뭐라고? 그렇긴 한데, 잠시만. Sandy 이전에는 수면 문제가 없었어.

여: 맞아. 너는 네 개가 너의 수면패턴을 방해하고 있음을 알아채지 못한 건데, 사실을 영향을 주는 것이지.

남: 그렇다면, 어떻게 해야 하지?

여: 쉽게 해결할 수 있어. 너의 침대 옆 개집에서 자도록 하는 거야.

남: 좋아. 충고 고마워.

**어휘:** fall asleep 잠들다  thieves 도둑들  growl 으르렁 거리다
disrupt 방해하다  affect 영향을 끼치다

**해설:** 충분하지 않은 수면 시간은 수면 도둑으로 상식적으로 가능하지만 대화에서는 언급되어 있지 않다.

## 문항 9 ③

M: Yesterday was our workshop. How was it?

W: It was very useful and I learned a lot about the environmental issues.

M: Did you make a presentation?

W: No, Sally was giving us a presentation holding a paper. She was standing on the left side and we could see the presentation on the big screen.

M: Yeah, I can imagine it. We normally do the presentation that way.

W: I was amazed everyone was listening to what she was saying so carefully.

M: That's because of the performance evaluation in the workshop.

W: Oh, is the attendance reflected on work performance evaluation? I didn't know that.

M: You don't have to worry about it unless you stand up and make your coffee during the workshop.

W: I saw some co-workers do that, but luckily I didn't. You know there was a coffee machine and some refreshments on the right side of the conference room.

M: I know. By the way, wasn't it hot without an air-conditioner?

W: Yes, there was one. But I couldn't stand the hot air. The air-conditioner was way behind us.

남: 어제가 우리 연수회였는데, 어땠나요?

여: 매우 유용했고, 환경의 문제에 대해서 많이 알게 되었어요.

남: 발표를 했나요?

여: 아니요, Sally가 큰 종이를 들고 우리에게 발표했어요. Sally는 왼쪽에 서 있었고 우리는 큰 화면으로 발표를 볼 수 있었어요.

남: 네, 상상이 가네요. 우리는 보통 발표를 그렇게 하죠.

여: 저는 모두가 그녀가 얘기하는 것을 자세히 듣고 있어서 놀랐어요.

남: 그것은 연수회에서 하는 발표 평가 때문이에요.

여: 아, 출석이 발표 평가에 반영되나요? 저는 그것을 몰랐어요.

남: 연수할 동안 일어나서 커피를 혼자서 만들지 않는 한 걱정하지 않아도 돼.

여: 몇몇 동료들이 하는 것을 봤는데, 운 좋게도 저는 그러지 않았어요. 회의실 오른쪽에 커피 기계하고 간식이 좀 있었거든요.

남: 그러게요. 그런데 에어컨이 없어서 덥지 않았나요?

여: 네, 에어컨 한 대가 있었지만, 정말 더워서 참기 힘들었어요. 에어컨이 우리보다 훨씬 뒤쪽에 있었거든요.

**어휘:** workshop 연수회  environmental 환경적인  evaluation 평가
co-worker 동료 직장인  refreshments 다과
conference room 회의실

**해설:** 대화에서는 에어컨이 뒤쪽에 있다고 했지만, 그림에서는 에어컨이 상단(천장)에 있다.

## 문항 10 ④

M: It's so fresh up here. Here Mt. Sanbang is a well-known tour site.

W: Yeah, we have to purchase our entrance tickets.

M: See the admission fee board. We are 6 people; grandfather, uncle, 2 daughters, you and me.

W: Right, but 4 adults and 1 youth and 1 child is what we have to buy now.

M: Okay. An adult fee is 1,000 won. Youth age 13~24 is 500 won, and Children age 7~12 is 400 won.

W: Oh, my god. I thought our youngest belongs to the children category but she is 13 years old now.

M: Then we have to buy 2 youth tickets.

W: By the way, anyone 65 years and over can get free admission.

M: But our grandfather didn't bring his identification to prove his age.

W: No problem. He can prove it by punching his social ID-number when buying a ticket.

M: So, what we have to buy is 5 tickets, right?

W: Exactly.

남: 여기 공기 정말 좋네요. 이곳 산방산은 경치로 유명한 관광지예요.

여: 그래요, 입장권을 사야 해요.

남: 입장료 안내판을 봐요. 우리는 할아버지, 삼촌, 두 딸, 당신 그리고 나, 6명이에요.

여: 맞아요, 하지만 지금 우리가 사야 하는 건 성인권 4장, 청소년권 1장 그리고 어린이권 1장이에요.

남: 그래요. 성인 요금은 1,000원이고, 13살부터 24살까지의 청소년 요금은 500원, 그리고 7살부터 12살까지의 어린이 요금은 400원이네요.

여: 오, 이런. 나는 우리 막내가 어린이 범주에 포함되는 줄 알았는데, 그 애는 이제 13살이네요.

남: 그럼 우리는 2장의 청소년권을 사야 해요.

여: 그런데 65세 이상인 사람은 누구든지 무료입장을 할 수 있네요.

남: 하지만 우리 할아버지는 나이를 증명할 신분증을 가져오시지 않으셨어요.

여: 문제없어요. 표를 살 때 주민등록번호를 누르기만 하면 증명할 수 있어요.

남: 그럼 우리가 사야 하는 표는 총 5장이에요, 그렇죠?

여: 맞아요.

**어휘:** site 경치   purchase 구입   admission 허가
belong to ~에 속하다   identification 신분증

**해설:** 3장의 성인권(1,000원)과 2장의 청소년권(500원)을 사야 하므로, 총 4,000원을 내면 된다.

## 문항 11 ③

W: Honey, Robert can't wait to participate in a camp this summer.

M: Yes. Summer camp is what most kids love to do. Let me show you the information I got.

W: You prepared in advance. Wonderful! Let's see… Camps with fewer than 400 campers are better.

M: Yes. I agree with you. 400 is way too many.

W: Do you know that Robert's recently shown a lot of interest in Valley Drafting?

M: Oh, has he? I want him to have Adventure Hiking. Valley Drafting doesn't sound safe.

W: Robert likes water sports, you know. Let's sign him up for Valley Drafting.

M: Okay.

W: You know Kelly's birthday is July 21st.

M: Oh, I forgot about that. We have to attend her party at her home, right?

W: Otherwise, she'll be disappointed, so it might be better to choose a camp that starts after her birthday.

M: Certainly. Besides, I like the one with the smaller number of campers, though it costs more.

W: Okay. I like that one, too.

M: Good. Let's sign Robert up for it.

여: 여보, Robert가 이번 여름 방학 때 캠프에 참여하는 것을 매우 기대하고 있어요.

남: 그래요. 여름 캠프는 대부분 애들이 좋아하죠. 내가 가져온 정보를 보여줄게요.

여: 미리 준비를 해뒀군요. 훌륭해요! 어디 보자, 인원이 400명보다 적은 캠프가 좋아요.

남: 맞아요. 나도 동의해요. 400명은 너무 많아요.

여: Robert가 최근에 Valley Drafting에 많은 관심을 가진 거 알아요?

남: 아, 그래요? 나는 Robert가 Adventure Hiking을 하기를 원해요. Valley Drafting은 안전하지 않은 것 같아요.

여: Robert는 수중 스포츠를 좋아해요. Valley Drafting을 신청해줘요.

남: 그래요.

여: Kelly 생일이 7월 21일인 거 알죠?

남: 아, 잊고 있었네요. Kelly의 집에서 하는 파티에 가야 해요, 그렇죠?

여: 그렇지 않으면 실망할 거에요. 그러니까 Kelly의 생일보다 늦게 시작하는 캠프를 고르는 것이 나을 것 같네요.

남: 물론이에요. 게다가, 나는 비용이 더 들어도 인원수가 적은 것이 좋아요.

여: 그래요. 나도 그게 좋아요.

남: 좋아요. 여기에 등록합시다.

**어휘:** participate in ~에 참가하다   preparation 준비
in advance 미리   way 훨씬   sign up 등록하다   besides 게다가

**해설:** 윗글에서 두 사람은 인원이 400명보다 적고, Valley Drafting을 하며, 7월 21일 이후에 시작하는 캠프를 원한다. 그리고 비용이 더 들어도 인원수가 더 적은 캠프를 선호한다. 따라서 Earth Camp가 적합하다.

## 문항 12 ⑤

M: Hello, everyone! As many of you have anticipated, we are pleased to host the 5th annual Victoria International Rose Festival. This festival will run from May 5th and continue until the end of the month. Imagine all kinds of fresh and fragrant roses in full bloom all around you. This year, you will enjoy not only beautiful roses but will also be able to purchase pots or baskets of roses. In addition, we will be selling rose product, by the request of many prior customers, such as soap, candles, and perfume. Various activities are waiting for you in our beautiful fields. Last year the entrance fee was $10, but with the help of local government, we have lowered the entrance fee to $7. Welcome to the Victoria Rose Festival!

남: 안녕하세요, 여러분! 많은 분께서 기대하셨듯이 빅토리아 국제 장미 축제를 5년 연속 개최하게 되어 매우 기쁩니다. 축제는 5월 5일부터 시작해 말까지 진행될 것입니다. 당신의 주변에 피는 신선하고 향기로운 그 많은 장미들을 상상해 보세요. 올해에는 아름다운 장미를 즐기실 뿐만 아니라 장미 화분이나 바구니에 담긴 장미들을 구매하실 수 있습니다. 추가로, 저희는 이전 고객들의 많은 요청으로 비누나 초, 향수 같은 장미 관련 상품을 판매할 것입니다. 작년의 입장료는 10달러였지만 지방 자치의 도움으로 입장료를 7달러로 가격을 내렸습니다. 빅토리아 장미 축제에 오신 것을 환영합니다!

**어휘:** anticipate 참여하다   host 개최하다   fragrant 향기로운
prior 이전의   local government 지방 정부
entrance fee 입장료

**해설:** 윗글에서 입장료가 10달러에서 7달러로 가격이 내렸다고 말하고 있다. 따라서 올해 입장료는 작년 입장료보다 3달러 더 싸다.

## 문항 13 ⑤

W: Have you finished your homework, Andrew?

M: No, not yet, Mom.

W: You are sitting in front of the TV all day long. You should know better than to behave like that.

M: This is my favorite show. Mom, please let me watch it.

W: I think you should go and do your homework now. Don't you remember you promised to watch TV only after completing your homework assignment.

M: But this is what I have been waiting to watch. Let me do my homework after this.

W: I don't think watching TV can be your priority. I'm worrying about your school assignment.

M: I know, Mom. This will be the last time I beg you.

W: There will be a rerun of it on weekends. You can watch the rest of it then.

M: This show will finish within 10 minutes. Please, Mom?

W: <u>I hope you should know there's 'No Exception to the Rule.'</u>

여: 숙제 다 끝냈니, Andrew?

남: 아니요, 아직 이요, 엄마.

여: 너는 하루 종일 TV 앞에 앉아 있구나. 그렇게 행동할 만큼 어리석진 않잖니.

남: 이것이 제가 가장 좋아하는 프로예요. 엄마, 이것을 보게 해 주세요.

여: 너는 가서 숙제해야 한단다. 숙제를 다 한 뒤에만 TV 시청이 가능하다는 것에 우리가 동의한 것을 기억하고 있지?

남: 하지만 이것은 제가 보고 싶었던 것이에요. 이것이 끝난 후에 숙제할게요.

여: TV 보는 것이 너의 우선순위가 될 수는 없단다. 나는 너의 학교 과제물이 걱정되는구나.

남: 알아요, 엄마. 이번에 엄마한테 부탁하는 마지막이 될 거예요.

여: 주말에 재방송이 있을 거야. 그때 나머지를 볼 수 있어.

남: 10분이면 이 쇼가 끝나요. 제발요, 엄마?

여: <u>규칙에는 예외가 없음을 알았으면 좋겠구나.</u>

**어휘:** you should know better than to ~할 정도로 어리석어지는 않아야 한다  homework assignment 과제물  priority 우선순위  rerun 재방송  No Exception to the Rule 규칙에는 예외가 없다

**해설:** 숙제를 다 하고 TV를 보겠다는 것을 약속한 아들이 그것을 어기고 있다. 엄마는 규칙에는 예외 없음을 강조할 수 있다.

## 문항 14  ①

W: Hi, Peter, how was your vacation?

M: It's been great except one thing.

W: Why?

M: I went shopping to a famous shopping mall in downtown in Rome but I had my wallet and passport pick-pocketed.

W: Oh, I'm so sorry to hear that. Did you find them later?

M: No, I didn't. So I had to walk and find the embassy to get my passport document made again.

W: I hope it didn't cause much trouble. By the way, was this your first time to visit Italy?

M: No. I visited here three years ago.

W: Oh, it wasn't your first time. How was your experience last time?

M: It was much better than this year's vacation. I had lots of fun without any accidents.

W: Good! Do you have any pictures from then?

M: <u>Of course, I do. Let me show you some.</u>

여: 안녕하세요, Peter. 당신의 휴가는 어땠나요?

남: 한 가지만 제외하고는 훌륭했어요.

여: 왜죠?

남: 저는 로마 시내에 있는 유명한 쇼핑몰에 갔는데 지갑과 여권을 소매기기당했어요.

여: 오, 유감이에요. 나중에 그것들을 찾았나요?

남: 아니요. 그래서 대사관으로 걸어가서 제 여권 문서를 다시 만들어야 했어요.

여: 큰 문제가 아니었기 바라요. 그런데 이것이 당신의 이탈리아 첫 여행인가요?

남: 아니요. 3년 전에 방문했습니다.

여: 오, 처음이 아니었군요. 지난번 방문했을 때는 어떠했나요?

남: 올해 휴가로 방문했을 때보다 훨씬 좋았답니다. 사고 없이 아주 재미있었습니다.

여: 좋군요! 그 당시의 사진이 있나요?

남: <u>물론입니다. 제가 좀 보여드리죠.</u>

**어휘:** except ~을 제외하고  pickpocket 소매기기  embassy 대사관  accident 사고

**해설:** 여자는 남자가 작년 로마에 갔을 때의 사진이 있는지 물어보고 있다. 남자는 사진이 있으니 보여주겠다고 대답할 수 있다.

## 문항 15  ②

W: Emily helps her brother, Bob, moving to an apartment near his school. When she bends over to pick up one of the boxes, she suddenly feels so much pain in her back. Not taking it as a serious matter, she just puts some ice on her back to relieve the pain as a temporary remedy. Bob suggests that she go see a doctor right away, but she tells him that she is okay. But Bob is still very worried about her and thinks she'd be better off getting a medical care. In this situation, what would Bob most likely say to his sister?

* Bob: <u>Emily, it's better to be safe than sorry.</u>

여: Emily는 학교 근처의 아파트로 이사를 가는 그녀의 오빠 Bob을 도와준다. 그녀가 상자 중 하나를 잡으려고 허리를 숙일 때, 갑자기 등에 강한 통증이 느껴진다. 별로 심각한 문제로 받아들이지 않고, 그냥 일시적인 치료로 고통을 덜기 위해서 등에 얼음을 올려둔다. Bob은 동생에게 바로 의사에게 진찰할 것을 권한다. 하지만 그녀는 그에게 괜찮다고 말한다. 그러나 Bob은 동생이 매우 걱정되어서 병원에서 치료를 받는 것이 낫다고 생각한다. 이 상황에서 Bob이 동생에게 할 말로 가장 적절한 것은?

* Bob: <u>Emily, 후회하는 것보다 주의하는 게 나아.</u>

**어휘:** matter 문제   temporary 일시적인   remedy 치료
relieve 완화하다   medical care 치료

**해설:** Bob은 동생이 늦기 전에 병원에서 치료를 받기를 원한다. 그러므로
그녀에게 나중에 후회하는 것보다 조심하는 것이 낫다고 말하는
것이 적절하다.

**문항 16** ②
**문항 17** ①

M: Do you forget people's names or lose your car in parking
lots? That can be a frustrating experience. But there is no
need to worry. Forgetfulness is curable and with some
effort, your memory can improve greatly.

To begin, try to make a list of what you need to do for
the upcoming day or week. Include important events,
things you need to buy, or people you have to meet.
Remembering the names of people can be difficult at
times. In your mind, try to associate a unique feature or
characteristic of that person and connect the name to it.
If you forget words easily, try reading more. By reading
books and stories you will gradually see more words,
improving your vocabulary. Stress and anxiety may be
a source of forgetfulness. Relax and watch a movie. Do
something that you enjoy doing. Some medication, pills,
or drugs may cause forgetfulness. Check the labels to see if
they are contributing to forgetfulness.

남: 사람들의 이름을 잊어버리거나 주차장에서 차를 찾지
못하십니까? 그런 것들은 매우 좌절되는 경험이 될 수가
있죠. 하지만 걱정할 필요 없습니다. 건망증은 고쳐질 수
있고 약간의 노력으로 여러분의 기억력은 상당히 향상될 것
입니다.

우선, 다음날이나 다음 주에 해야 하는 것들에 대한 목록을
적어보세요. 중요한 일, 사야 하는 것, 또는 만나야 할
사람들을 적으세요. 사람들의 이름을 기억하는 것이 어려울
때도 있을 것입니다. 머릿속에, 그 사람의 독특한 특징이나
성격을 같이 기억하면서 이름을 그 사람과 연결해 보세요.
단어를 쉽게 잊어버린다면, 더 많이 읽어보세요. 책이나
이야기를 읽음으로써 더 점점 더 많은 단어가 보일 것이고,
당신의 어휘력이 개선될 것입니다. 스트레스와 불안감은
건망증의 발생요소가 될 수 있습니다. 휴식을 취하고 영화를
보세요. 당신이 즐거워하는 것을 하세요. 특정 약들은
건망증을 일으킬 수 있습니다. 라벨을 보고 건망증의 원인이
되는지 확인하세요.

**어휘:** forgetfulness 건망증   upcoming 다가오는
associate 연상하다   contributing ~한 원인이 되다

**해설:** 16. 남자는 건망증을 방지할 수 있는 다양한 방법을 설명하고 있다.
17. 남자가 건망증을 방지하는 방법으로 제시한 것은 해야 할 일
목록을 적기, 사람들의 이름을 연상법으로 기억하기, 독서를 통해
어휘력 향상하기, 휴식 취하기, 건망증 일으키는 약품 조심하기가
있다.

## 핵심 실전 모의고사 2회

| 1 | ④ | 2 | ① | 3 | ④ | 4 | ② | 5 | ⑤ |
|---|---|---|---|---|---|---|---|---|---|
| 6 | ④ | 7 | ④ | 8 | ① | 9 | ⑤ | 10 | ③ |
| 11 | ③ | 12 | ⑤ | 13 | ③ | 14 | ② | 15 | ④ |
| 16 | ⑤ | 17 | ③ | | | | | | |

**문항 1** ④

M: Sarah, what do you want for lunch? Your favorite
Chinese noodles, again?

W: No, I'm tired of eating noodles every day. I like rice as
well as noodles.

M: I wonder if you've tried the new Korean restaurant
around the corner.

W: Sure, that restaurant is always busy with customers.
I think it's good.

남: Sarah, 점심으로 뭘 먹고 싶니? 또 네가 좋아하는 중국요리
(국수)를 먹을 거니?

여: 아니. 매일 국수 먹는 것이 지겨워졌어. 나는 국수뿐 아니라
쌀도 좋아해.

남: 나는 네가 코너에 있는 새로 생긴 한국 음식점에 가봤는지
궁금해.

여: 물론이야. 그 식당은 항상 손님들로 붐벼. 괜찮은 식당인 것
같아.

**어휘:** B as well as A A뿐만 아니라 B도   be tired of ~이 싫증나다
nutritious value 영양 가치   colleague 동료   proper 적절한

**해설:** 점심을 먹기 위해서 나누는 대화이다. 새로 생긴 식당에 가 보았느냐는
질문에 대한 대답을 골라야 한다. 여자는 가보았으며, 괜찮은
식당이라고 대답할 수 있다.

**문항 2** ①

W: Good afternoon. What can I do for you?

M: Hi, I'd like to check out these reference books. Here's my
student library card.

W: Well, we're sorry but the reference books are not supposed
to be taken out of the library.

M: Then, I can't help but use them here in the library.

여: 좋은 오후입니다. 무엇을 도와드릴까요?

남: 안녕하세요? 이 참고 문헌들을 대출하고 싶습니다. 여기 제
학생증입니다.

여: 네, 죄송하지만 참고 문헌들은 도서관 밖으로 대출되지
않습니다.

남: 그렇다면, 여기서(도서관에서) 그냥 보아야 하겠군요.

**어휘:** reference 참조   reference books 참고문헌 (백과사전, 도감
등의 서적으로 도서관 내에서는 볼 수 있으나 도서관 밖으로
대출되지 않는 것이 보통이다)   overdue 기한이 넘은, 연체된

**해설:** 남자가 대출하고 싶은 참고 문헌은 도서관 밖으로 대출되지
않는다는 여자의 말에 대해 그렇다면 관내에서 보겠다고 대답하는
것이 일반적인 상황이다.

**문항 3** ④

W: Good morning, students. Winter vacation is coming up and I guess some of you are looking forward to doing something you can feel proud of. Have you heard of Vision of World? Well, it's a nongovernmental organization which aims to help people in poor countries. It was founded by Robert Pierce, an architect, in 1975. It has about 500 members that are mostly high school students just like you. This winter, some of the members are going to Nepal to do volunteer work there. You can volunteer for the helping service and share unforgettable experiences. Join us now and you will remember this opportunity as one of the most rewarding times of your lives.

여: 안녕하세요, 여러분. 겨울방학이 곧 다가옵니다. 여러분 중 일부는 여전히 겨울 방학 동안 뿌듯하게 여길 수 있는 일을 할 것을 기대하고 있을 것입니다. 여러분들은 Vision of World에 대해 들어본 적이 있나요? 이 단체는 가난한 나라에 사는 사람들을 도와주는 것을 목적으로 하는 비정부기구입니다. 이 단체는 건축가인 Robert Pierce에 의해 1975년 설립되었습니다. 이 단체에는 여러분과 같이 주로 고등학생인 회원들이 약 500명 있습니다. 올겨울, 회원 중 일부가 네팔에 가서 그곳에서 자원봉사를 할 것입니다. 여러분은 이 도움 활동에 자원할 수 있으며 잊을 수 없는 경험을 우리와 함께 나눌 수 있습니다. 지금 우리와 함께한다면 나중에 이 기회를 인생에 있어 가장 보람된 순간으로 기억할 것입니다.

**어휘:** nongovernmental 비정부의  found ~을 설립하다  unforgettable 잊을 수 없는  rewarding 보람된

**해설:** 여자는 고등학생들에게 방학 동안 네팔로 가는 자원봉사 활동을 하도록 촉구하고 있다.

**문항 4** ②

M: Hello, students. Humor will be the topic of discussion in today's class. I'm sure you are aware of the many benefits of humor can have. It can alleviate stress and bring people closer together. However, inappropriate humor can also isolate people and bring about a negative environment. As such, there are a few things to think about when being humorous. Firstly, choosing appropriate topics is recommended. Do not joke about subjects that could cause pain to others, such as death, physical disabilities, or race. Also, if you are uncertain how a joke will be taken, it's best to avoid telling it as there are those who are sensitive and easily insulted by certain jokes. So, be careful whenever you joke around.

남: 안녕하세요, 여러분. 오늘 우리는 유머에 대해 이야기를 할 것입니다. 여러분은 아마도 유머가 많은 이점을 가지고 있다는 점을 알고 있을 것입니다. 그것은 스트레스를 줄여 주고 사람들이 더 친해지게 할 수 있습니다. 하지만 부적절한 유머가 사람들을 소외시키고 더 부정적인 환경을 만들 수 있다는 것도 또한 사실입니다. 그래서 유머를

사용할 때 고려해야 할 점들이 있습니다. 먼저, 여러분은 적합한 주제를 매우 주의 깊게 골라야 합니다. 죽음, 신체장애, 혹은 인종과 같이 다른 사람들에게 상처가 될 수 있는 주제에 대해서는 절대로 농담하지 마세요. 게다가, 농담이 어떻게 받아들여질 것인지를 확신하지 못한다면, 농담을 하지 않는 것이 최선입니다. 어떤 사람들은 매우 예민하여 특정한 농담으로 쉽게 상처를 받습니다. 그러므로 농담을 할 때마다 조심해야 합니다.

**어휘:** be aware of ~을 인지하다  benefit 이익  alleviate 경감시키다  inappropriate 적절하지 않은  physical disability 신체적 장애  sensitive 민감한  insult 모욕하다

**해설:** 유머가 일상생활에 기여하는 긍정적인 면도 있지만 남자는 유머를 구사할 때 적절한 주제를 고르고 유머가 어떻게 받아들여질지 확실할 때에만 구사해야 한다고 유의할 점들을 말하고 있다.

**문항 5** ⑤

M: Ms. Wilson, did you bring the T-shirts to be sent for volunteer work?

W: Yes, here they are. They are all white T-shirts with no printing on them yet. We are supposed to decide which print to go with.

M: I want to just imprint text that reads 'Happy Smile' instead of 'Heaven on Earth.'

W: Oh, is that so? As for me, the heart and rainbow shaped drawing looks better than imprinting words.

M: But if we imprint the drawing it will cost much more. These T-shirts will be worn as uniforms during the volunteer work so we can't spend too much money on them.

W: Then let me see your sample designs.

M: This is the 'Happy Smile' logo and that is the 'Heaven on Earth' one. How do you like them?

W: Oh, I like both of them and as you said, it's going to be a two-colored print.

M: Yes. If we choose the drawing you want, we would have to use at least 7 colors, which will cost more money.

W: I see. We should follow your idea. We can do something better with less money.

M: Yes, you are right.

남: Wilson 씨, 자원봉사 활동에 보내 줄 티셔츠를 가져왔습니까?

여: 그래요, 여기 있습니다. 이것들은 아직 그림이 없는 흰 티셔츠입니다. 우리는 어떤 프린트를 티셔츠에 넣을지 결정해야 할 것입니다.

남: 저는 'Heaven on Earth' 대신에 'Happy Smile'을 적어 넣고 싶습니다.

여: 오, 그래요? 저로서는 글자 대신 하트와 무지개 모양 그림이 더 좋아 보일 것 같아요.

남: 그런데 우리가 그림을 넣으면 비용이 더 들 거예요. 이 셔츠는 우리가 자원봉사 활동할 때 유니폼으로 입을 것이기 때문에 우리가 여기에 큰 비용을 쓸 수 없어요.

여: 그렇다면 당신의 샘플 도안을 한 번 보여주세요.

남: 이것은 'Happy Smile' 로고이고 이것은 'Heaven on Earth'입니다. 어떤가요?

여: 오, 전 둘 다 좋고요. 당신이 말했듯이 이것은 2색 프린트가 될 거예요.

남: 그래요. 당신이 좋아하는 그림을 고르면 우리는 적어도 7가지 색을 써야 할 거고요, 비용이 더 많이 들 것입니다.

여: 그래요. 당신 생각을 따라야겠어요. 우리는 적은 돈으로 더 나은 일을 할 수 있어요.

남: 네, 맞아요.

**어휘:** imprint 프린트해 넣다   volunteer work 봉사 활동
drawing 그림, 도안

**해설:** 여자는 티셔츠의 로고로 그림을 넣고 싶어 하지만 남자는 비용을 절감하기 위해서 글자 로고를 넣을 것을 주장하고 있다.

---

**문항 6** ④

M: Let's choose a vacuum cleaner here. They show lots of good models. Which one do you want to buy?

W: The old one we have was too weak to sweep the dirt. I want a stronger suction power.

M: Okay. Powerful vacuums should have strong motor power.

W: Noise is also a significant consideration. Some vacuum cleaners are so noisy that they're almost unbearable to use.

M: Right. A perfect vacuum would have to be both powerful and quiet.

W: Oh, look at this new model. It's cordless. Doesn't it look so convenient to use?

M: Yes, the cord, whether it's short or long, is really frustrating. Sometimes I trip over the cord myself.

W: Ha-ha-ha. By the way, let's think about the model we want.

M: Right. Do you want an upright vacuum cleaner or a handheld vacuum cleaner?

W: I don't mind, actually, as long as it is powerful and quiet, performing a super clean act.

M: Okay, let's choose one.

남: 여기서 청소기를 고르자. 좋은 제품을 많이 출시해. 어떤 것을 사고 싶어?

여: 그 예전 청소기는 먼지를 쓸기에는 너무 약했어. 나는 흡입력이 강한 것을 원해.

남: 그래. 흡입력이 강한 청소기는 모터 힘이 좋아야 해.

여: 소리 또한 중요한 고려 사항이야. 어떤 청소기들은 너무 시끄러워서 견디기 힘들 정도야.

남: 맞아. 좋은 청소기는 힘이 세면서도 조용해야 해.

여: 와, 이 새 제품을 봐봐. 무선이야. 너무 편리해 보이지 않아?

남: 그래, 코드는 길든 짧든 정말 짜증 나지. 가끔 나는 내가 코드에 걸려 넘어져.

여: 하하하. 그런데 우리가 사고 싶은 형태를 생각해 보자.

---

남: 그래. 세우는 청소기와 손에 들고 쓰는 청소기 중에 어느 것이 더 나은 것 같아?

여: 사실 별로 상관없어, 힘이 강력하고 조용하게 깔끔하게 청소만 해준다면.

남: 그래, 이걸로 하자.

**어휘:** sweep 쓸다   suction 흡입력   significant 중요한
consideration 고려사항   unbearable 견디기 힘든
cordless 무선   convenient 편리한   upright 바로 선
handheld 한 손에 들 수 있는

**해설:** durability(내구성)와 warranty(품질보증)는 두 사람이 언급하지 않았다.

---

**문항 7** ④

M: Sandy, how is the food wrapping going? We have to handle the food order quickly.

W: Well, I'm still frying eggs for gimbab.

M: Well, I want David to do it and there is something you have to do now.

W: Okay. Then, what is it? Is something wrong?

M: No, no. As you can see, we are running out of carrots and spinaches.

W: Oh, no. They are the essential ingredients in gimbab making.

M: I can't leave the kitchen counter. Can you go and buy them for me?

W: Sure. Which store do I have to go to?

M: KJ market is our regular store but it's closed today. So try the grocery store next door.

W: I see. How can I pay?

M: Let me give you the credit card. Can you bring my wallet?

W: No problem. It's the brown leather one on the front desk, right?

남: Sandy, 음식 포장은 어떻게 되어가니? 주문받은 음식을 빨리 조리해야 해.

여: 음, 아직 김밥에 넣을 계란을 조리하고 있어요.

남: 그럼, David보고 하라고 할 테니까 지금 네가 해주어야 할 것이 있어.

여: 네. 그럼, 무슨 일이에요? 뭐가 잘못됐나요?

남: 아니, 아니. 보다시피, 우리가 지금 당근과 시금치가 모자라.

여: 오, 이런. 김밥을 만들 때 가장 중요한 재료들이네요.

남: 나는 지금 부엌 조리대를 떠날 수 없어. 나를 위해서 그것들을 사다 주겠니?

여: 물론이죠. 어느 가게에 가야 하나요?

남: KJ 마켓이 우리가 평소에 가는 가게이지만 오늘은 닫았어. 그러니까 그 옆에 있는 식품점에 가 봐.

여: 그렇군요. 결제를 어떻게 할까요?

남: 신용카드를 줄게. 내 지갑 좀 가져와 주겠니?

여: 물론이죠. 안내 데스크에 있는 갈색 가죽 지갑 맞죠?

어휘: wrapping 포장  essential 필수적인  ingredient 요소, 성분
grocery store 식료품 가게  regular store 단골가게
leather 가죽

해설: 위 대화에서 남자는 여자에게 당근과 시금치를 살 신용카드를
주기 위해 지갑을 가져다 달라고 했다. 따라서 여자가 해야 할 일은
남자의 지갑 가져오기이다.

**어휘:** performance 공연  look forward to ~ing ~하기를 학수고대하다
cancel 취소하다  trip over (줄 따위에) 걸려 넘어지다
replace 대체하다

**해설:** 여자는 가수와의 인터뷰를 기대하고 있었다. 하지만 그 가수가
공연을 마치고 무대에 내려오면서 전선에 걸려 넘어지게 되자
가수의 모든 일정은 취소된 상황이다.

## 문항 8 ①

W: I think the concert was successful.

M: I think so, too. She is a worldwide K-pop singer and did an excellent performance today.

W: Oh, I have really been looking forward to seeing her in the interview.

M: I know you prepared a lot for the interview. But did you hear that the interview was canceled?

W: No. Why haven't I been informed of that?

M: It's just been decided a few minutes ago.

W: Do you know the reason?

M: Yes. When she came down from the stage, she tripped over a wire.

W: Oh, no. So what happened to her?

M: She broke her left leg. Now she's being treated temporarily at the concert lobby.

W: She was in a hospital a month ago. She's back again?

M: Yes. Her manager announced to the press that all her schedule would be canceled.

W: How about the Asian Music Festival? She is supposed to be on the final stage.

M: I heard *Teen's Best*, the boy group will replace her.

여: 저는 콘서트가 성공적이었다고 생각해요.

남: 저도 그렇게 생각합니다. 그녀는 전 세계적인 케이팝 가수이고 오늘 훌륭한 공연을 했어요.

여: 오, 저는 그녀와의 인터뷰를 학수고대해 왔어요.

남: 당신이 인터뷰를 위해 많이 준비해 온 것을 아는데, 인터뷰가 취소되었다는 것을 들었나요?

여: 아니요. 왜 저는 듣지 못했을까요?

남: 몇 분 전에 결정되었답니다.

여: 그 이유를 아나요?

남: 네. 그녀가 무대에서 내려오면서 전선에 걸려 넘어졌다고 해요.

여: 오, 이런. 그녀는 어떻게 되었나요?

남: 그녀의 왼쪽 다리가 부러졌대요. 그녀는 지금 콘서트 로비에서 임시로 치료를 받고 있어요.

여: 그녀는 한 달 전에 병원에 있었는데, 다시 가야 하나요?

남: 그렇습니다. 그녀의 매니저가 그녀의 스케줄이 취소되었다고 언론에 발표했어요.

여: 그럼 아시아 뮤직 페스티벌은 어떻게 되나요? 그녀가 마지막 무대를 장식하기로 되어 있어요.

남: 저는 소년 그룹인 **Teen's Best**가 그녀를 대신한다고 들었어요.

## 문항 9 ⑤

W: We need to make a new year calendar for our customers.

M: Yes. A free calendar is a good way of promotion. We have to design the front page.

W: First, I want to put a big candle light to symbolize our eye hospital.

M: Good. Use two hands to hold the candle. That way we can express our sincerity.

W: And also put the word 'Bright' in the top left.

M: That's better than nothing. Let's put it there.

W: Wait. This is the calendar so there should be a month and the dates.

M: You got the most important point. But why don't we put them on the back page?

W: We can do that. But for convenience, we can put dates on the front pages.

M: Okay. How about placing them in the bottom as a small horizontal line?

W: Good! And don't forget to write our phone number on the right bottom corner with small letters.

M: Wow, you know a lot about this.

여: 우리는 우리의 고객들을 위해 새해 달력을 만들어야 해.

남: 그래. 무료 달력은 홍보하기 좋은 방법이야. 우리는 표지를 디자인해야 해.

여: 먼저, 나는 우리 안과를 상징하기 위해 큰 촛불을 넣고 싶어.

남: 좋아. 두 손을 촛불을 받치는 데 사용하는 거야. 그렇게 우리의 진실함을 표현할 수 있어.

여: 그리고 왼쪽 상단에 'Bright'도 써넣자.

남: 그게 아무것도 안 하는 것보다 낫겠다. 여기에 넣자.

여: 잠깐, 이것은 달력이기 때문에 월과 날짜가 있어야 해.

남: 네가 가장 중요한 점을 말했어. 그런데 뒤 페이지에 넣는 것이 어때?

여: 좋아, 그렇게 해도 되겠다. 하지만 편의를 위해서 앞장에 날짜를 넣자.

남: 그래. 하단에 작은 가로 선으로 날짜를 넣은 것이 어때?

여: 좋아. 그리고 우리 전화번호도 오른쪽 하단 모서리에 작게 넣는 것을 잊지 마.

남: 와, 넌 많이 알고 있구나.

**어휘:** promotion 홍보하다  symbolize 상징하다  express 표현하다
sincerity 정직  convenience 편의  horizontal 가로의

**해설:** 전화번호를 하단 우측 코너에 작은 글씨로 넣기로 했는데 그림에서는
하단의 중앙에 있으므로 ⑤번이 잘못되었다.

**문항 10** ③

M: Angela, did you check the amount of donations we got this year?

W: Yes, I was surprised. Even though the current economic situation is not good, people's passion for the charity event never stops.

M: You're right. Tell me the donated amount of last year.

W: I guess it was around $38,000.

M: Let me check. [Pause] Oh, right, it was exactly $38,500.

W: I see. I wonder how much we have received in total so far.

M: Wait a moment. [Pause] It's $56,000.

W: Did you also include the $300 Dr. Brown donated this morning?

M: Yes, I already did.

W: I see. We still have a few more days. So, maybe the total amount will be more than $60,000.

M: Yeah. I really hope so!

W: Me, too.

남: Angela, 올해 우리가 받은 기부금의 총액을 확인해 봤니?

여: 응, 나는 놀랐어. 요즘 경제 상황이 좋지 않은데도, 사람들의 기부 행사에 대한 열정은 멈추지 않아.

남: 네 말이 맞아. 내게 작년에 기부된 총액을 말해줘.

여: 내가 생각하기에 38,000달러 정도였던 것 같아.

남: 내가 확인해 볼게. [Pause] 오, 맞아. 정확히 38,500달러였어.

여: 그렇구나. 우리가 전부 얼마를 받았는지 궁금하다.

남: 잠깐 기다려봐. [Pause] 56,000달러야.

여: Dr. Brown 씨가 오늘 아침에 기부한 300달러도 포함했어?

남: 응, 이미 했어.

여: 그렇구나. 우리에겐 아직 며칠이 더 남았어. 그러니 아마 총액은 60,000달러 이상일 거야.

남: 맞아. 나는 정말 그러길 바라!

여: 나 역시 그래.

**어휘:** amount 총액  donation 기부  even though 비록 ~일지라도  current 현재의  passion 열정  receive 받다  include 포함하다

**해설:** 두 사람이 지금까지 받은 올해 모금액은 56,000달러(300달러 포함)이다. 작년 모금액(38,500달러)에 헷갈리지 말아야 한다.

---

**문항 11** ③

M: I can't wait, Olivia. Our family is going to have an apple-picking trip again.

W: Yeah, sounds exciting. It'll be after August because of Father's work schedule.

M: I know. Good thing is that there are more options in September and October.

W: Right. We will pick apples for eating. We don't need apples for salads.

M: I agree with you. Our family hates the idea of mixing apples in salads.

W: How about size? I like bigger size apples, which look more delicious.

M: Last year, our trip was so late that all we could pick were small apples.

W: Right. This time, let's pick ones over the medium size.

M: Sure. My favorite apple should taste sweet. I mean it should be very sweet.

W: No, our family, with the exception of you, doesn't have a sweet tooth. You always want something sweet!

M: But…

W: Please, respect the appetite of the other people.

M: Okay. If they are firm and crisp, I'll love them.

W: I know you hate tender apples.

남: Olivia, 정말 기대돼. 우리 가족이 사과 따기 체험을 또 간다니.

여: 그래, 참 신 난다. 아버지의 업무 스케줄 때문에 8월 이후에 가야 할 거야.

남: 알아. 다행히 9월하고 10월에 선택의 여지가 더 있어.

여: 맞아. 우리는 우리가 먹을 용도로 사과를 딸 거야. 샐러드용 사과는 필요하지 않아.

남: 나도 너에게 동의해. 우리 가족은 샐러드에 사과를 넣는 것을 정말 싫어해.

여: 크기는 어때? 나는 큰 크기의 사과가 좋아. 더 맛있어 보이잖아.

남: 작년에는, 우리 여행이 너무 늦어서 우리가 딸 수 있는 건 작은 사과밖에 없었어.

여: 맞아. 이번에는, 중간 크기보다 큰 것을 따자.

남: 그래. 내가 가장 좋아하는 사과는 달아야 해. 그러니까 내 말은 매우 달아야 해.

여: 아니, 우리 가족은 너를 제외하고 단 것을 좋아하지 않아. 너는 항상 단 것을 좋아하지!

남: 하지만…

여: 제발, 다른 사람들의 입맛을 존중해 줘.

남: 알았어. 만약 사과가 단단하고 아삭아삭하면, 정말 좋아할 거야.

여: 네가 부드러운 사과 싫어하는 거 알아.

**어휘:** sweet tooth 단 것을 좋아함  appetite 식성  firm 단단함  crisp 아삭아삭함

**해설:** 그들이 고려한 사항을 정리하면, 8월 제외, 아주 달지 않을 것, 작은 사이즈가 아닐 것, 샐러드용이 아닐 것, 부드럽지 않은, 결국 ③번이 정답이다.

---

**문항 12** ⑤

W: This art contest for kids encourages young people worldwide to express their visions of peace. For 25 years, more than four million children from nearly 100 countries have participated in the contest. The theme of the 2014 Peace Poster Contest is 'Our World, Our Future.' Students, between the ages of 11 and 13, are eligible to participate. Participants will be allowed to use a variety of media to express the theme, including charcoal, crayon, pencil and paint. Posters will be shared globally via the Internet, in the media and at exhibits around the world. Each poster will be judged on originality, artistic merit and expression of the theme. One international grand prize winner will receive $5,000, and a trip to a special award ceremony. To learn more about the Lions International Peace Poster Contest, contest rules, and deadlines; please view our brochure, call 630-203-3812, or visit www.lionsclub.com.

여: 아이들을 위한 이 미술 대회는 전 세계의 학생들이 평화에 대한 자신의 의견을 표출할 수 있도록 격려합니다. 25년 동안, 100여 개의 국가에서 4백만이 넘는 아이들이 이 대회에 참여했습니다. 2014 평화 포스터 콘테스트의 주제는 '우리 세상, 우리의 미래'입니다. 11세와 13세 사이의 학생들이 참여할 수 있습니다. 참가자들에게 목탄, 크레용, 연필과 물감 등 주제를 표현하기 위해 다양한 재료를 사용하는 것을 허용합니다. 포스터는 매체와 전시회들에 인터넷을 통해서 전 세계적으로 공개될 것입니다. 각 포스터는 독창성, 예술적 가치 그리고 주제 표현을 (기준으로) 평가받을 것입니다. 국제 대상 수상자는 5,000달러와 특별 시상식에 참석할 수 있는 여행을 하게 됩니다. 라이온즈 국제 평화 포스터의 규정과 마감에 관해 더 알고 싶다면, 안내 책자를 보시거나 630-203-3812로 전화 문의, 혹은 www.lionsclub.com을 방문해 주십시오.

**어휘:** eligible ~할 수 있는  participants 참가자들  charcoal 목탄  globally 세계적으로  media 매체  exhibit 전시회  originality 독창성  merit 가치  deadline 마감  brochure 책자

**해설:** 대상은 상금과 시상식 참석권(여행)을 받게 된다.

**문항 13** ③

W: Mike, finally, I've decided to run for student council president!

M: That's great, Sophia! My friend told me that you were considering.

W: I need to think of some original campaign promises.

M: Yes, that's a good point. You know Sandra is also running. And she'll be your strong competition.

W: I know. It's going to be a tough election.

M: Don't worry about that. You haven't even started campaigning yet! The most important thing is your election strategy.

W: You're right, but Sandra is very popular among the students and I don't think I can beat her.

M: Election is not for choosing a popular student but for choosing a students' representative.

W: I see. I'll do my best. But I need an adviser like you. Can you give me a hand?

M: Sure! I can help you persuade students to vote for you.

W: <u>Thank you. You'll be a great help with the election.</u>

여: Mike, 나 결국 학생회장 선거에 입후보하기로 했어.

남: 잘됐구나, Sophia! 네가 (입후보를) 고려하고 있다고 내 친구가 말해주었어.

여: 나는 참신한 선거 공략을 생각해야 할 것 같아.

남: 맞아, 그것이 중요한 부분이다. 너 Sandra도 후보로 나가는 것 알고 있지? 개가 너의 강력한 경쟁상대가 될 거야.

여: 알아. 치열한 선거가 될 것 같아.

남: 걱정하지 마. 너는 아직 선거를 시작하지도 않았어! 가장 중요한 점은 너의 선거 전략이야.

여: 맞아, 하지만 Sandra는 학생들 사이에서 인기가 많고 나는 그녀를 이길 것 같지 않아.

남: 선거는 인기 있는 학생을 선출하는 것이 아니라 학생 대표를 선출하는 것이야.

여: 알았어. 최선을 다할게. 하지만 나는 너와 같은 조언자가 필요해. 나를 도와줄 수 있겠니?

남: 물론이야! 내가 학생들을 설득해서 너에게 투표하도록 너를 도울게.

여: <u>고마워. 너는 선거에서 큰 도움이 될 거야.</u>

**어휘:** run for ~에 입후보하다  student council president 학생회장  original campaign promises 창의적인 선거 공략  competition 경쟁  election strategy 선거전략  representative 대표  give me a hand 도와주다  persuade 설득하다  by far 훨씬 더

**해설:** 여자는 선거에 출마하려 하고 그녀는 선거에 대해 불안해한다. 남자가 기꺼이 도와주겠다고 하는 말에 여자는 고맙다고 답할 수 있다.

**문항 14** ②

W: Hey, Edward. What are you doing here?

M: Hi, Cindy. I'm waiting to buy a cheese burger.

W: You are standing in line just to buy a cheese burger?

M: You're right. There is a big sale here. Today is the last day.

W: Oh, God. Look at this long line. I think it's going to take more than 10 minutes to buy one. How cheap is it?

M: They are offering a special discount, 50% off!

W: Wow, no wonder this place is so crowded.

M: Now you seem to understand why.

W: I want to buy some, too.

M: Sure. We don't get this kind of chance every day.

W: Oops! I think I left my purse in the library. Do you mind lending me some money?

M: <u>Of course not. How much do you want?</u>

여: 이봐, Edward. 여기서 뭐 하고 있니?

남: 안녕, Cindy. 나는 치즈버거를 사기 위해서 기다리고 있어.

여: 고작 치즈버거를 사기 위해서 줄 서서 기다리고 있다고?

남: 그래. 여기에서 크게 할인하고 있거든. 오늘이 할인 마지막 날이야.

여: 오, 세상에나. 이 긴 줄 좀 봐. 하나 사려면 10분도 넘게 걸릴 것 같아. 얼마나 싸길래 그래?

남: 특별 할인 중인데, 50% 할인이야!

여: 와, 그러니 이렇게 사람들이 붐비는 것도 당연하구나.

남: 이제야 네가 이해를 하는 것처럼 보이는구나.

여: 나도 좀 사고 싶은걸.

남: 물론이야. 이런 기회가 매일 오는 것이 아니니까.

여: 이런! 내가 지갑을 도서관에 두고 왔네. 나에게 좀 돈을 빌려 줄래?

남: <u>물론이야. 얼마를 빌려줄까?</u>

**어휘:** stand in line 줄을 서다   purse 지갑

**해설:** 여자는 치즈버거를 사려는데, 지갑을 두고 온 것을 알고 남자에게 돈을 빌려달라 요청하고 있다. Do you mind~? 로 물었을 때 대답 방식에 주의해야 한다. 'Of course not'과 같이 부정형으로 대답해야 'Of course, I do not mind lending it' [물론, 나는 돈을 빌려주는 것을 꺼리지 않아 = 빌려줄게] 의 뜻이 된다.

**문항 15** ④

M: Mina wants to go on a trip to the East coast for this summer vacation. But she doesn't know much information about the coast, so she calls her friend, Sam, and asks about it. He tells Mina that he went to the Eastern coast last year and the scenery around the coast near Gangneung is breathtaking. So, Mina decides to go to Gangneung for her vacation. Sam says that he will email her to recommend some beautiful places to visit. Mina, thanking him for his kindness, also wants to get the information of a nice place where she can stay overnight. In this situation, what would Mina most likely say to Sam?

* Mina: <u>Sam, can you include the lodging information as well?</u>

남: Mina는 이번 여름 방학 때 동해안으로 여행을 가고 싶다. 하지만 그녀는 해안에 관한 정보가 별로 없다. 그래서 그녀의 친구 Sam에게 전화해서 물어본다. 그는 Mina에게 자신이 작년에 동해안에 갔다 왔는데 강릉 근처의 해안의 경치가 숨막힌다고 말해준다. 그래서, Mina는 방학에 강릉에 가기로 한다. Sam은 그녀에게 방문하기 좋은 곳을 추천해서 메일로 보내준다고 한다. 그의 친절함에 감사하면서 Mina는 하룻밤을 묵을 수 있는 곳에 관한 정보도 알고 싶다. 이런 상황에서 Mina가 Sam에게 할 말로 가장 적절한 것은?

* Mina: <u>Sam, 숙소 정보도 함께 보내줄 수 있니?</u>

**어휘:** East coast 동해안   scenery 경치   breathtaking 숨막히는   recommend 추천하다   overnight 하룻밤 동안

**해설:** Mina는 Sam에게 하룻밤 동안 묵을 수 있는 곳도 추가로 알려달라고 한다. 그러므로 Sam에게 메일에 그 정보도 더해서 보내줄 수 있느냐고 물어볼 수 있다.

**문항 16** ⑤
**문항 17** ③

W: Mosquito bites can cause uncomfortable itching and swelling and they can be difficult for a baby to deal with. Remedies for adults may be unsafe to use on babies, so special precautions need to be taken when treating mosquito bites on an infant. First, clean the skin area where the mosquito bit the baby with warm, soapy water. This will soothe the baby and remove any blood left by the biting mosquito. Second, apply a cold washcloth to the bite to relieve itching and reduce swelling. An ice pack will also work to reduce discomfort. Third, apply Calamine lotion to the bite to stop itching. Apply a small amount to the affected area only. Then, cut the baby's fingernails to keep the child from scratching the bite open. Bloody, exposed mosquito bites are at greater risk for becoming infected. Finally, monitor the bites for 24 hours, checking for excessive swelling or drainage. Continue to apply cold washcloths and the bites may take weeks to disappear completely.

여: 모기에 물리면 불편한 가려움과 부기를 일으킬 수 있고, 아이가 감당하기에는 어려운 일일 수 있다. 어른들을 위한 치료는 아기에게 사용하기 위험할 수 있기 때문에, 영아가 모기에 물린 것을 치료할 때는 특별히 주의가 필요하다. 첫째, 미지근한 비눗물로 아이가 물린 곳을 소독한다. 이것은 아이를 진정시키고 모기가 남기고 간 피를 제거해준다. 둘째, 부기와 가려움을 덜기 위해 찬 수건을 물린 곳 위에 올려준다. 아이스팩도 불편을 줄여주는 데 사용할 수 있다. 셋째, 가려움을 멈추도록 칼라민 로션을 발라준다. 오직 물린 곳에만 소량을 발라준다. 그런 다음에, 아이가 상처를 긁어서 벌어지지 않게 손톱을 잘라준다. 피가 많고, 노출된 상처는 감염될 위험이 더 크다. 마지막으로, 혹시 지나치게 상처가 붓거나 피나지 않은지 24시간 상처를 지켜봐 준다. 지속해서 차가운 수건과 로션을 적용해준다. 상처가 완전히 아물 때까지 몇 주가 걸릴 수 있다.

**어휘:** remedy 치료법   precaution 주의   soothe 진정시키다   exposed 노출된   excessive 지나친   drainage 배수   disinfectant 소독약

**해설:** 16. 여자는 아기가 모기에 물렸을 때 치료하는 방법을 설명하고 있다. 17. 아기가 모기에 물렸을 때 치료하는 법으로 비눗물로 물린 곳 소독하기, 물린 곳 위에 찬 수건 올려주기, 칼라민 로션 발라주기, 손톱 잘라주기, 24시간 동안 상처 지켜보기를 언급했다.

## 핵심 실전 모의고사 3회

| 1 | ⑤ | 2 | ③ | 3 | ② | 4 | ③ | 5 | ② |
|---|---|---|---|---|---|---|---|---|---|
| 6 | ③ | 7 | ⑤ | 8 | ③ | 9 | ② | 10 | ④ |
| 11 | ③ | 12 | ④ | 13 | ⑤ | 14 | ④ | 15 | ④ |
| 16 | ④ | 17 | ② | | | | | | |

**문항 1** ⑤

M: Susan, you look really upset today. Were you in an accident or something?

W: No. Do you remember the girl we met at the party? I just can't stand her anymore.

M: Why? Did you have a fight or something with her?

W: <u>I hate when she talks behind my back. She doesn't show respect to people.</u>

남: Susan, 너 오늘 정말 화나 보인다. 사고나 뭐 다른 일이 있었니?

여: 아니. 우리가 파티에서 만난 그 여자아이를 기억하니? 나는 그녀를 더 이상 참을 수가 없어.

남: 왜? 걔랑 싸우기라도 했니?

여: <u>나는 걔가 내 뒷담화 하는 것이 싫어. 걔는 사람들을 존중하지 않아.</u>

**어휘:** stand 참다, 견디다   talk behind one's back 뒷담화를 하다

**해설:** 그녀를 더 이상 참을 수 없는 부정적인 이유를 밝히는 것이 응답이 될 수 있다.

---

### 문항 2 ③

W: How may I help you? Do you have a reservation?

M: No, we don't. But we'd like to have dinner here. Do you have a table for us?

W: Certainly, sir. How many people do you have in your party?

M: <u>There are four of us, including one child.</u>

여: 무엇을 도와드릴까요? 예약을 하셨습니까?

남: 아니요. 하지만 여기에서 식사를 하고 싶습니다. 테이블이 있을까요?

여: 물론입니다. 일행이 몇 분이십니까?

남: <u>어린이 한 명 포함해서, 총 4명입니다.</u>

**어휘:** party 일행   reservation 예약

**해설:** How many people do you have in your party? (일행이 몇 명이십니까?)에 해당하는 답을 찾기 위해서 party가 '일행'으로 쓰이는 표현을 알고 있어야 한다.

---

### 문항 3 ②

M: Good morning, class. Changes in trends over time is not a new concept. what do you think causes it to change? For instance, being fair-skinned was, at one time, considered fashionable because it showed wealth; in other words, it meant that you were rich enough. As time passed, having a tan was "in fashion" because it meant you could afford spending the day tanning under the sun. Also, people in the past regarded obesity as fashionable, since it represented the financial ability to eat well. The economy played a role in the length and color of clothing. During the economic boom in the 1920s, those who could afford costly silk stockings began wearing shorter skirts thereby making mini skirt fashionable. The color of garments also reflected a flourishing economy. Brilliant hues such as yellow, orange, and red were trendy. Surprisingly, trends are a reflection of economic prosperity.

남: 안녕하세요, 여러분. 우리는 시간이 흐름에 따라 유행이 끊임없이 변화한다는 것을 알고 있습니다. 자, 무엇 때문에 이렇게 변화할까요? 예를 들어, 한때에는 부유해서 들판에서 일하지 않아도 되는 것을 의미했기에 피부색이 밝은 것이 유행에 맞는 것이라고 여겨졌습니다. 이후 시간이 지나면서 밖에서 햇볕에 피부를 그을리는 데 시간을 보낼 수 있을 정도로 부유하다는 것을 의미했기에 어두운 피부색이 유행하게 되었습니다. 또한, 과거에 사람들은 비만인 것이 잘 먹을 수 있는 것을 의미하였기에 유행에 맞는 것으로 생각하였습니다. 경제는 또한 옷의 길이와 색깔에도 영향을 미쳤습니다. 1920년대에, 경제가 급속히 발전하고 있을 때, 비싼 실크 스타킹을 신을 여유가 있던 사람들은 치마를 짧게 입기 시작했습니다. 이것이 미니스커트를 유행시켰습니다. 옷의 색깔 또한 좋은 경제를 반영해서 빨강, 주황, 또는 노랑과 같은 밝은색이 유행하도록 이끌었습니다. 유행이 사실은 경제의 반영이라는 것이 흥미롭지 않나요?

**어휘:** concept 개념   laborer 노동자   tanning 햇볕에 그을리기   obesity 비만   economic boom 경제 부흥   costly 비싼   garment 의상   flourishing 번영하는   reflection 반영   prosperity 번영

**해설:** 패션 유행의 변천사를 보면 당시의 경제 상황의 반영임을 설명하고 있다.

---

### 문항 4 ③

W: Are you worrying about stained or darkened teeth? Do you want a dazzling smile with whitened teeth? These days you can do this at home with teeth products. There are several key points you should consider. Here are safety tips when you do self-whitening. See your dentist first. Get a professional cleaning and mouth exam, even if you decide to whiten teeth at home using over-the-counter products. The doctor's exam may find cavities in your teeth. Getting your cavities treated first is crucial to keep teeth whitening safe. Putting whitening stuff on your teeth for more time than necessary can irritate the gums. Also, immediately after whitening your teeth, avoid acidic beverages such as soda or sports drinks for a couple of hours to protect your teeth. Lastly, don't become a whitening addict. You only need to repeat this twice a year or less. If you try whitening by yourself keep these things in mind.

여: 당신은 얼룩지거나 어두워진 치아에 대해 고민하십니까? 당신은 하얀 치아로 환하게 웃고 싶습니까? 요즘은 치아 미백을 집에서 제품을 이용해서 할 수 있습니다. 당신이 고려해야만 하는 몇 가지 중요한 사항들이 있습니다. 당신이 치아 미백을 할 때 알아야 하는 안전 요령들입니다. 먼저 치과 의사와 상담하십시오. 의사의 검진은 당신 치아에서 충치를 발견하게 할 수 있습니다. 충치 치료를 먼저 하는 것이 치아 미백에 있어 중요합니다. 필요 이상으로 치아 미백 물질을 이에 두게 된다면 잇몸을 상하게 할 수 있습니다. 또한, 치아 미백을 한 직후에는 치아를 보호하기 위해 음료수나 스포츠 음료 등과 같은 음료수를 두 시간 정도 피하십시오. 마지막으로 치아 미백에 중독되진 마십시오. 당신은 이것을

일 년에 두 번 혹은 더 적은 횟수로 하면 됩니다. 만약 당신이 스스로 치아 미백을 하고자 한다면 위에서 말한 사항들을 명심하십시오.

**어휘:** stained 얼룩진  dazzling 눈부신  over-the-counter products 상점에서 특정 처방 없이 살 수 있는 의약제품들  cavity 충치  crucial 중대한  irritate 짜증 나게 하는  gum 잇몸  immediately 즉시  acidic 산성의  addict 중독자

**해설:** 여자의 말 중 앞부분에 "Here are safety tips when you do self-whitening"이라고 말하는 목적이 드러나 있다..

**문항 5** ②

W: Honey, it's lunch time. What do you want to eat for lunch?

M: Are you going to prepare lunch yourself?

W: Well, it's Saturday, and I want to cook pizza for you and our sons.

M: But there aren't many ingredients in the fridge. We need to go grocery shopping.

W: Yes. We can go now.

M: Honey, actually, I don't want to go out and do any shopping. Let's just stay home and order pizza.

W: But you must be tired of eating pizza at restaurants. Don't you miss home-made cooking?

M: Of course, I do. But I'm too tired this weekend to do anything special, and I think you are too.

W: I'll follow your advice. But I feel sorry for the family, as a working mom.

M: Don't feel bad about yourself. You're already a wonderful mom, honey.

W: Thank you for understanding. Wait for next Saturday, I'll show off my cooking skills.

여: 여보, 점심시간이에요. 점심으로 무엇을 먹고 싶나요?

남: 점심 준비를 혼자 할 건가요?

여: 글쎄요, 토요일인데 저는 당신과 우리 아들을 위해 피자를 만들고 싶네요.

남: 하지만 냉장고에 재료가 많지 않아요. 우리가 장을 봐야 할 것 같아요.

여: 그래요, 지금 갈 수 있어요.

남: 여보, 사실은 나는 밖에 나가서 쇼핑하고 싶지 않아요. 그냥 집에서 피자를 주문해서 먹어요.

여: 하지만 당신은 식당에서 피자 먹는 것에 싫증 났을 거예요. 집에서 만든 요리가 그립지 않나요?

남: 물론, 그렇지요. 하지만 이번 주는 뭔가 특별한 것을 하기에는 너무 피곤하고, 당신 또한 그럴 거로 생각해요.

여: 일하는 엄마로서 가족들에게 미안하지만, 당신의 충고를 따를게요.

남: 자신에 대해 나쁘게 생각하지 마세요. 당신은 이미 좋은 엄마예요, 여보.

여: 이해해줘서 고마워요. 다음 토요일은 기다리세요, 그러면 제가 요리 솜씨를 뽐내보죠.

**어휘:** ingredient 성분  fridge 냉장고  grocery shopping 식료품 쇼핑  be tired of ~이 싫증나다  show off 자랑하다

**해설:** 여자는 주말이라 집에서 요리를 해주고 싶어 하지만, 장보는 것이 서로에게 피곤할 것으로 생각하는 남자는 집에서 피자를 시켜 먹자고 말하고 있다.

**문항 6** ③

M: May I help you, ma'am?

W: Yes, please. Do you remember I bought this carrier bag 2 weeks ago?

M: Sure. At that time you looked so happy with the purchase. What's wrong with it?

W: Well. During the flight to Taiwan, I guess there was a crash among the baggage.

M: Let me take a look. Oh, it's broken.

W: Yes, and I know this brand is famous for its durability.

M: Right. As our commercial says, it is sturdy and unbreakable with shock.

W: Do you think it is possible to get it repaired?

M: Sure. If you show us a guarantee card, it will cover the repair without any extra charge.

W: That's a relief. But I want it repaired as soon as possible.

M: Well, normally it will take more than 2 to 3 weeks. Why are you in such a hurry?

W: I have to go on my next business trip in 2 weeks.

M: I see. Don't worry. We'll repair it before then.

W: Thank you very much.

남: 손님, 도와드릴 것이 있나요?

여: 네. 제가 2주 전에 이 여행 가방을 구매했는데, 기억하시나요?

남: 그럼요. 구매하실 때 아주 만족스러워 하시던데 무슨 문제라도 있나요?

여: 글쎄요, 타이완으로 가는 비행기에서, 가방들 사이에서 충돌이 일어났나 봐요.

남: 제가 한번 볼게요. 오, 부러졌군요.

여: 네, 그리고 저는 이 브랜드가 내구력 강하기로 유명하다고 알고 있어요.

남: 맞아요. 광고에 나온 것처럼, 튼튼하고 충격에도 부서지지 않죠.

여: 수리가 가능한가요?

남: 그럼요. 보증서를 보여주시면, 무료로 수리해드립니다.

여: 정말 다행이네요. 하지만 최대한 빠르게 수리했으면 해요.

남: 음, 일반적으로 2주에서 3주 이상이 걸리는데요. 급하신 일이 있으신가요?

여: 저는 3주 후에 다음 출장을 가야 해요.

남: 그렇군요. 걱정하지 마세요. 그전까지 수리를 하겠습니다.

여: 정말 감사합니다.

**어휘:** durability 내구력  sturdy 튼튼한  commercial 광고  unbreakable 부서지지 않는

**해설:** 여자는 부러진 가방 수리에 관한 질문을 하고 있고, 남자는 그 질문에 답해주고 있다. 따라서 여자는 손님이고 남자는 상점 관리자가 될 수 있다.

**해설:** 남자는 여자에게 클럽 가입을 위한 자기소개서를 쓰는 것을 도와 달라고 했다.

**문항 7** ⑤

[Telephone rings.]

W: Hello?

M: Hi, Carol. It's Kavita.

W: Hey, Kavita! What's up?

M: I saw your dance performance at today's school festival. I was amazed!

W: Thank you. Actually, I joined an online dance club and practice day and night.

M: Wow, that's why. I want to learn dancing just like you. Do you think I can join that club, too?

W: That's good! But I'm worried they can't accept any more practice members. Since there are already so many members learning dance.

M: Just applying is good enough for me. I don't mind failing.

W: Okay. This Saturday is our regular meeting day. Let's go together.

M: Great. Is there anything I have to prepare?

W: Oh, you need a letter of self-introduction.

M: I haven't written that kind of letter before. Can you help me with this?

W: My pleasure. When I entered the club, I did it myself so I know how to do it.

[전화벨 소리]

여: 여보세요?

남: 안녕, Carol. 나야, Kavita.

여: 안녕, Kavita! 어쩐 일이야?

남: 오늘 학교 축제에서 너의 댄스 공연을 봤는데, 정말 놀랐어!

여: 고마워. 사실, 온라인 댄스 클럽에 가입해서 밤낮으로 연습하고 있어.

남: 와, 그래서 그렇구나. 나도 너처럼 춤추는 법을 배우고 싶다. 나도 그 클럽에 가입할 수 있을까?

여: 좋아! 그런데 그들이 인원을 한 명 더 받아 줄지 걱정이긴 하다. 지금도 춤을 배우는 인원이 너무 많거든.

남: 그냥 지원하는 것만으로도 나에겐 충분해. 떨어지는 것은 상관없어.

여: 알았어. 이번 주 토요일이 우리가 평소에 만나는 날이야. 같이 가자.

남: 좋아. 내가 준비해야 할게 있니?

여: 오, 자기소개서가 필요해.

남: 난 한 번도 그런 편지를 써본 적이 없어. 나를 도와줄 수 있어?

여: 당연하지. 나도 그 클럽에 들어갔을 때 써서 어떻게 써야 하는지 알아.

**어휘:** performance 공연   be amazed 놀라다   apply 지원하다
a letter of self-introduction 자기소개서

**문항 8** ③

M: Honey, what's up? You look angry.

W: I am. I think we'll have to stop going to Tom's Pizzeria.

M: Why? The food there is excellent.

W: I know but if you heard what happened today, you might have a different thought.

M: Were they trying to cheat you?

W: No, we weren't overcharged.

M: I know you went there with your high school friends today.

W: Yes, when we arrived at the restaurant, there were so many people waiting.

M: Then you must have waited quite a long time. That's why you are angry.

W: No. When we were waiting for our turn, suddenly people who came later than us took the table first.

M: Why didn't you tell the manager of the restaurant?

W: Yes, we did but they were the friends of the restaurant owner.

M: I can guess the rest of the story. That was unfair!

W: I think they should practice a 'First come, first served' principle.

남: 여보, 무슨 일이에요? 화난 것처럼 보여요.

여: 그래요. 우리가 Tom's Pizzeria에 가는 것을 멈춰야 할 것 같아요.

남: 왜요? 그곳 음식은 훌륭해요.

여: 알아요. 하지만 오늘 무슨 일이 있었는지 듣는다면, 생각이 달라질 거예요.

남: 그들이 당신을 속이려고 했나요?

여: 아니요. 제가 바가지를 쓴 건 아니에요.

남: 나는 당신이 오늘 고등학교 친구들과 거기에 간 것을 알아요.

여: 맞아요, 우리가 식당에 도착했을 때에는, 많은 사람이 거기에 기다리고 있었어요.

남: 그렇다면 당신은 꽤 오랫동안 기다렸겠어요. 바로 그래서 당신이 화가 난 것이군요.

여: 아니에요. 우리 순서를 기다리고 있을 때, 갑자기 우리보다 늦게 온 사람들이 먼저 테이블을 차지했어요.

남: 식당의 매니저에게 말하지 그랬어요?

여: 맞아요, 우리가 말했어요. 하지만 그들은 식당 주인의 친구들이었어요.

남: 나머지 이야기는 알겠군요. 그건 부당했네요!

여: 나는 그들이 선착순의 원칙을 지켜야 한다고 생각해요.

**어휘:** cheat 속이다   first come, first served 선착순

**해설:** 여자는 친구들과 같이 간 식당에서 자신보다 늦게 온 사람들이 식당 주인의 친분을 이용해 먼저 식사를 하게 된 것에 화가 났다.

M: Did we finish renovating the lobby? Could you explain how it changed?

W: Yes, we did. We placed each big table with 4 chairs. That is one set.

M: Good. That's better than the last year arrangement. One table with 6 chairs was big for us.

W: And we set up 3 computers in the side table. Now customers can use them conveniently.

M: Our old plan finally has been realized. A lobby without computers doesn't make sense.

W: Last year there was only one water purifier but this year we added one more, which will be enough for our customer size.

M: That was not in the original plan but your idea contributed to the renovation.

W: Thank you. We placed a TV set in the corner. It used to be in the middle on the wall but setting it in the corner can give a wider viewing angle.

M: Great. And the light?

W: A chandelier replaced the fluorescent light. Some people hate the idea of a chandelier in the lobby, but after consideration we decided on the more elegant one.

M: What a fantastic lobby!

남: 로비의 개조가 끝났나요? 어떻게 바뀌었는지 설명해 주시겠습니까?

여: 네, 끝났습니다. 우리는 큰 테이블 하나에 4개의 의자를 배치했습니다. 그것이 한 세트입니다.

남: 좋아요. 작년의 배치보다는 좋군요. 테이블 하나에 6개의 의자는 우리에게 좀 컸죠.

여: 그리고 사이드 테이블에 3대의 컴퓨터를 배치했습니다. 이제 고객들이 편리하게 이용할 수 있습니다.

남: 우리의 오래된 계획이 마침내 실현되었군요. 로비에 컴퓨터가 없다는 것은 말이 안 되죠.

여: 작년에는 1개의 정수기만이 있었는데 올해는 하나를 추가 설치했습니다. 그것은 우리의 고객 규모에 충분할 것으로 보입니다.

남: 그것은 우리의 초기 계획은 아니었지만, 당신의 생각이 변화(개조)에 도움이 되었어요.

여: 고맙습니다. 코너에는 TV를 설치했습니다. 그것은 벽 중앙에 있었는데 코너에 위치한 것이 더 넓은 시야각을 주고 있습니다.

남: 좋습니다. 그리고 조명은요?

여: 샹들리에로 형광등을 대체했습니다. 어떤 사람들은 로비에 샹들리에가 있는 것을 싫어하지만, 심사숙고 끝에 우리는 더 우아한 것으로 결정했습니다.

남: 정말 훌륭한 로비가 되었군요!

**어휘:** renovate 개조하다  arrangement 정렬, 배열
conveniently 편리하게  water purifier 정수기
wider viewing angle 더 넓은 시야각  chandelier 샹들리에
fluorescent light 형광등  consideration 심사숙고
elegant 우아한

**해설:** TV(모니터)가 작년에는 벽의 중앙에 있었지만 올해는 코너에 위치시켰다고 했으므로 ②번이 정답이다.

W: Welcome to Clearshot-photo. What can I do for you, sir?

M: I'd like to print photos from this USB. How much are they?

W: The rates vary according to the size. Large is $2, standard is $1, and small is 50 cents.

M: I'll choose the standard size for my photos.

W: Wait a minute, sir. There are two folders in the USB.

M: Please print the 30 photos in the 'gardening' folder and 20 photos in the 'flower festival' folder.

W: Do you want them all in standard size?

M: Let me see. I want the former in standard size but the latter in large size.

W: Okay.

M: Great. I've got a 10% discount coupon from your website. Can I use it?

W: Sure. But standard size service can't get any discount, sorry.

M: Then, do I still get a discount on the large size?

W: Yes, you do. It takes time to print the photos. Please have a seat.

M: Thank you.

여: 클리어샷 사진관에 오신 것을 환영합니다. 무엇을 해드릴까요, 손님?

남: 이 USB에 있는 사진들을 인쇄하고 싶은데요. 비용이 얼마나 들죠?

여: 요금은 크기에 따라 다릅니다. 큰 사이즈는 2달러, 표준 사이즈는 1달러 그리고 작은 사이즈는 50센트입니다.

남: 제 사진들은 표준 사이즈로 하겠습니다.

여: 잠시만요, 손님. USB에 2개의 폴더가 있는데요.

남: 'gardening' 폴더에 있는 사진 30장과 'flower festival' 폴더에 있는 사진 20장을 인쇄해 주세요.

여: 모두 표준 크기로 원하시나요?

남: 앞에 있는 것은 표준 사이즈, 뒤에 있는 것은 큰 사이즈로 원합니다.

여: 알겠습니다.

남: 좋습니다. 제게 당신의 웹사이트에서 받은 10% 할인 쿠폰이 있습니다. 사용할 수 있을까요?

여: 당연하죠. 하지만 표준 사이즈는 아무런 할인을 받으실 수 없습니다. 죄송합니다.

남: 그럼, 큰 사이즈는 여전히 할인을 받을 수 있는 것입니까?

여: 네, 사진을 인쇄하는 데 시간이 걸립니다. 앉아서 기다리시죠.

남: 감사합니다.

**어휘:** rate 요금  vary 다르다  according to ~에 따라  standard
표준  former 이전의

**해설:** 남자는 1달러짜리 표준 사이즈 30장, 2달러짜리 큰 사이즈 20장을 인화 요청을 했다. 하지만 큰 사이즈는 10% 할인을 받으므로 30+36=총 66달러를 지불해야 한다.

**문항 11** ③

M: Honey, summer vacation is coming. Let's go somewhere we can relax.

W: Good. I've collected some information about Ali Ruwang Resort. It's one of the best summer resorts.

M: Isn't that the one in Indonesia? Let's check which one will fit for our family.

W: Okay, do we need more than two bedrooms?

M: I think three-bedroom is a little big for us. You and I share one-bedroom and our two daughters share one-bedroom.

W: Okay. We have to decide when we can go. Last year, we had a hard time getting reservations because it was peak season.

M: During a low season it will be easier to do and $100 cheaper. But sorry, I can't adjust my vacation dates.

W: Then, we can't help going during peak season. Be ready for the summer crowdedness.

M: I got it. By the way, if we take the two-bedroom option, we can't get the airport pick-up service.

W: That will be no problem. I heard that there is a limousine going directly to the resort.

M: Wow, you prepared a lot. How about a breakfast option?

W: If we take the Two-bedroom Cliffside Pool Villa, we will have a great cliff view while swimming and solve our eating problem at the same time.

M: Sounds good but isn't $500 too expensive? We can make it with $300, though.

W: Don't worry. Next month, we will have a special discount coupon and will be able to afford the expense.

M: I'll follow your decision.

남: 여보, 여름 방학이 다가오고 있어요. 우리가 쉴 수 있는 곳으로 갑시다.

여: 좋아요. 내가 Ali Ruwang Resort에 관한 정보를 모았어요. 최고의 여름 리조트 중에 하나죠.

남: 인도네시아에 있는 것 아닌가요? 어떤 조건이 우리 가족에게 맞는지 확인해 봅시다.

여: 그래요, 방이 2개 이상 필요할까요?

남: 방 3개짜리는 우리에게 조금 큰 것 같아요. 당신과 내가 한방을 쓰고, 우리 두 딸이 한방을 쓰면 돼요.

여: 알았어요. 언제 갈지 정해야 해요. 작년에는 성수기여서 예약하는 것이 힘들었죠.

남: 비수기 동안에 예약하기가 더 쉽고 100달러 더 싸죠. 하지만 제 휴가 날짜를 조정할 수가 없어요.

여: 그러면, 성수기 때 가는 것을 피할 수 없겠어요. 여름의 혼잡함에 대비해야겠어요.

남: 알았어요. 그런데 우리가 방 2개의 조건을 선택하면, 공항 픽업 서비스를 받을 수 없어요.

여: 그건 문제없어요. 리조트로 곧장 가는 리무진이 있다고 들었어요.

남: 오, 정말 많이 준비했군요. 아침밥은 어떻게 하죠?

여: 우리가 Cliffside Pool Villa 방 2개의 옵션을 선택하면, 수영하면서 멋진 경치도 볼 수 있고 식사 문제도 동시에 해결할 수 있어요.

남: 좋은 조건인 것 같지만 500달러는 너무 비싸지 않아요? 300달러로도 (아침 식사를) 해결할 수 있는데.

여: 걱정하지 마세요. 다음 달에 우리는 특별 할인 쿠폰이 생겨서 비용을 부담할 수 있을 거예요.

남: 당신 결정을 따를게요.

**어휘:** have a hard time ~ing ~하느라 애쓰다  peak season 성수기  adjust 조절하다  crowdedness 복잡함  expense 비용

**해설:** 두 사람은 방 2개를 원하고, 공항 픽업 서비스를 사용하지 않아도 된다. 그리고 멋진 경치와 식사 문제를 해결할 수 있는 Cliffside Pool Villa를 원한다. 그러므로 Two-Bedroom Cliffside Pool Villa 중 아침 식사가 포함된 ③번이 적합하다.

**문항 12** ④

M: Echinocactus grusonii is also known as the golden barrel cactus. This cactus is armed with golden yellow spines. It has short, yellow thorns and spines, and blooms yellow flowers. It quickly grows to about 10cm in the first few years. The cactus then takes many years to double in size. In its native Mexico, the plant can eventually grow to around 90cm in width. However, in cultivation, they usually only grow to around 30cm in width. Plants are best fed with an artificial fertilizer, once a month during the growing season. The best time to plant seeds is between March and May. During winter, do not water the plants beyond keeping them just moist. Otherwise they will rot.

남: Echinocactus grusonii는 금호로도 알려졌다. 이 선인장은 금색과 노란색의 가시들로 뒤덮여있다. 이 식물은 짧고, 노란 가시를 가지고 있고 노란 꽃을 피운다. 처음 몇 년 동안 10cm까지 빠르게 자란다. 선인장은 그 이후로 2배의 크기로 자라는데 몇 년이 걸린다. 고향인 멕시코에서는, 넓이가 최대 90cm까지 자란다. 하지만, 재배의 경우에는 넓이가 약 30cm 정도 밖에 자라지 않는다. 식물은 성장 시기 한 달에 한 번 인조 비료를 주는 것이 가장 좋다. 씨를 심기 가장 좋은 시기는 3월에서 5월 사이다. 겨울에는 습기가 있는 정도 이상으로 물을 주면 안 된다. 그렇지 않으면 썩을 것이다.

**어휘:** thorn 가시  native 토착의  eventually 결국  cactus 선인장  cultivation 경작, 재배  fertilizer 비료  moist 습기  rot 썩다

**해설:** 비료는 한 달에 한 번 주는 것이 가장 좋다.

**문항 13** ⑤

M: Did you hear the news about John?

W: No, what's new with him?

M: Two days ago, he fell off the bicycle and broke his right arm. He has to wear a cast.

W: I'm sorry to hear that. Is he in the hospital now?

M: Yes, he's getting some medical checkup. I'm going to the hospital this afternoon. Will you come with me?

W: Oh, I'd like to, but I can't.

M: Why not?

W: I have to get my sociology report done, so I have to go to the library after class.

M: I took a sociology class last semester and I got a high grade on that report. I can help you with the report.

W: Really? With your help, we can get it done quickly. Thanks.

M: <u>Think nothing of it. After finishing it, let's go and see John together.</u>

남: John에 대한 소식 들었니?

여: 아니, 무슨 일인데?

남: 이틀 전에, 그가 자전거에서 떨어져 오른쪽 팔을 다쳤대. 깁스해야 한대.

여: 유감이다. 그는 지금 병원에 있니?

남: 응, 지금 진찰을 받고 있대. 나는 오후에 병원에 갈 거야. 너도 나와 함께 갈래?

여: 오, 나도 그러고 싶지만 안 될 것 같아.

남: 왜?

여: 사회 보고서를 마쳐야 해서 수업 후에 도서관에 가야 해.

남: 나는 지난 학기에 사회 수업을 들었는데 그 보고서에서 좋은 점수를 받았어. 내가 너를 도와줄 수 있을 것 같아.

여: 정말? 네가 도와준다면, 우리는 함께 빨리 끝낼 수 있을 거야. 고마워.

남: <u>그 정도로 뭘. 끝내고 나서 같이 John을 보러 가자.</u>

**어휘:** cast 깁스   medical check up 의료 진찰
think nothing of it 크게 여기지 마세요

**해설:** 여자는 남자와 함께 John을 보러 병원에 가고 싶지만, 사회 보고서 때문에 갈 수가 없다. 남자가 도와주겠다고 하자 여자는 고맙다고 했다.

---

**문항 14** ②

[Telephone rings.]

M: Hello?

W: Ryan, this is Kate.

M: Hey, what's up?

W: When are you going to leave the office?

M: I think I'll be leaving the office in an hour. What's on your mind?

W: Will you do me a favor, Ryan?

M: Sure. What can I do for you?

W: Can you drop by the flower shop and buy some beautiful flowers on your way home?

M: What's that for? Do you need to celebrate something?

W: You know that the other day when we had a housewarming party, our neighbor, Silvia, helped me prepare the dishes.

M: I see. So you want to express thanks to her.

W: Yeah, right.

M: That's a good idea. But wouldn't it be better for you to choose one?

W: <u>I don't think so. You have a good eye for flowers.</u>

[전화벨 소리]

남: 여보세요?

여: Ryan, 저 Kate예요.

남: 아, 무슨 일이죠?

여: 언제 퇴근을 하나요?

남: 한 시간 뒤에 퇴근할 것 같아요. 무슨 일이죠?

여: 제 부탁을 들어줄래요, Ryan?

남: 물론이에요. 무엇이 필요해요?

여: 오는 길에 꽃집에 들러 예쁜 꽃 좀 사올래요?

남: 무엇 때문인가요? 뭔가 축하할 일이 있나 봐요?

여: 당신도 알다시피 요 전날 우리가 집들이 파티를 했을 때, 우리 이웃인 Silvia가 음식준비를 도와주었어요.

남: 아, 알겠어요. 그래서 그녀에게 고마움을 표시하고 싶군요.

여: 맞아요.

남: 좋은 생각이에요. 하지만 당신이 고르는 것이 더 낫지 않나요?

여: <u>그런 것 같진 않네요. 당신이 꽃을 고르는 좋은 안목이 있으니까요.</u>

**어휘:** what's on your mind? 무슨 생각이니?
housewarming party 집들이 파티
have an eye for ~에 대한 안목이 있다

**해설:** 여자는 남자에게 꽃을 사오라고 부탁했는데 남자가 자신보다는 여자가 고르는 것이 낫지 않은가 반문하고 있다. 여자는 남자의 안목을 믿으니 사오라고 부탁을 할 수 있다.

---

**문항 15** ④

W: Laura and Michael are seniors majoring computer science in a university and talk about their plans after graduation. Laura is planning to go to a graduate school majoring in business administration and wants to run a computer-related company later in life. Michael, however, is seriously considering changing the course of his life, and wants to become a musician after graduation although his parents don't like it. She knows that his parents are strongly against his plan. But at the same time, she knows that Michael has talent. Somehow Laura is worried about him. In this situation, what would Laura most likely say to Michael?

* Laura: <u>Michael, are you going to try to persuade your parents?</u>

여: Laura와 Michael은 컴퓨터공학을 전공하고 있는 대학생들인데 졸업 후의 그들의 계획에 대해서 말하고 있다. Laura는 경영을 전공하는 대학원으로 진학하고 나중에 컴퓨터와 관련된 회사를 운영하는 계획을 세우고 있다. 그러나 Michael은 진지하게 그의 인생 방향을 바꾸는 것을 고려하고 있다. 그는 부모님께 싫어하실지라도 졸업하고 나서 음악가가 되고 싶어한다. 그녀는 그의 부모님이 강하게

그의 계획에 반대한다는 것을 안다. Laura는 Michael이 재능이 있다는 것을 알지만, 왠지 걱정된다. 이 상황에서 Laura가 Michael에게 할 말로 가장 적절한 것은?

* Laura: <u>Michael, 너는 네 부모님을 설득시킬 거니?</u>

**어휘:** majoring 전공하고 있는  business administration 사업 경영
somehow 어쩐지

**해설:** Laura는 Michael의 부모님이 그가 음악가가 되는 것을 반대하는 상황을 알고 있으므로 남자에게 그의 부모님을 설득할 것인가 물어볼 수 있다.

**문항 16** ④
**문항 17** ②

M: Many diabetics think that they can't eat fruits when diagnosed with diabetes; however, many fruits are good for diabetes because they have low sugar content. Apples are good fruits for diabetes because they reduce inflammation related to diabetes and heart disease. Grapefruits are also good for diabetes because they naturally lower blood sugar levels. Fresh grapefruit works better than juice because of its slow conversion rate in the body. Fiber and Vitamin C found in oranges controls blood sugar levels. Oranges, a low-fat snack, can be part of a healthy diet that controls or reduces weight, one of the risk factors for diabetes. The fruit juice found in bitter melon, which looks like short and fat cucumbers, has been used as a diabetic remedy in Asia. Diabetes Health says bitter melons are good fruits for diabetes because the natural ingredients lower blood sugar levels in diabetes sufferers. Bananas have the bad reputation of being high in sugar or fattening. However, they are good for diabetes because they are low in sugar.

남: 많은 당뇨병 환자들은 당뇨병으로 진단받았을 때 과일을 먹을 수 없다고 생각한다. 그러나, 많은 과일은 적은 당 함유량으로 당뇨에 좋다. 사과는 당뇨에 좋은 과일 중 하나이다. 당뇨와 심장병에 관련된 염증을 감소시켜주기 때문이다. 자몽도 또한 당뇨에 좋은데 왜냐하면 혈당치를 낮춰주기 때문이다. 신선한 자몽이 주스보다 몸속에서 천천히 변하기 때문에 더 효과적이다. 오렌지에 함유된 섬유질과 비타민 C가 혈당치를 조절해준다. 저지방 간식인 오렌지는 당뇨병에 위험요소가 될 수 있는 체중을 조절해주고 감소시키는 건강 식단 중 하나이다. 짧고 굵은 오이같이 생긴 비터멜론에서 생산되는 과일즙은 아시아에서 당뇨 치료에 사용됐다. Diabetes Health에서는 비터멜론의 자연 재료들이 당뇨병으로 고통받고 있는 사람들의 혈당치를 낮춰준다고 말한다. 바나나는 당분이 높아서 평가가 안 좋지만, 사실 이 과일은 당도가 낮아서 당뇨병에 좋은 과일이다.

**어휘:** diabetic 당뇨병 환자  diagnose 진단하다  content 함량
inflammation 염증  conversion 전환  reputation 평판

**해설:** 16. 남자는 당뇨병에 안 좋다고 알려진 과일 중에 당뇨병에 좋은 과일에 대해 말하고 있다. 17. 남자는 당뇨병에 좋은 과일 중에 사과, 자몽, 오렌지, 비터멜론, 그리고 바나나가 있다고 하고 있다.

## 핵심 실전 모의고사 4회

| 1 | ③ | 2 | ⑤ | 3 | ④ | 4 | ⑤ | 5 | ② |
|---|---|---|---|---|---|---|---|---|---|
| 6 | ④ | 7 | ① | 8 | ⑤ | 9 | ④ | 10 | ① |
| 11 | ② | 12 | ③ | 13 | ⑤ | 14 | ④ | 15 | ③ |
| 16 | ⑤ | 17 | ② | | | | | | |

**문항 1** ③

[Cell phone rings.]

W: Hello, Brian! Oh, my god. Sorry, I'm almost there.

M: Why are you so late? I've been waiting for you for 30 minutes!

W: What are you talking about? I thought we were going to meet at 6:30.

M: <u>No, we were supposed to meet at 6.</u>

[휴대폰 벨 소리]

여: 여보세요, Brian! 아 이런. 미안해. 거의 다 왔어.

남: 왜 이렇게 늦니? 30분 동안이나 기다리고 있단 말이야.

여: 무슨 말이야? 6시 30분에 만나기로 한 것 같은데.

남: <u>아니야. 우린 6시에 만나기로 했잖니.</u>

**어휘:** be supposed to ~하기로 되어 있다

**해설:** 남자가 시간약속에 늦은 여자에게 전화를 거는 상황이다. 여자는 약속시간이 6시 30분이라고 생각을 하고 있다. 남자는 원래 약속시간이 6시임을 알려주고 있다.

**문항 2** ⑤

M: Nicole, why the long face? Something wrong with you?

W: I thought I put my cell-phone in my school backpack, but I can't find it.

M: Have you searched for it in your handbag? Or the pockets?

W: <u>Yes, I already have but it was not there, either.</u>

남: Nicole, 왜 시무룩하니? 뭔가 잘못되었니?

여: 내가 휴대폰을 책가방에 넣었다고 생각했는데, 찾을 수가 없어.

남: 핸드백은 확인해 보았니? 혹은 주머니들도?

여: <u>응, 이미 찾아보았어. 하지만 거기에도 없었어.</u>

**어휘:** a long face 시무룩한 얼굴  school backpack 책가방

**해설:** 여자가 휴대폰을 찾지 못하여 시무룩하게 있는 것을 보고 남자는 핸드백과 주머니들도 확인해 보았느냐고 묻고 있다. 여자는 그곳들도 찾아보았으나 없었다고 대답할 수 있다.

**문항 3** ④

W: Good day, students. This is Principal Brenda speaking. Those of you who have been watching the news have probably heard of the nationwide collection and donation of used cell phones for those who can't afford one. I'm pleased to inform you that our school has decided to take part in this cause. Recycling old cell phones not only saves energy but also conserves natural resources. Also, you are making a contribution to society by helping those in need. So, if you have any cell phones that you don't use anymore at home, bring them to school. Your participation helps both the environment and the people. Thanks for your cooperation.

여: 안녕하세요, 학생 여러분. Brenda 교장입니다. 여러분이 최근 뉴스를 봤다면, 전국적으로 사람들이 폐휴대폰을 수거하여 휴대폰을 살 수 없는 사람들에게 기부하고 있는 것을 알 것입니다. 그래서 우리 학교에서는 이 행사에 참여하기로 하였습니다. 폐휴대폰을 재활용하면 에너지를 절약하고 천연자원을 보존합니다. 그뿐만 아니라, 어려운 사람들과 함께 폐휴대폰을 공유함으로써 사회에 공헌할 수 있습니다. 그러므로 만약 여러분이 집에 더 이상 사용하지 않는 휴대폰이 있다면, 그것들을 학교로 가져오세요. 여러분의 참여가 환경과 사람들을 도울 수 있습니다. 여러분의 협조에 감사드립니다.

**어휘:** nationwide 전국의   donation 기부   afford ~할 여유가 있는   take part in ~에 참가하다   conserve 보존하다   contribution 기부   those in need 도움이 필요한 사람들   participation 참가   cooperation 협력

**해설:** 폐휴대폰은 에너지를 절약하고 자원을 보존할 뿐 아니라 어려운 사람을 도울 수 있으므로 학생들에게 사용하지 않는 휴대폰을 가져오도록 협조를 구하고 있다.

---

**문항 4** ⑤

M: Hi, Miranda.

W: Hi, Adam. What are you doing here? I thought you already left for Australia.

M: No, I changed my departure date due to the weather condition.

W: I see. You know I lived in Australia before. It's a wonderful place.

M: That's what I heard. But I also heard that transportation, hotels and meals are expensive there.

W: Yeah, but bringing your International Student Identity Card will save on transportation fees.

M: What do you mean?

W: You can get a Student Bus Pass. It's only $50 per month.

M: That's great. But I'm staying there for only seven days.

W: In that case, just get a 7-day pass.

M: What's that, Miranda?

W: It's a pass that allows you to use the buses as much as you want for seven days. It's only $10.

M: That would be really useful! I can at least save on my bus fares there. Thank you for the information.

W: You're very welcome.

남: 안녕, Miranda.

여: 안녕, Adam. 여기서 뭐 하니? 네가 이미 호주로 떠났다고 생각했는데.

남: 아니야, 나는 날씨 사정으로 출발 일을 바꿨어.

여: 그렇구나. 너도 알다시피 내가 호주에 예전에 살았거든. 그곳은 멋진 곳이야.

남: 나도 그렇다고 들었어. 그런데 그곳에 교통, 호텔, 식사비가 비싸다고 들었어.

여: 맞아, 하지만 너의 국제 학생증을 가져가면 교통비를 절약할 수 있어.

남: 무슨 말이야?

여: 너는 학생 버스 패스를 살 수 있어. 그것은 한 달에 50달러밖에 안 해.

남: 그거 좋구나. 하지만 난 7일 동안만 그곳에 머무를 거야.

여: 그런 경우에는 그냥 7일짜리 승차권을 사면 돼.

남: 그게 무엇이니, Miranda?

여: 그것은 7일 동안 버스를 원하는 만큼 이용하게 해주는 승차권이야. 그것은 10달러밖에 안 해.

남: 정말 유용하겠구나! 적어도 버스비를 절약할 수 있겠구나. 정보를 줘서 고마워.

여: 천만에.

**어휘:** departure date 출발일   due to ~때문에   transportation 교통   bus fare 버스비

**해설:** 남자는 호주에 여행갈 계획인데 여자는 학생증을 이용하여 호주 버스 비용을 절약할 수 있음을 알려주고 있다.

---

**문항 5** ②

W: Hi, David. What are you doing? Are you studying English now?

M: Yes. I've always wanted to speak decent English, but I was too busy to learn.

W: Oh, I didn't know you have an interest in learning languages.

M: Yes I do. If I can have a good command of a foreign language, I can have more opportunities to do my business.

W: But don't you have difficulty in studying since we are in our middle forties.

M: I don't think I have had any difficulty so far.

W: I am inspired by your effort. Actually, I'm trying to learn jazz dance but I'm afraid I'm getting too old to learn complicated body movements.

M: You know the old saying that a person can learn at any age, if they try hard.

W: You are a really positive example, and you follow your own advice. That's encouraging.

M: You should try. You're never too old to learn.

W: Thanks for the advice. I hope you will enjoy your studies, too.

여: 안녕, David. 뭐 하고 있니? 지금 영어 공부하니?

남: 응. 나는 영어를 잘 말하고 싶어, 하지만 배우기에는 너무 바빠.

여: 오, 나는 네가 언어를 배우는 것에 관심이 있는지 몰랐어.

남: 나는 관심이 있어. 만약 내가 외국어를 잘할 수 있다면, 나는 내 일을 할 수 있는 더 많은 기회를 얻을 수 있어.

여: 하지만 우리가 40대 중반인데 배우는 데 어려움은 없니?

남: 아직은 어려움이 없다고 생각해.

여: 나는 네 노력에 감명을 받았어. 사실, 나는 재즈 댄스를 배우려고 했는데 복잡한 몸동작을 배우기에는 너무 나이가 많아서 두려웠어.

남: 속담에도 있다시피, 노력만 한다면 어떤 나이에서도 배울 수 있어.

여: 너는 정말 긍정적인 경우이구나, 너는 너 자신에게 하는 충고를 따르고 있어. 고무적이구나.

남: 너도 노력해봐. 배우기에 너무 나이가 많진 않아.

여: 충고 고마워. 나도 네가 공부를 즐기기를 바라.

**어휘:** decent 훌륭한, 근사한
have a command of 자유자재로 구사하다
complicated 복잡한

**해설:** 여자는 남자가 나이가 많음에도 불구하고 배우려고 노력하는 모습에 감명받았다. 남자는 여자에게 배움에는 나이가 문제가 되지 않음을 말하고 있다.

## 문항 6 ④

W: It looks just like the picture I saw.

M: The weather here is usually cloudy and humid but today we are lucky.

W: I'm getting hungry. During the flight I couldn't eat anything. When are we going to eat lunch?

M: After a 15 minute drive we will arrive at a seaside restaurant called Norma's Ocean Diner.

W: It must be famous, isn't it?

M: Sure. Its review rating is really high and it is a must-visit local restaurant.

W: After lunch I heard that we are dropping by the traditional marketplace.

M: Yes, the course is very popular among tourists. But there are warnings about pickpockets.

W: Thank you for the tip. Sorry to bother you again but I have money problem. I couldn't exchange my money for pesos.

M: You can use your credit card, but you'll need some pesos for smaller things.

W: Then where can I exchange my money?

M: Don't worry. Near the restaurant there is a small money exchange counter.

W: You know everything about this tour. I'm relieved.

M: You're very welcome. It's what I do.

여: 내가 봤던 사진과 정말 똑같네요.

남: 이곳 날씨가 평소에 흐리고 습한데 오늘은 우리가 운이 좋네요.

여: 배가 고파져요. 비행기를 타면서 아무것도 먹지 못했어요. 우리 점심 언제 먹나요?

남: 차로 15분 정도 가면 Norma's Ocean Diner라는 바닷가 식당이 있어요.

여: 유명한 식당일 거예요, 그렇지 않나요?

남: 네. 후기 평점이 정말 높고 그 지역의 반드시 방문해야 하는 식당이에요.

여: 점심을 먹고 나서 전통 시장에 들른다고 들었어요.

남: 그래요, 그곳이 관광객들 사이에서 매우 인기가 많아요. 그런데 소매치기를 조심해야 해요.

여: 조언 고마워요. 또 귀찮게 해서 미안한데, 금전 문제가 있어요. 내 돈을 페소화로 환전을 안 했어요.

남: 신용카드도 사용할 수 있어요, 하지만 작은 것을 사려면 페소가 좀 필요할 거예요.

여: 그럼 어디서 돈을 환전 할 수 있을까요?

남: 걱정하지 마세요. 식당 근처에 작은 환전소가 있어요.

여: 이 관광에 대해서 다 알고 있군요. 안심되네요.

남: 천만에요. 내가 하는 일이잖아요.

**어휘:** humid 습하다   must-visit 반드시 방문해야 하는
marketplace 시장   pickpocket 소매치기
exchange 환전하다   peso(s) 페소(화)

**해설:** 여자는 관광하는 나라에 관한 질문을 하고 있고 남자는 관광에 관한 대답을 해주고 있다. 따라서 여자는 관광객이고 남자는 관광 안내자이다.

## 문항 7 ①

*[Telephone rings.]*

W: Value-Tech Computer. May I help you?

M: Yes, this is Jack Clark. I purchased a notebook computer from your store yesterday. May I speak to Mr. Brown?

W: I'm sorry, but he's not in right now. He won't be back until 5 p.m.

M: Oh, no. I need to talk with him right now.

W: Can I ask you what the problem is?

M: Well, Mr. Brown told me that the manual book is inside the notebook computer box, but I can't find it.

W: Oh, I'm sorry. Do you need the information now?

M: Yes. Isn't there some way to handle this?

W: Sure, I can fax the manual to you right now.

M: Good idea, but my fax machine is being repaired at the moment.

W: Is that so? Then do you want me to email the manual to you?

M: Yes, please. Thanks. My email address may be in your customer's record.

*[전화벨 소리]*

여: Value-Tech 컴퓨터입니다. 도와드릴까요?

남: 네, Jack Clark입니다. 제가 당신의 가게에서 어제 노트북을 샀습니다. Brown 씨와 통화를 해도 되겠습니까?

여: 죄송합니다만, 지금은 안 계십니다. 오후 5시나 돼야 돌아올 것입니다.

남: 오, 이런. 지금 당장 그와 이야기를 해야 합니다.

여: 무슨 일인지 여쭤 보아도 되겠습니까?

남: 그게, Brown 씨가 노트북 상자 안에 사용설명서가 있다고 말했는데, 찾을 수가 없네요.

여: 아, 죄송합니다. 지금 그 정보가 필요하신가요?

남: 네. 어떻게 할 방도가 없나요?

여: 물론 있죠, 팩스로 지금 당장 사용설명서를 보내드릴 수 있습니다.

남: 좋은 생각입니다만, 지금 저의 팩스기가 수리 중이라서요.

여: 그런가요? 그럼 사용설명서를 이메일로 보내드릴까요?

남: 네, 감사합니다. 제 이메일 주소는 고객 기록에 남아있을 겁니다.

**어휘:** purchase 구입하다   manual book 사용설명서

**해설:** 여자는 남자에게 이메일로 사용설명서를 보내는 것은 어떠냐고 물어보았고 남자는 여자에게 이메일로 보내달라고 요청하고 있다.

---

**문항 8** ⑤

W: Jayden, is that true you're leaving the company?

M: Yeah. I already submitted a resignation.

W: I didn't notice there was anything wrong with your work.

M: Well, I am pretty much satisfied with this accounting work.

W: Did you have a problem with coworkers?

M: No, they are all professional and friendly. Best employees I have ever seen.

W: Then, is the salary not enough for you?

M: I make enough money in this company.

W: Then I don't understand why you would quit.

M: Actually, my wife has to move to a company in China so our family decided to go along with her.

W: Oh, I understand that. That must be good for your family.

M: Actually I applied for a position in the Shanghai branch of our company but they didn't accept my proposal.

W: So you chose to go with your family rather than work alone here.

M: Right. So I had no choice but to quit.

W: I feel sorry we can't work together any longer.

여: Jayden, 네가 회사를 그만둔다는 것이 사실이야?

남: 응, 이미 사직서를 제출했어.

여: 나는 네 일에 있어 문제가 있다는 것을 알아차리지 못했어.

남: 글쎄, 나는 이 회계 일에 꽤 만족하고 있어.

여: 동료들과 문제가 있었니?

남: 아니, 그들은 모두 전문가들이고 친절해. 내가 이제까지 만난 최고의 직원들이야.

여: 그렇다면, 월급이 충분하지 않았니?

남: 나는 이 회사에서 충분히 돈을 벌었어.

여: 그렇다면 나는 네가 왜 그만두는지 이해할 수 없구나.

남: 사실은, 내 아내가 중국에 있는 회사로 옮겨 가야만 해서 우리 가족이 그녀와 함께 가기로 했어.

여: 아, 이해가 되는구나. 너희 가족에게는 잘된 일임이 틀림없겠다.

---

남: 사실 나는 우리 회사의 상하이 지점에 지원했지만, 그들은 나의 제안을 받아들이지 않았어.

여: 그래서 너는 여기서 혼자 일하는 것보다는 가족과 함께 가려는 것이구나.

남: 맞아. 나는 그만둘 수밖에 없었어.

여: 우리가 더 이상 같이 일할 수 없어서 유감이구나.

**어휘:** submit 제출하다   resignation 사직서
accounting work 회계 일   apply for 지원하다   branch 지점
have no choice but to ~하는 수밖에 없다

**해설:** 남자는 회사의 일, 급여, 동료 등의 문제가 있어서 회사를 그만두는 것이 아니라, 아내가 중국으로 옮겨가는 상황이라 같이 가는 것이라고 말하고 있다.

---

**문항 9** ④

M: Happy birthday, Kathy. Mom and I prepared something big for you.

W: Wow! Is this all for me? A new laptop? That's what I needed.

M: Yes. A bunch of pencils and pens next to it are for your study fever.

W: Ha ha, I see. Isn't the clock on the wall also new?

M: I wanted to buy a round one, but your mom chose the square one.

W: Thank you so much.

M: This is the most functional part. This desk comes with a bookshelf.

W: Why is it on the left side? It'll be uncomfortable to use books.

M: Right. That means you have to use left hands. Don't worry, tomorrow a repairman will come and switch it to the right side.

W: What is this? A sweet little bunny?

M: I know you sleep a lot on the desk. It's a rabbit pillow doll.

W: No kidding, Daddy. I'll try not to doze off during studying.

남: Kathy, 생일 축하해. 엄마와 내가 너를 위해서 큰 선물을 준비했어.

여: 와! 다 저를 위한 것인가요? 새 노트북? 내가 딱 필요했던 것이에요.

남: 맞아. 노트북 옆에 있는 연필들과 펜들은 너의 학구열을 위한 것이야.

여: 하하, 그렇군요. 벽에 걸려있는 시계도 새것이 아닌가요?

남: 나는 동그란 것을 사고 싶었는데, 엄마가 네모 모양을 골랐어.

여: 정말 감사합니다.

남: 이것이 가장 실용적인 부분인데, 이 책상은 책장이 같이 세트로 온다.

여: 왜 책장이 책상의 왼쪽에 있죠? 책을 사용하기 불편할 것 같아요.

남: 맞아. 왼쪽에 있으면 왼쪽 손을 써야 하구나. 걱정하지 마, 내일 수리공이 와서 오른쪽으로 바꿔 주실 거야.

여: 이것은 뭐예요? 귀여운 토끼인가요?

남: 네가 책상에서 많이 잔다는 걸 안다. 토끼 인형 베개야.

여: 그러게요, 아빠. 공부할 때 졸지 않도록 노력해야겠어요.

**어휘:** laptop 노트북  fever 열병  functional 실용적인
repairman 수리공  doze off 졸다

**해설:** 책상에 붙어 오는 책장이 왼편에 위치해 있어야 하는데 그림에서는 오른쪽으로 되어 있다. 수리공이 와서 오른쪽으로 책장 위치를 바꾸어 준다고 했으나 그림에서는 왼편에 있어야 한다.

**문항 10** ①

W: This is a beach-renting center. How may I help you?

M: I'd like to rent 2 swimming tubes. How much is it?

W: They are $5 each. Don't you need a parasol?

M: Yes, maybe. How much is the parasol?

W: For the parasol, a big one is $8 and a small one is $5.

M: Is there any discounts?

W: If you stay at Karl-Beach hotel, you can get 50% off the rental price.

M: Oh, good. I'm staying there. Please give 2 swimming tubes and one big parasol, please.

W: Sure. Do you want to pay in cash or charge it to your room?

M: I'll pay in cash now. Oh, can I use these beach towels?

W: Yes. They're free for the hotel guests, but if you lose a towel, you have to pay $3.

M: Good. Three towels, please.

W: Here they are. Have a good day.

M: Thanks.

여: 이곳은 해변 용품 대여소입니다. 무엇을 도와드릴까요?

남: 수영 튜브 2개를 빌리고 싶습니다. 요금이 얼마입니까?

여: 한 개에 5달러입니다. 파라솔은 필요하지 않으신가요?

남: 네, 필요할 것 같군요. 파라솔은 얼마입니까?

여: 파라솔은, 큰 것은 8달러이고 작은 것은 5달러입니다.

남: 아무런 할인은 없습니까?

여: 만약 당신이 칼비치 호텔에 머무신다면, 대여요금을 50% 할인받으실 수 있습니다.

남: 잘됐군요. 저는 그곳에 머물고 있습니다. 수영 튜브 2개와 파라솔 큰 것 하나 주십시오.

여: 물론이죠. 계산은 현금으로 하시겠습니까? 아니면 객실 요금으로 같이 청구할까요?

남: 지금 현금으로 내겠습니다. 아, 이 해변용 수건을 사용할 수 있을까요?

여: 네, 그것들은 호텔 투숙객들께는 무료입니다. 하지만 분실 하실 경우에는 3달러를 내셔야 합니다.

남: 알겠습니다. 수건 3장 주십시오.

여: 여기 있습니다. 좋은 하루 보내십시오.

남: 감사합니다.

**어휘:** rent 대여하다  discount 할인

**해설:** 남자는 튜브 2개와 큰 파라솔 1개를 대여하므로 총 18달러를 내야 하는데 50% 할인을 받아 9달러만 지불하면 된다. 수건은 투숙객에는 무료이므로 계산에 포함되지 않는다.

**문항 11** ②

M: Welcome to Green-Ville Real Estate. How may I help you?

W: Hi, I'm looking for a new house.

M: Well, there are so many things to consider when renting a house. Do you have any special requirements for the house?

W: Yes, I'd like a house facing south.

M: Okay. That is better for sunlight and air-circulation than a north-facing one.

W: And what's important to me is the wallpaper in the house. I don't want it 'not-renewed'.

M: But you can ask a landlord to do it.

W: Okay, good.

M: I see. Let me check the 'renewed' option for you. Do you need an extra restroom?

W: Of course, if there is one. A restroom is the source of quarreling every morning when we start the day.

M: Lastly, what about the price range?

W: Well, if the rest of the conditions are the same, then the cheaper, the better for me.

M: Okay. There are two remaining options. You might not want to pay $100 more for the same condition. So, did you make a final decision?

W: Yes, I did.

남: Green-Ville 부동산에 오신 것을 환영합니다. 어떻게 도와 드릴까요?

여: 안녕하세요, 새집을 구하려고 하는데요.

남: 음, 집을 대여할 때는 고려할 것이 매우 많습니다. 집을 대여하실 때 특별히 원하는 것이라도 있으신가요?

여: 네, 서향집을 구하고 싶습니다.

남: 그렇군요. 그것이 북쪽을 향하는 집보다 햇빛이 더 잘 들고 공기 순환도 더 좋지요.

여: 그리고 저에게 중요한 것은 벽지입니다. 오래된 벽지가 있는 집을 원치 않아요.

남: 그런데 그것은 주인에게 요청해도 됩니다.

여: 네, 좋군요.

남: 그렇군요. 그럼 '새로 도배된'의 옵션을 체크하겠습니다. 추가 화장실이 필요한가요?

여: 그럼요, 있다면요. 화장실 하나는 아침마다 싸우는 원인이 됩니다.

남: 끝으로, 가격대는 어떻게 하시겠습니다?

여: 음, 나머지 조건들이 같다면, 저렴할수록 저에게 좋습니다.

남: 알겠습니다. 2개의 조건이 남아있습니다. 같은 조건으로 100달러를 더 내고 싶지는 않으실 것입니다. 그래서, 최종 결정을 하셨나요?

여: 네, 했습니다.

어휘: requirement 조건  facing 향하는  air-circulation 공기순환
renewed 갱신된  landlord 집 주인

해설: 여자는 서향에 새로 도배된 벽지(방을 구할 때 직접 볼 수 있음), 화장실이 하나 추가된 집을 원한다. 그리고 더 값이 저렴한 집을 원하기 때문에 ②번이 적합하다.

## 문항 12 ③

M: Have you ever wondered about the furniture people used in ancient Egypt? There is an exhibition showing a collection of important objects, illustrating every aspect in the lives of cultures of the Nile Valley. The exhibition contains chairs, tables, baskets and so on. Chairs, especially, were considered to be luxuries at that time, reserved for people in high positions. Beds were also thought of as luxury objects, only possessed by the richest in that society, while most people slept on simple mats laid on the ground. Most of the furniture on display are rather simple, in contrast to the beautifully decorated pieces that attract most attention today. It is a good opportunity to see how life in ancient Egypt really was. The exhibition will run from June 5 through August 31, at the Central Culture Center. It will be open from Monday through Saturday, 9 a.m. to 7 p.m.

남: 고대 이집트 사람들이 사용했던 가구에 대해서 궁금했던 적이 있습니까? 나일 밸리의 문화생활의 모든 면을 보여주는 중요한 물건들을 전시하는 전시회가 있습니다. 전시회는 의자, 책상, 바구니 등을 전시합니다. 특히 의자는 그 당시에 사치품으로 간주되었는데요, 지위가 높은 사람들이 사용했습니다. 침대도 사치품 중 하나였습니다. 대부분 사람이 바닥 매트에서 자지만, 그 사회에서 가장 부자인 사람들은 침대를 소유했습니다. 그 당시 가구들은 요즘의 관심을 끄는 화려하고 아름답게 장식된 조각들과는 대조적으로 대체로 꽤 단순합니다. 고대 이집트 생활이 어떠했는지 볼 좋은 기회입니다. 전시회는 중앙 문화 센터에서 6월 5일부터 8월 31일까지 운영될 예정입니다. 매주 월요일부터 토요일, 오전 9시부터 오후 7시까지 열립니다.

어휘: exhibition 전시회  illustrating 보여주는  luxuries 사치품
possess 소유하다  in contrast to ~와 상반되게
opportunity 기회

해설: 고대 이집트의 부유한 사람들은 바닥 매트 대신 침대를 사용하였다.

## 문항 13 ⑤

W: Honey, look out the window! The spring sun is beautifully shining.

M: It really is. It seems to be a perfect day for outdoor activities.

W: Yes, it is. And it is also a perfect day to clean up our house, too.

M: Oh, come on. It will be a waste of our time if we spend the whole day cleaning up.

W: You know the saying 'Don't put off till tomorrow what you can do today.'

M: But chances are not always around. Soon the summer will come and we'll never get to enjoy spring time.

W: Honey, didn't you notice the furniture and the windowsill are all covered with dust?

M: Okay, I got it. Then what do we need to do?

W: Well, we need to vacuum the floors, do the laundry, clean the windows, and mow the lawn. And then there are a few more things to do.

M: But honey, we can't do all those things within one day.

W: But I want to finish them all today.

M: Well, I don't think it's possible to finish them all in one day.

W: Then, let's set up our cleaning schedule, first.

여: 여보, 창밖을 봐요. 오늘 정말 화창한 봄날이네요.

남: 정말 그렇군요. 야외 활동을 하기에 딱 좋은 날 같네요.

여: 네, 그렇죠. 하지만 또한 우리 집을 청소하기에 완벽한 날이기도 해요.

남: 오, 이봐요. 청소하면서 시간을 쓴다면 정말 시간 낭비일 거예요.

여: '오늘 할 수 있는 일을 내일로 미루지 말라'라는 속담 알죠?

남: 하지만 기회가 항상 있는 것은 아니잖아요. 곧 여름이 올 것이고 우리는 봄날을 즐기지 못할 거예요.

여: 여보, 가구와 창문틀에 먼지가 있는 것을 보지 못했나요?

남: 알겠어요. 그렇다면 무엇을 하면 되죠?

여: 바닥을 진공청소기로 청소하고, 빨래하고, 창문도 닦고, 잔디도 깎아야 해요. 그러고 나서 해야 할 일이 몇 가지 더 있어요.

남: 여보, 그것 모두를 하루 만에 할 수는 없어요.

여: 하지만 오늘 그것 전부를 끝내고 싶은걸요.

남: 음, 하루 만에 그것 모두를 끝내는 것이 가능할 것 같지 않아요.

여: 그럼 청소할 계획을 먼저 만들어 봅시다.

어휘: outdoor activity 야외 활동  windowsill 창문턱
mow the lawn 잔디를 깎다

해설: 여자는 날씨가 좋아 청소할 것을 권하고 있다. 남자는 여자가 한꺼번에 많은 청소를 하려고 하자 하루 안에 다 끝내는 것은 가능할 것 같지 않다고 말했다. 여자는 청소 계획을 세워 보자는 구체적인 제안을 할 수 있다.

## 문항 14 ④

[Telephone rings.]

W: Bluewater Shopping Mall. How may I help you?

M: Hi. I ordered a pair of running shoes from your website last weekend. I received it yesterday, but I didn't get the free gift.

W: Oh, you mean a promotional free gift. Can you tell me what you're supposed to get?

M: Sure. It was 2 pairs of sports socks that I'm supposed to receive.

W: Okay. Let me check the order list on our computer for you. Can you please tell me your name and phone number?

M: My name is Aaron Carter, and my phone number is 001-4746-0858.

W: Wait a moment, please. Um... you ordered our new model, a superlight KJ running shoes, right?

M: Yeah, that's right. And I got it yesterday as I said.

W: Usually we send ordered product and free gifts together but in your case, I think it's our mistake. We are very sorry.

M: Oh, I see. It's okay with me. Then when can I get it?

W: We promise to deliver it within 48 hours.

[전화벨 소리]

여: Bluewater 쇼핑몰입니다. 무엇을 도와드릴까요?

남: 안녕하세요. 지난주말 당신의 웹사이트에서 운동화 한 켤레를 주문했어요. 어제 상품은 받았는데 사은품을 받지 못했어요.

여: 오, 홍보용 사은품 말씀이지요. 어떤 사은품을 받기로 되어 있는지 말해 줄래요?

남: 그럼요. 양말 두 켤레를 받기로 되어 있었습니다. .

여: 좋아요. 컴퓨터로 확인해 보겠어요. 이름과 전화번호를 말해 줄래요?

남: 제 이름은 Aaron Carter이고, 전화번호는 001-4746-0858입니다.

여: 잠시만 기다려 주세요. 음… 고객님은 새 모델인, 초경량 KJ 운동화를 주문하셨죠, 그렇죠?

남: 예, 맞아요. 그리고 말한 대로 어제 상품을 받았습니다.

여: 보통은 저희가 주문한 상품과 사은품을 동시에 발송하고 있습니다만, 이번 경우는 저희 실수인 것 같습니다. 대단히 죄송합니다.

남: 오, 알겠습니다. 저는 괜찮습니다. 그렇다면 언제 받을 수 있지요?

여: 48시간 안에 발송할 것을 약속 드립니다.

**어휘:** promotional 홍보의  superlight 초경량의  free gift 사은품

**해설:** 남자는 주문한 상품은 받았는데 사은품이 오지 않아 확인 전화를 하고 있다. 회사측의 실수인 것을 알고 남자는 언제 사은품을 받을 수 있냐고 묻고 있다.

**문항 15** ③

W: Jacob is a high school student and has a talent for magic. There is an upcoming school talent show, so his friend, Kate, asks him if he has decided to take part in the show. Jacob, however, can't make up his mind because he has stage fright and becomes nervous whenever he's on stage. In fact, he made a big mistake last year and lost confidence about himself. Kate thinks that he'll be able to get over his stage fright and wants to encourage him by saying that he should be confident and believe in his ability. In this situation, what would Kate most likely say to Jacob?

* Kate: Jacob, mistakes happen to everyone. Be confident!

여: Jacob은 마술에 재능이 있는 고등학생이다. 곧 다가오는 학예회가 있다. 그래서 그의 친구, Kate는 그가 학예회에 참가하기로 결정했느냐고 물어본다. 그러나 Jacob은 무대 공포증과 무대에 설 때마다 생기는 긴장감에 결정할 수 없다. 사실은, 작년에 큰 실수를 해서 자신에 대한 자신감을 잃었다. Kate는 그가 무대 공포증을 이겨낼 수 있다고 믿는다. 그리고 그에게 자신감을 가지고 자신의 능력을 믿으라고 위로해주고 싶다. 이런 상황에서, Kate가 Jacob에게 할 수 있는 가장 적절한 말은?

* Kate: Jacob, 누구든 실수할 수 있어. 자신감을 가져!

**어휘:** upcoming 다가오는  talent show 학예회  take part in ~에 참여하다  make up 결정하다  stage fright 무대 공포증

**해설:** Kate는 Jacob가 무대 공포증을 이겨낼 수 있도록 자신감을 가지라고 위로해주고 싶다. 그러기 때문에 사람은 모두 실수를 하기 마련이므로 두려워하지 말라고 하는 것이 가장 적절하다.

**문항 16** ⑤

**문항 17** ②

M: This is Kennedy Wilson from NBL News. I'm at the scene of a miraculous rescue that occurred earlier today involving a fire, a 3-month-old baby, and the baby's dog, Lusi. The fire broke out at the three-story building behind me. Unfortunately, we're not able to get any closer because the possibility of an explosion. Witnesses say that they noticed fire coming from the building earlier this morning. It was believed that everyone had been evacuated to safety; however, one of the residents, Rosily Heart, when she had returned and noticed the fire, she panicked, realizing that her 3-month-old baby was still inside. However, witnesses reported seeing the dog, the family dog, pulling the baby to safety by the baby's clothes. Fortunately, everyone is reported fine. The baby was taken to the hospital, as well as the dog, but we're happy to say that at this time, everyone will be fine. This is NBL News.

남: NBL 뉴스 Kennedy Wilson입니다. 지금 저는 오늘 아침 3개월 된 아기와 강아지 Lusi의 기적적인 구출이 일어났던 화재현장에 와 있습니다. 화재는 제 뒤에 있는 3층짜리 건물에서 일어났습니다. 안타깝게도, 폭발 위험성이 있어서 저희가 더 이상 가까이 가지 못합니다. 목격자들은 오늘 오전 건물에서 불이 나는 것을 발견했다고 합니다. 주민들이 다 안전하게 대피한 것으로 알려졌으나, 그들 중 한 명인 Rosily Heart 씨는 건물로 돌아온 후 불이 난 것을 발견한 후 자신의 아기가 아직도 안에 있다는 것을 깨닫고 매우 놀랐습니다. 그러나 목격자들은 강아지가 아기의 옷을 끌고 아기를 안전한 곳까지 끌고 나온 것을 보았다고 제보했습니다. 다행스럽게도, 모두가 안전한 것으로 판단됩니다. 아기는 강아지와 함께 병원으로 실려갔지만, 지금 모두 무사하다는 사실을 기쁘게 알려드립니다. NBL 뉴스입니다.

해설: **16.** 기자는 한 아파트의 화재현장에서 일어난 구출 사건을 보도하고 있다. **17.** 이 화재사건은 보도 당일 아침, 강아지가 아기의 옷을 끌고 나와 아기를 구출 한 것으로 밝혀졌다. 모두 안전하게 건물을 빠져나왔다고 했다.

## 핵심 실전 모의고사 5회

| 1 | ② | 2 | ③ | 3 | ④ | 4 | ① | 5 | ② |
|---|---|---|---|---|---|---|---|---|---|
| 6 | ③ | 7 | ④ | 8 | ② | 9 | ④ | 10 | ④ |
| 11 | ① | 12 | ⑤ | 13 | ① | 14 | ② | 15 | ⑤ |
| 16 | ③ | 17 | ② | | | | | | |

### 문항 1  ②

M: I was so surprised to hear that you're in the hospital. What happened to you?

W: I broke my leg in a bike accident. Fortunately, I'm fine. Without the helmet, I wouldn't be alive.

M: Right. Make sure you always wear safety gear while riding a bike.

W: <u>I will. Prevention is better than cure.</u>

남: 네가 병원에 있다는 소식을 듣고 매우 놀랐어. 무슨 일이 생긴 거니?

여: 자전거 사고로 다리가 부러졌어. 다행히도 나는 괜찮아. 헬멧이 없었으면, 무사하지 못했을 거야.

남: 맞아. 자전거를 탈 때 항상 안전 장비를 하는 것을 잊지 마.

여: <u>그렇게 할게. 치료보다는 예방이 더 낫지.</u>

어휘: Well begun, half done 시작이 반이다(속담)
prevention 예방  Don't judge a book by its cover 겉만 보고 판단하지 말아라(속담)  A drowning man will catch at a straw 빠져 죽는 사람은 지푸라기라도 잡는다(속담)

해설: 대화에 알맞은 속담을 고르는 문제이다. 자전거 사고에 있어 안전 장비의 중요성을 말하는 '예방이 치료보다 낫다'는 속담이 적절하다.

### 문항 2  ③

W: Welcome to Sunny's clothing store. May I help you, sir?

M: Yes, please. I'm looking for a man's suit, the size is 32.

W: Yes, sir. I'll be glad to show you some. Do you have any particular color in mind?

M: <u>I'd like something in gray or blue.</u>

여: Sunny 의상실에 오신 것을 환영합니다. 무엇을 도와드릴까요?

남: 네. 저는 남자 정장 사이즈 32를 찾고 있어요.

여: 네. 제가 보여드리지요. 생각하고 계신 색상이 있으신가요?

남: <u>저는 회색이나 파란색을 찾고 있습니다.</u>

어휘: particular 특별한  have ~ in mind 마음에 두다

해설: 여종업원이 손님에게 원하시는 색상이 있느냐고 물었을 때 손님은 자신이 원하는 색상을 구체적으로 답할 수 있다.

### 문항 3  ④

W: Hello, class! Trash on our beaches is not only unsightly but potentially hazardous to marine life. By volunteering for the 2014 Miami Coastal Cleanup, you can help keep our beaches clean. The cleanup will be held from 9 a.m. to 6 p.m. on Sunday, August 17th. It'll span the 75 mile eastern coastline. In the event of rain, the date will change to the following Sunday, August 24th. Volunteer registration will start on May 21st. Volunteers are urged to pre-register on the MCC website. 2014 Coastal Cleanup T-shirts will be provided for volunteers in appreciation of their effort. Let's all work together to keep our beaches clean!

여: 안녕하세요, 학생 여러분! 해변의 쓰레기는 미관을 해칠 뿐만 아니라 바다 생태계를 잠재적으로 위험합니다. 2014 Miami Coastal Cleanup에 자원봉사자로 참여함으로써 우리 해변을 깨끗하게 유지하는 데 도움을 줄 수 있습니다. 대청소 행사는 8월 17일 일요일 오전 9시부터 저녁 6시까지 개최될 것입니다. 그것은 동쪽 해안선 75마일에 걸쳐 진행됩니다. 비가 올 경우에는 날짜가 다음 주 일요일인 8월 24일로 변경될 것입니다. 자원봉사자 등록은 5월 21일에 시작됩니다. 자원봉사자들은 MCC 웹사이트에서 사전 등록하시기를 권장합니다. 자원봉사자들의 노력에 대한 감사 표시로 2014 Coastal Cleanup 티셔츠가 제공될 것입니다. 우리 해변을 깨끗하게 유지하기 위해서 우리 모두 함께 합시다!

어휘: trash 쓰레기  unsightly  potentially 잠재적으로
hazardous 위험한  marine 해양의  eastern 동쪽의
coastline 해안선  registration 등록
pre-register 사전 등록하다  appreciation 감사

해설: 여자는 해변 청소를 위한 자원봉사에 학생들이 참여할 것을 권하고 있다.

### 문항 4  ①

M: Mom, I'm home.

W: Hi, Ted. How was school today?

M: It was okay. But, I'm really hungry. Can I eat something?

W: All right. First, you should go and wash your hands.

M: I'm starving. Can I just eat first and then wash my hands later?

W: No. Always wash your hands after returning from outdoors. Many germs are on your hands.

M: I think my hands are clean. I just want to eat something.

W: Ted, I'm serious. You may not see them but unwashed hands can be a breeding ground for germs.

M: Really? I didn't know that.

W: Yeah, but don't worry. You can kill almost all of them just by washing your hands.

M: All right. I'll follow your advice.

W: Great. That way you can keep yourself from getting sick.

남: 엄마, 다녀왔습니다.

여: 안녕, Ted. 오늘 학교는 어땠니?

남: 괜찮았어요. 그런데 저 정말로 배고파요. 뭔가 먹어도 되죠?

여: 좋아. 먼저 가서 손을 씻으렴.

남: 그런데 엄마, 저 배가 무척 고파요. 그냥 먼저 먹고 나서 나중에 손 씻어도 될까요?

여: 안 돼. 밖에서 돌아오면 늘 손을 씻으렴. 네 손에 세균이 많단다.

남: 제 손은 깨끗한 것 같아요. 저는 그냥 뭔가를 먹고 싶어요.

여: Ted, 난 진심이란다. 그것들이 보이지 않겠지만 씻지 않은 손은 세균의 온상지가 된단다.

남: 정말요? 몰랐어요.

여: 그래, 하지만 걱정하지 마. 손을 씻는 것만으로도 대부분을 죽일 수 있어.

남: 좋아요. 충고를 따를게요.

여: 좋아. 그렇게 하면 병에 걸리는 것을 막을 수 있어.

**어휘:** starving 배가 몹시 고픈  germ 세균  breeding ground 배양소

**해설:** 아들이 손을 씻지 않고 무엇인가를 먹으려 하자 엄마는 손 씻기의 중요성을 말하며 충고하고 있다.

---

**문항 5** ②

W: Brian, I got some fried chicken from my aunt. Let's eat it together.

M: Wow, it looks so delicious, my favorite! I'm sorry but I can't.

W: Come on, it's lunch time. You have to eat something anyway.

M: Right. But you know I just started a diet two weeks ago. I have to lose some weight.

W: I understand if you want to avoid greasy food. How about this salad?

M: No thanks. I'm going to skip lunch. I'm on a crash diet. I eat only one meal a day.

W: Are you serious? That's too dangerous. Instead of skipping meals, why don't you do more exercise?

M: I wish I could. Unfortunately, I don't have enough time to work out. The only way is reducing the amount of food I eat.

W: Still, I don't get it. Without exercise, you will suffer from what's called yo-yo effect. You have to do it properly.

M: In fact, after working out I feel like eating more. That's why I don't want to exercise.

W: That's not right, Brian. You need to reset your diet to be a healthy diet plus some exercise.

M: Okay, if you insist, I'll do that.

여: Brian, 우리 이모가 닭튀김을 주셨어. 같이 먹자.

남: 와, 맛있어 보인다, 내가 가장 좋아하는 것이야! 하지만 난 먹을 수가 없어.

여: 이봐, 점심시간이야. 너는 어쨌든 무엇인가 먹어야 하지 않겠니?

남: 맞아. 하지만 내가 2주 전에 다이어트를 시작한 것 알잖니. 나는 살을 빼야 해.

여: 네가 만약 기름진 음식을 피하려 한다면 나는 이해해. 그럼 이 샐러드는 어때?

남: 미안하지만 안 먹을게. 나는 점심을 거를 거야. 나는 단기에 끝낼 수 있는 다이어트 중이야. 하루에 한 끼만 먹고 있어.

여: 정말이니? 너무 위험해. 굶는 것 대신 운동을 더 하지 그러니?

남: 나도 그러고 싶어. 안타깝게도 운동을 할 충분한 시간이 없어. 유일하게 할 방법은 내가 먹는 양을 줄이는 것뿐이야.

여: 여전히 난 이해가 안 된다. 운동 없이는 요요 현상이란 것을 겪을 거야. 너는 제대로 해야만 해.

남: 사실, 운동하고 나면 나는 더 많이 먹고 싶어져. 그래서 내가 운동을 하고 싶지 않은 이유야.

여: 그건 사실이 아니야, Brian. 너는 다이어트를 운동을 더 해서 건강하게 다시 시작해야 해.

남: 알았어. 네가 그렇게 주장한다면, 그렇게 할게.

**어휘:** greasy 기름진  skip lunch 점심을 건너뛰다  properly 적절하게  insist 주장하다

**해설:** 남자는 급격한 다이어트를 위해 굶으려 한다. 여자는 요요 현상이 올 것이므로 적절한 운동과 식이요법을 병행할 것을 권고하고 있다.

---

**문항 6** ③

M: I have never seen such a big crowd.

W: It's much bigger than last year. That's because the famous singers are coming from all over the world.

M: I heard that the baseball superstar, Brandon, has changed his job to a singer.

W: This concert will be the first time we can see him as a singer. We worked a lot to have him on today's stage.

M: That's why so many fans gathered together. We'll have to pay more attention about the safety facility.

W: Make sure you take care of the whole facility and prevent any accident from happening in and around the concert stage.

M: Don't worry about it. Our team is specialized and has much experience in this field.

W: Oh, can you see the right side of the stage? During performance, crazy fans can run toward the stage through that open space.

M: Sure, I already ordered them to deal with this problem.

W: Thank you.

남: 이렇게 사람이 많이 모인 것을 본 적 없어.

여: 작년보다 훨씬 많다. 세계적으로 유명한 가수들이 모여서 그럴 거야.

남: 농구 선수 Brandon이 가수로 직업을 바꿨다고 들었어.

여: 이 콘서트가 그를 가수로서 처음 보게 되는 것일 거야. 오늘 특별 무대에 그를 세우려고 많이 노력했어.

남: 그래서 이렇게 많은 팬이 모였구나. 안전시설에 대해 신경을 더 써야겠어.

여: 콘서트 무대에서 사고가 생기는 것을 방지하기 위해서 시설 전체를 관리하도록 해.

남: 걱정하지 마. 우리 팀은 전문가들이라서 이런 분야에 많은 경험이 있어.

여: 아, 무대 오른쪽 보여? 공연 중에 열광한 팬들이 저 빈 공간을 통해 무대로 뛰어들 수 있어.

남: 알았어, 이미 그 문제를 해결하라고 지시했어.

여: 고마워.

**어휘:** facility 기관   specialized 전문화된   field 분야

**해설:** 여자는 남자에게 철저한 보안을 부탁하고 있고, 남자는 여자에게 철저한 보안을 보장하고 있다. 따라서 여자는 행사담당자고, 남자는 안전요원이다.

**문항 7** ④

W: Oh, no! We are in trouble, honey.

M: What's wrong, Sandra?

W: Our washing machine stopped suddenly and started leaking water.

M: Let me see. [Pause] Well, I can't figure out what is wrong.

W: Do we need to call the service center?

M: We need to but it's late evening. I don't think they deal with any service requests now.

W: You are right. Let's call them tomorrow morning.

M: Okay. Then, let's pump out the water. There is still a lot of water in the washing machine.

W: Right. If it keeps leaking, our floor will be covered with water.

M: I don't want a flood in our bathroom, either.

W: Honey, can you bring a bucket while I take the laundry out of the machine?

M: Sure. Where is it?

W: It's on the rack in the basement. Thanks.

여: 오, 안 돼! 여보, 문제가 생겼어요.

남: 무슨 문제에요, Sandra?

여: 세탁기가 갑자기 멈추고 물이 새기 시작했어요.

남: 어디 봅시다. [Pause] 무엇이 문제인지 이해할 수 없네요.

여: 서비스 센터에 전화해야 할까요?

남: 그래야 하는데 지금은 늦은 저녁이에요. 지금은 서비스 요청을 받지 않을 것 같네요.

여: 맞아요. 내일 아침에 전화합시다.

남: 좋아요. 그렇다면, 물을 퍼냅시다. 세탁기 안에는 여전히 많은 물이 있어요.

여: 네. 계속 샌다면, 바닥은 물로 가득 찰 거에요.

남: 나도 우리 욕실에 홍수가 나는 것을 원하지 않아요.

여: 여보, 제가 세탁물을 꺼내는 동안 양동이를 가져다줄 수 있나요?

남: 좋아요, 어디에 있죠?

여: 지하실 선반에 있어요. 고마워요.

**어휘:** be in trouble 어려움에 처하다   leak 새다   deal with 다루다   request 요구   pump out 퍼내다   flood 홍수   laundry 세탁물   rack 걸이   basement 지하실   figure out 이해하다, 알아내다

**해설:** 세탁기의 물이 새고 있어 물을 퍼내야 하는 상황이다. 여자는 남자에게 양동이를 가져달라고 요구하고 있다.

**문항 8** ②

M: Carol, Mr. Sherman told me that he wants to see our proposal.

W: Great! You know the proposal is something we're proud of.

M: He told me that after examining it, he will write a contract for us.

W: Then we need to set up a meeting and prepare for the presentation.

M: Right. Let me make the visual material to support the presentation.

W: Good. By the way where will the meeting be held?

M: He said that he wanted the Bex Convention Center close to his company.

W: I'll make a conference hall reservation there. And when does he want to see it?

M: He said September 12th or 20th, hmm... I forget.

W: Oh, no! You didn't take a note of the date?

M: Sorry, I thought I would remember it.

W: You made a huge mistake by forgetting the important information.

M: I will call Mr. Sherman again and find out.

W: That will be unprofessional. It will give him a bad impression of our company.

M: I'm so sorry.

남: Carol, Sherman 씨가 우리의 제안서를 보고 싶다고 말했어요.

여: 좋아요! 당신도 알다시피 그 제안서는 우리가 자랑스럽게 생각하는 것이죠.

남: 그가 제안서를 검토해 보고, 우리와 계약서를 작성할 것이라고 말했어요.

여: 그렇다면 우리는 회의를 마련하고 프레젠테이션을 준비해야겠군요.

남: 좋습니다. 제가 프레젠테이션을 위한 시각 자료를 만들겠습니다.

여: 좋아요. 그런데 회의는 어디서 열리지요?

남: 그가 말하길, 그의 회사에서 가까운 벡스 컨벤션 센터에서 했으면 좋겠다고 합니다.

여: 제가 그곳에 있는 회의 홀을 예약할게요. 그리고 그는 언제 보기를 원하나요?

남: 그가 9월 12일이나 20일이라고 말했는데, 음… 제가 잊어버렸네요.

여: 아, 이런! 당신은 날짜를 기록해 두지 않았나요?

남: 죄송합니다. 기억할 수 있을 줄 알았습니다.

여: 당신은 중요한 정보를 잊는 큰 실수를 했어요.

남: 제가 Sherman 씨에게 전화를 다시 해서 알아내겠습니다.

여: 그것은 프로답지 못해요. 우리 회사에 대한 나쁜 인상을 줄 거란 말이에요.

남: 죄송합니다.

**어휘:** proposal 제안서  contract 계약하다
visual material 시각 자료  excuse 실례

**해설:** 남자가 계약 성사를 앞두고 상대방이 남긴 회의 날짜를 잊어버렸다. 여자는 남자의 중대한 실수에 화를 내고 있다.

---

**문항 9** ④

[Cell phone rings.]

W: Hello. Ted. I'm at the movie theater. Where are you?

M: I'm at the subway station now. Sorry I'll be a little late.

W: That's okay. We have some time before the movie starts. Which station are you in?

M: I'm at Lexington station on Line Number 1.

W: Then you have to transfer to Line Number 2.

M: That's right. The transfer station is two stops from here.

W: Good. At that station, you should be careful not to transfer to Line Number 3.

M: Okay. After taking Line 2, how many stops are there before I get off?

W: Just two stations.

M: That would be Orion Station, right?

W: No, that way is toward Manhattan. You have to take the one toward Hudson and get off at Blooming Station.

M: So, after taking Line 2, two more stations to go.

W: Right. See you at the theater.

M: Oh, here comes the train. Thanks.

[휴대폰 벨 소리]

여: 안녕, Ted. 나 지금 영화관에 있어. 어디 있니?

남: 나 지금 지하철역에 있어. 미안, 조금 늦을 것 같아.

여: 괜찮아. 영화가 시작하기까지 시간이 조금 남았어. 어느 역에 있니?

남: 나는 지금 1호선 Lexington 역에 있어.

여: 그럼 너는 2호선으로 갈아타야 하구나.

남: 맞아. 갈아타는 역은 여기서 두 정거장 더 가면 있어.

여: 좋아. 그 역에서, 3호선으로 갈아타지 않도록 조심해야 해.

남: 알았어. 2호선으로 갈아타고 나서, 내가 내리기까지 몇 정거장을 가야 하지?

여: 딱 두 정거장.

남: 그러면 Orion 역이야, 맞지?

여: 아니, 그 방향은 Manhattan 방향이야. 너는 Hudson 방향으로 가는 것을 타고 Blooming 역에서 내려야 해.

남: 그러니까 2호선을 탄 다음 두 정거장 가서 내리는 것이지?

여: 맞아. 극장에서 보자.

남: 아, 지하철 온다. 고마워.

---

**어휘:** movie theater 영화관  transfer 갈아타다  line number ~호선

**해설:** 남자는 1호선을 타고 있고, 2호선을 갈아타는데 Hudson 방향으로 타야 한다. 이후 두 정거장을 더 가서 내리면 된다.

---

**문항 10** ④

W: Good morning. Today I need some fruit for the dessert.

M: How about strawberries and watermelon? They are today's special.

W: They look really fresh. How much are they?

M: The watermelons are $10 each. The strawberries are sold by the kilogram. They are $10 per kilogram.

W: I'd like one kilogram of strawberries and two watermelons, please.

M: Okay. Would you like anything else?

W: Yes, I need to buy some paprika and autumn squash.

M: A paprika is $2 and autumn squash is $4.

W: 10 paprikas and 5 autumn squash are good enough. Could I have them delivered?

M: Yes, of course. We charge $5 for delivery but only for this week we do not charge delivery.

W: Oh, that's good. Can I get the regular 10% discount with the purchase of $60 or more as well?

M: Sorry, but you can enjoy the regular 10% discount next week.

W: I see.

여: 좋은 아침입니다. 오늘은 디저트용 과일이 필요합니다.

남: 딸기와 수박은 어떤가요? 그것들은 오늘 특산품입니다.

여: 굉장히 신선해 보이네요. 얼마인가요?

남: 수박 한 통에 10달러입니다. 딸기는 킬로그램 단위로 판매합니다. 1킬로당 10달러입니다.

여: 딸기 1킬로와 수박 두 통 주세요.

남: 알겠습니다. 다른 것은 필요 없으신가요?

여: 네, 파프리카와 단호박이 필요합니다.

남: 파프리카는 하나에 2달러이고 단호박은 하나에 4달러입니다.

여: 파프리카 10개와 단호박 5개면 충분합니다. 그것들을 배달 받을 수 있을까요?

남: 네, 당연하죠. 저희는 배달료로 5달러를 받지만, 이번 주만 배달료를 받지 않습니다.

여: 오, 잘됐군요. 10달러 혹은 그 이상을 사면 10% 정기 할인을 받을 수 있나요?

남: 죄송하지만, 10% 정기 할인은 다음 주에 받으실 수 있습니다.

여: 알겠습니다.

**어휘:** instead of ~대신에  delivery 배달  charge 요금
regular 정기적인  autumn squash 단호박

**해설:** 여자가 지불할 금액은 (딸기 10달러 + 수박 20달러 + 파프리카 20달러 + 단호박 20달러 = 총 70달러) 이다. 배송료와 할인은 계산에 포함되지 않는다.

M: Look at this package tour program!

W: They are providing various kinds of tours. I wish I could experience all of them.

M: Why don't we go to a strawberry picking tour? We can enjoy the beautiful scenery and delicious strawberries at the same time.

W: I'm sorry. It may sound strange but I can't eat strawberries.

M: Oh, my. Then, how about this Mt. Jiri Hiking Tour?

W: I have wanted to but I can't go on Tuesdays or Thursdays because of the violin lesson.

M: I see. I'm sure you'll love this Gangwha Island Tour.

W: It's a bit expensive and besides, I have been there twice.

M: How come I didn't know much about you? Through this tour we will get to know each other better.

W: Come on! We have to make a final decision. The other two tours cost almost the same. Which do you prefer?

M: I actually don't mind the package options but the Department Gate North is way far from my place. I wonder if I can make it on time.

W: You don't have to bother. Let's decide it as Gate South, which will be convenient for you.

M: Thanks.

남: 이 관광 프로그램 패키지 좀 봐!

여: 여기서 다양한 관광을 제공하고 있어. 다 체험할 수 있으면 좋겠다.

남: 딸기 따기 관광을 가는 것은 어때? 우리는 아름다운 경치도 즐기면서 맛있는 딸기도 먹을 수 있어.

여: 미안해. 이상하게 들릴지도 모르지만 나는 딸기를 먹을 수 없어.

남: 오, 저런. 그러면 지리산 등산 관광은 어때?

여: 해보고 싶었었는데 바이올린 수업 때문에 화요일이나 목요일은 갈 수 없어.

남: 그렇구나. 네가 이 강화도 관광은 좋아할 거라고 확신해.

여: 조금 비싸. 게다가 난 그곳을 2번이나 가봤어.

남: 내가 왜 너에 대해 잘 알지 못하지? 이 관광을 통해 우리는 서로에 대해 더 잘 알게 될 거야.

여: 이봐! 우리는 최종 결정을 내려야 해. 나머지 관광 2개의 선택이 가격이 거의 같아. 어떤 것이 더 좋니?

남: 사실 나는 패키지 조건을 별로 상관하지 않아. 하지만 Department Gate North는 우리 집에서 너무 멀어. 내가 제시간에 올 수 있을지 모르겠어.

여: 그렇게 안 해도 괜찮아. 너에게 더 편리한 Gate South로 정하자.

남: 고마워.

**어휘:** provide 제공하다  scenery 경치  prefer 선호하다
convenient 편리하다

**해설:** 위의 두 사람은 딸기 따기와 강화도 관광은 하지 않고 싶다. 그리고 화요일과 목요일은 가능하지 않다. Department Gate North는 남자의 집에서 멀기 때문에, 모든 조건을 고려해 본다면 International Flower Festival이 적합하다.

M: Our eye clinic center's annual 7th Proud Dream Night was held on March 10th. All doctors and staff from the Seoul and Busan branches gathered together in celebration of our continued success. At the 7th Proud Dream Night, we began with interviews of our employees on the subject of 'What is a Dream to Me.' We recounted significant events in the history of the Dream Eye Center. Also we gave the 'Proud Dreamer' award to our employee of the year, and honored employees who have served the center over the long term. It was a fun night, with the center's talent show and doctors and all Dream Eye staff enjoyed the night. The celebration will positively affect our passion for our customers. As a result, we will approach our customers with better care and medical service.

남: 우리 안과의 7번째 연간 행사 '자랑스러운 드림 나이트'는 3월 10일에 열렸습니다. 서울과 부산의 모든 의사선생님과 직원은 저희의 지속적인 성공을 기념하여 한자리에 모였습니다. 7번째 '자랑스러운 드림 나이트'에서 저희는 '나에게 꿈이란'이라는 주제로 직원들을 인터뷰하는 것으로 시작했습니다. 저희는 드림 아이 센터의 역사의 중요한 사건들을 말했습니다. 또한, 저희는 올해의 우수직원에게 '자랑스러운 드림' 상을 주고, 오랫동안 안과에 헌신한 직원들에게 영광을 드렸습니다. 장기자랑으로 재미있는 밤이었고, 의사와 모든 직원이 즐거운 시간을 보냈습니다. 행사는 저희의 고객을 향한 열정에 긍정적인 영향을 미칠 것입니다. 결과적으로, 저희는 저희 고객에게 더 많은 관심과 더 좋은 의료 서비스로 다가갈 것입니다.

**어휘:** annual 일 년에 한 번 있는 (연간)  staff 직원  branch 지점
celebration 축하  subject 주제  recount 이야기하다
significant 중요한  award 상  passion 열정

**해설:** ① 7번째 연간행사인 '자랑스러운 드림 나이트'는 3월 10일에 열렸다, ② 서울과 부산의 모든 직원이 한자리에 모였다, ③ 인터뷰에서 드림 아이 센터의 역사의 중요했던 순간들을 얘기했다, ④ 우수 직원과 오랫동안 일한 사람들을 시상했다, ⑤ 행사는 고객을 향한 관심에 긍정적인 영향을 미칠 것이지만 행사는 직원들만 참여했다.

M: Anna. Do you have a minute?

W: Sure, Mr. Han.

M: I'd like to talk about the proposal you submitted a few days ago.

W: Okay. What do you think of my proposal?

M: I think it's really good. Your ideas for our new design are very creative.

W: Oh, thank you, Mr. Han. Do you have any other comments?

M: Actually, I was thinking it would look better if you changed the font color.

W: All right. It can be done with ease.

M: Okay, can I suggest using a darker-colored font? The current words are a little bit difficult to read.

W: Yes. I agree with you. How about this color?

M: Can you tone it down a little more? Like a darker blue color?

W: Oh, I see what you mean. Let me try it again so that the words would be clearer.

M: Thank you for your effort for improvement.

남: Anna. 잠시 시간 있나요?

여: 물론이에요, Han 씨.

남: 며칠 전에 제출하신 제안서에 관해서 이야기를 나누고 싶어서요.

여: 좋습니다. 제 제안서에 대해 어떻게 생각하세요?

남: 정말 좋다고 생각합니다. 우리의 새로운 디자인에 대한 아이디어들이 매우 창의적이네요.

여: 아, 감사합니다, Han 씨. 어떤 다른 의견 있으신가요?

남: 사실은 저는 글자체 색을 바꾸면 그것이 더 좋아 보이지 않을까 생각이 들어요.

여: 알겠습니다. 그것은 쉽게 바꿀 수 있습니다.

남: 더 어두운색의 글자체를 사용하는 것을 제안해도 될까요? 현재로써는 단어들을 읽기가 조금 어렵네요.

여: 네. 저도 동의합니다. 이 색깔은 어떻습니까?

남: 색깔 톤을 더 낮출 수 있을까요? 짙은 청색과 같은?

여: 오, 무슨 말씀이신지 알겠습니다. 다시 한 번 시도해서 글자가 선명하게 보이도록 할게요.

남: 당신의 개선을 위한 노력에 감사합니다.

**어휘:** submit 제출하다   comments 조언, 코멘트   font 글씨체
with ease 쉽게

**해설:** 남자는 여자에게 글자가 더 선명하게 보이도록 요청을 했고, 여자는 그 요청에 따른다고 했다. 남자는 개선을 위한 노력에 감사하다고 말할 수 있다.

---

**문항 14** ②

M: Honey, I'm home.

W: Hi, Jim. How was your day at work?

M: I was pretty busy. I had a lot of paperwork to finish before we leave for Canada tomorrow.

W: I see. Actually I almost finished packing our luggage.

M: Really? I'm sorry I couldn't help you.

W: That's okay. You just have to get your toiletries together tomorrow morning.

M: Thanks, honey. By the way, the travel agency called this morning and said we should be at the airport by noon.

W: Really? Why did the time changed?

M: They just changed the schedule to give us an orientation.

W: Do we need a travel orientation before boarding the plane.

M: Sure, honey. It's a good to know as much information as possible.

W: Then, to be at the airport before 12, we won't have enough time to have lunch at home.

M: Don't worry. We'll be provided with lunch on the plane.

남: 여보, 나 왔어요.

여: 어서 와요, Jim. 오늘 회사에서 어땠어요?

남: 매우 바빴어요. 우리가 내일 캐나다로 떠나기 전에 마무리해야 할 문서 업무가 많았어요.

여: 그렇군요. 실은 제가 우리 여행 가방을 거의 다 꾸렸어요.

남: 정말요? 못 도와줘서 미안해요.

여: 괜찮아요. 내일 아침에 당신 세면도구만 챙기면 돼요.

남: 고마워요, 여보. 그런데 여행사에서 오늘 오전에 전화가 와서는 공항에 정오까지 와야 한다고 했어요.

여: 그래요? 왜 변경되었지요?

남: 우리에게 오리엔테이션을 해 주려고 그들이 일정을 변경했어요.

여: 그러면 우리가 집에서 점심을 먹을 시간이 충분하지가 않을 거예요.

남: 비행기에서 점심이 제공될 거니까 점심은 걱정하지 마세요.

**어휘:** luggage 짐   toiletries 세면도구

**해설:** 여자는 내일 공항에 12시 전까지 가야 하면 집에서 점심을 먹을 수 없을 것이라 걱정한다. 남자는 기내에서 먹게 되므로 걱정하지 말라고 답할 수 있다.

---

**문항 15** ⑤

W: Duke is a college student majoring in architecture. He is a little depressed because he's having trouble doing his house design assignment. His friend, Naomi, asks him why he looks down, and he says that he still has a lot more left to finish it although he started last week. The assignment is due in two days and he is not sure if he can do it. Naomi tries to encourage him to do his best by saying nothing's impossible if he puts his mind to it. But he still thinks the assignment is too difficult for him. Naomi says to him she can help him because she's done a similar project before. In this situation, what would Duke most likely say to Naomi?

* Duke: Naomi, thanks. I'm lucky to have a friend like you.

여: Duke는 건축학과를 전공하고 있는 대학생이다. 그는 집 디자인 과제를 하는 데 문제가 있어서 조금 우울하다. 그의 친구 Naomi는 왜 그가 기분이 안 좋아 보이는지 물어본다. 그리고 그는 저번 주부터 시작했는데 아직도 완성하려면 할 일이 많이 남아있다고 말한다. 과제 기한은 2일 후까지인데 그는 그때까지 완성할 수 있을지 확신할 수 없다. Naomi는 무엇에 전념한다면 불가능한 것은 없다는 말로 위로해주려고 한다. 하지만 그는 여전히 과제가 너무 어렵다고 생각한다. Naomi는 그에게 예전에 비슷한 과제를 한 적이 있어서 자신이 도와줄 수 있다고 한다. 이 상황에서 Duke가 Naomi에게 할 말로 가장 적절한 것은?

* Duke: Naomi, 고마워, 너 같은 친구를 둬서 행운이야.

**어휘:** architecture 건축   depressed 우울한   assignment 과제
put one's mind to 전념하다

**해설:** Naomi는 Duke의 과제를 도와준다고 한다. 그러므로 Duke는
Naomi에게 "고마워. 너 같은 친구가 있어서 다행이야."라고 할 수
있다.

**문항 16** ③

**문항 17** ②

M: Happy news for tired exercisers. Proudly presented
MAX Workouts is a work out textbook. Don't confuse
MAX Workouts with other training programs. This is a
leading-edge program not available anywhere else. MAX
Workouts gives you 90 days of intense body shaping
workouts based on science, not trends. And with my
program you'll need less than 30 minutes a day, 4~6 times
per week. The workouts are quick and so are the results.
After you read the 'Getting Started' chapter, you can move
on to the Workouts section, determine your fitness level,
and immediately get started with the workouts. Be sure to
reference the step-by-step exercise photos and instructions
in the last chapter. You'll be on your way to a looking
and performing to the best of your physical ability in the
shortest, most effective way possible. Don't miss out on
this offer that won't be repeated. Grab your book of MAX
Workouts now before it's too late. I don't want you to
miss out of the $50 worth of free gift including a workout
towel and a water bottle.

남: 힘들고 지친 운동하는 사람들에게 좋은 소식입니다.
자랑스럽게 소개하는 MAX Workouts은 운동 교과서입니다.
MAX Workouts와 다른 운동프로그램을 착각하지 마세요. 이
최첨단 프로그램은 다른 곳에서는 보실 수 없습니다. MAX
Workouts는 90일 동안 트렌드가 아닌 과학적으로 강도 높은
체형 보정 운동을 시켜줍니다. 그리고 이 프로그램은 하루에
30분 이내, 일주일에 4~6회 정도만 필요합니다. 운동들은
빠르며 효과 역시 빠릅니다. '시작하기' 챕터를 읽은 후에 운동
섹션으로 넘어가서, 자신의 신체 운동 레벨을 측정하고 바로
운동을 시작하실 수 있습니다. 마지막 챕터에 있는 운동 절차
사진들과 설명들을 반드시 참고하세요. 당신은 가장 단시간에,
그리고 가장 효과적인 방법으로 당신의 최고의 신체적
능력을 보일 수 있을 것입니다. 이런 기회는 이번 한 번뿐이니
놓치지 마세요. 늦기 전에 지금 당장 MAX Workouts를 하나
소장하세요. 저는 당신이 운동 타월과 물병도 포함된 50달러
가치의 무료 상품을 놓치지 않으시길 바랍니다.

**어휘:** presented 소개된   workout 운동하다   leading-edge 최첨단
determine 결정하다   reference 참고

**해설: 16.** 남자는 운동 교과서 MAX Workouts라는 책을 홍보하고 있다.
**17.** MAX Workouts는 트렌드를 따르지 않는 과학적으로 만든
책이며, 단시간 내에 빠른 효과를 얻을 수 있다. 마지막 챕터에는
운동 절차 사진과 설명이 포함되어 있다.

---

## 핵심 실전 모의고사 6회

| 1 | ⑤ | 2 | ④ | 3 | ③ | 4 | ④ | 5 | ④ |
|---|---|---|---|---|---|---|---|---|---|
| 6 | ② | 7 | ⑤ | 8 | ③ | 9 | ⑤ | 10 | ② |
| 11 | ③ | 12 | ④ | 13 | ② | 14 | ④ | 15 | ① |
| 16 | ④ | 17 | ⑤ | | | | | | |

**문항 1** ⑤

M: Good afternoon. May I take your order?

W: Sure. As usual, I'd like to take out a smoked chicken
sandwich and a coffee.

M: Sorry to say this, but the smoked chicken sandwiches are
all sold out today. How about a ham and egg sandwich
instead?

W: <u>Cancel my order, please. I want the smoked chicken one,
nothing else.</u>

남: 좋은 오후입니다. 주문하시겠습니까?

여: 그럼요. 평소처럼 훈제 치킨 샌드위치와 커피를 포장해
가고 싶습니다.

남: 죄송하지만, 훈제 치킨 샌드위치는 오늘 다 떨어졌습니다.
대신 햄과 에그 샌드위치는 어떠세요?

여: <u>제 주문을 취소해 주시겠어요. 저는 훈제 치킨 샌드위치
아니고는 다른 것은 싫거든요.</u>

**어휘:** as usual 늘 그렇듯이   take out 포장해서 나가다
sold out 매진된   wrap 포장하다

**해설:** 여자가 원하는 샌드위치가 다 떨어져서 남자는 다른 샌드위치를
제안하고 있다. 여자는 다른 샌드위치는 싫다고 말하며 주문을
취소할 수 있다.

**문항 2** ④

M: Ms. Jackson? Sorry to interrupt class, but I have a splitting
stomachache.

W: Oh, really? You'd better go to the nurses' office right now.
Do you need anyone to help you?

M: I think I can walk there by myself. Thank you, Ms. Jackson.

W: <u>I hope you'll recover soon. After you rest a bit, let me
know you're okay.</u>

남: Jackson 선생님. 수업을 방해해서 죄송하지만, 저는 배가
몹시 아파요.

여: 아, 그러니? 양호실에 당장 가보는 것이 좋겠구나. 도와줄
사람이 필요하니?

남: 혼자 걸어갈 수 있을 것 같습니다. 감사합니다, Jackson
선생님.

여: <u>빨리 낫길 바란다. 좀 쉬고 나서 괜찮은지 나에게 알려주렴.</u>

**어휘:** interrupt 방해하다   splitting 깨질 듯한   nurses' office 양호실

**해설:** 수업 도중 학생이 복통이 생긴 것을 선생님께 말하고 있다. 선생님은
양호실에 가볼 것을 권유하고 학생은 혼자 양호실까지 걸어갈 수
있다. 교사로서 할 수 있는 대답은 ④번이다.

**문항 3** ③

W: Hello, everyone. I'm Susan Tiffin, the author of 'Manners for Children.' Parents are aware of the importance of good manners and that a well-mannered child will be more successful than one who isn't. Although there are numerous books aimed at helping parents teach their children manners, the methods suggested are difficult to understand and sometimes impractical. Throughout my career, I've taught children proper manners and realized that the lessons should be divided into easy steps. So I wanted to write a book that teaches manner guidelines, which are easy to follow for parents and their children. Hopefully, my book, 'Manners for Children' will serve its purpose for them.

여: 안녕하세요. 저는 'Manners for Children'의 저자인 Susan Tiffin입니다. 부모들은 예절의 중요성을 잘 알고 있으며, 예의가 바른 아이가 그렇지 않은 아이보다 더 성공하리라는 것을 알고 있습니다. 문제는 비록 부모들이 아이들에게 예절을 가르치는 것을 돕기 위한 수많은 책이 나와 있지만, 제시된 방법들은 이해하기 쉽지 않고 종종 비실용적입니다. 저는 지금까지 저의 직업을 통해 아이들에게 적절한 예절을 가르쳐 왔으며, 방법들은 쉬운 단계로 나누어져야 한다는 것을 깨달았습니다. 그래서 저는 예절에 관한 지침들을 다룬 책, 부모님들 아이들이 쉽게 따라 할 수 있는 책을 쓰고 싶었습니다. 제 책, 'Manners for Children'이 그들에게 도움이 되기를 바랍니다.

**어휘:** be aware of ~을 알고 있다  numerous 수많은
aim at ~을 목표로 하다  impractical 실용적이지 않은

**해설:** 여자는 자신이 책을 쓴 취지 즉, 아이들과 부모들이 예의범절을 쉽게 따라 할 수 있게 하려고 책을 썼다고 설명하고 있다.

**문항 4** ④

W: Mr. Cranny, do you have a minute to talk about my son, Jake?

M: Of course. What is the matter with him?

W: These days, I'm having a hard time with Jake. He refuses whatever I tell him.

M: Oh really? I can't believe that. Like what?

W: He doesn't do his homework and doesn't seem to care about school work. I don't know what to do.

M: I see. First, help your son understand why he has to do his homework.

W: That's right. I'll try.

M: And, let him choose when to do homework on his own. That'll work better than your ordering.

W: You mean he can feel that he's in charge of his school work.

M: Yes. Also, just let him deal with the consequences of not doing his homework. Like getting bad grades.

W: Okay. That is self-directed learning. I'll keep it in mind. Thank you.

M: You're welcome.

여: Cranny 씨, 제 아들 Jake에 관해서 잠깐 말씀 드려도 될까요?

남: 물론입니다. 뭐가 잘못되었나요?

여: 요즘 아들과 힘든 시간을 보내고 있어요. 그는 내가 말하는 것은 무엇이든 거부하네요.

남: 정말인가요? 믿을 수 없네요. 어떤 문제인가요?

여: 그는 숙제를 하지 않고 학업에는 관심이 없는 것 같아요. 제가 어떻게 해야 할지 모르겠어요.

남: 알겠습니다. 그렇다면, 먼저 아드님이 왜 숙제를 해야 하는지 이해하도록 도와주세요.

여: 맞아요. 시도해 보겠습니다.

남: 그리고, 아이 스스로 언제 숙제할지 정하게 하세요. 그것이 당신 명령보다 효율적일 것입니다.

여: 그러니까 숙제를 언제 할지를 결정함으로써 책임감을 느낄 수 있다는 말씀이시지요?

남: 그렇습니다. 또한, 숙제하지 않아서 생긴 결과를 그가 책임지도록 그냥 내버려 두십시오. 예를 들면 좋지 않은 성적을 얻는 것 말입니다.

여: 알겠어요. 자기 주도 학습을 말씀하시는 것이죠. 선생님의 조언을 명심하겠습니다. 감사합니다.

남: 천만의 말씀입니다.

**어휘:** be in charge of ~을 책임지고 있다
consequence 결과  keep ~ in mind 명심하다
self-directed learning 자기 주도 학습

**해설:** 숙제를 하지 않는 아들이 고민인 학부모가 남자에게 조언을 구하고 있다. 남자는 아들로 하여금 자기 주도 학습을 할 것을 권고하고 있다.

**문항 5** ④

W: Peter, what are you thinking about so hard? What's bothering you?

M: This morning I was so surprised to see my students use so much slang during the class.

W: Kids today... I know exactly what you mean. They sound like aliens, right?

M: They talk in secret language, which is incomprehensible to me, so I understood only half of them.

W: Then, why don't you enforce a basic rule, like no-slang during the class?

M: Could that work well? How about your class?

W: In my class, they have to watch their language, at least during the class. I want them to have a command of proper language.

M: You're great. I imagine it would not be easy because these kids are still too young.

W: Age really doesn't matter. Regardless of the student's age, what's important is that we should have a language rule to follow.

M: Sounds like you're a strict teacher, but I think I have to follow your method.

W: Trust me, it'll work out well.

여: Peter, 무엇을 그렇게 골똘하게 생각하니? 뭐가 문제야?

남: 오늘 아침에 나는 내 학생들이 수업시간에 너무 많은 속어를 쓰는 것을 보고 너무 놀랐어.

여: 요즘 아이들이란… 네가 하는 말이 무엇인지 알겠어. 아이들이 말하는 것이 외계어같이 들리지?

남: 그들은 비밀스러운 언어로 말하는데, 나에겐 이해가 안돼서 절반 정도밖에 알아듣지 못하겠어.

여: 그렇다면, 수업시간에는 속어를 쓰지 않도록 기본적인 규칙을 시행해보는 것은 어때?

남: 그것이 효과가 있을까? 너의 수업시간은 어떠니?

여: 내 수업시간에는, 아이들이 말하는 것을 조심해야 해, 적어도 수업시간에는 말이야. 나는 그들이 올바른 언어를 사용하도록 만들고 싶어.

남: 대단하다. 나는 아이들이 너무 어려서 쉽지 않을 거로 생각해.

여: 나이는 중요하지 않아. 아이들의 나이와는 상관없이, 중요한 것은 우리가 따라야 할 언어 규칙이 있다는 점이야.

남: 너는 엄격한 교사 같아 보인다. 하지만 나는 네 방법을 따라해볼게.

여: 나를 믿어봐, 효과가 좋을 거야.

**어휘:** slang 속어, 은어  incomprehensible 이해할 수 없는  enforce 시행하다  proper 적절한  regardless of ~와 상관없이  strict 엄격한

**해설:** 남자는 수업시간에 아이들이 속어를 쓰는 것을 보고 걱정을 한다. 여자는 수업시간에 속어를 쓰지 않는 기본적인 규칙을 만들어 시행할 것을 권고하고 있다.

**문항 6** ②

M: Kelly. Thank you for coming to help me. I was worried that you couldn't.

W: You're welcome, Mr. Ahn. I'm happy to spend some time with Aaron.

M: Well, there are a few things I need to mention.

W: Okay, go ahead and I'll write them down.

M: Good. First, Aaron has to finish his homework after dinner.

W: Right, that's usually what I say.

M: And I'm very much worried about Aaron's smart phone addiction. He's into smart phone video games.

W: So you think that he will play way too much while you're gone?

M: Yes.

W: I'll let him play only for an hour with strict regulation.

M: Thanks. And make sure he takes a shower before he goes to bed.

W: Sure I'll keep that in mind. His bed time is 11 p.m., right?

M: He is going on a school field trip. So Aaron needs to get up earlier than usual.

W: No problem. Don't worry and have fun with your free time!

남: Kelly, 날 도와주러 와줘서 정말 고마워요. 오지 못할까 봐 걱정했어요.

여: 천만에요, 안 선생님. Aaron과 함께 시간을 보내게 되어서 기뻐요.

남: 음, 제가 말해줄 몇 가지가 있어요.

여: 네, 말씀하시면 제가 적을게요.

남: 그래요. 일단, Aaron은 저녁을 먹고 나서 숙제를 끝내야 합니다.

여: 그렇군요, 저도 보통 그렇게 말한답니다.

남: 그리고 제가 가장 걱정되는 것은 Aaron의 스마트폰 중독입니다. 스마트폰 게임에 빠졌어요.

여: 그러니까 외출하실 동안 너무 많이 할 거라 생각하세요?

남: 네.

여: 한 시간만 할 수 있게 엄격하게 규정할게요.

남: 고마워요. 그리고 잠자기 전에 꼭 샤워하도록 해주세요.

여: 네, 기억해둘게요. 잠자는 시간은 11시 맞지요?

남: 학교에서 견학을 가요. 그래서 Aaron은 평소보다 일찍 일어나야 해요.

여: 물론이죠. 걱정하지 마시고 좋은 시간 되세요!

**어휘:** mention 말하다  addiction 중독  regulation 규정

**해설:** 남자는 여자에게 아들에게 관한 사항들을 얘기해 주고 있고, 여자는 남자의 아이를 돌봐야 한다. 따라서 남자는 아빠, 여자는 아이 돌보는 사람이다.

**문항 7** ⑤

[Telephone rings.]

M: Hello.

W: Hello, Chris. This is Hana.

M: Hey, sister. What's up?

W: Did you hear the news? I got a call from our aunt. She said Mom is in the hospital. I'm on my way there.

M: Really? What happened?

W: She said Mom suddenly felt dizzy this morning, so she took her to the hospital. Mom's getting her checkup now.

M: I can't believe this. She looked perfectly okay the last time I saw her. Which hospital is she in?

W: She is in Central Hospital. I will arrive there soon.

M: Alright. I'll see her right after work.

W: Chris, can't you come now?

M: I wish I could but I have to attend an executive meeting with foreign buyers in 30 minutes.

W: I see. Don't worry too much. Our aunt said that her condition isn't so critical.

M: Then, can you keep me informed about how she is?

W: Sure. I'll let you know if something new happens.

M: Thanks. I'll see you at the hospital.

[전화벨 소리]

남: 여보세요.

여: 여보세요, Chris 오빠. 나 Hana야.

남: 헤이, 여동생. 무슨 일이야?

여: 소식 들었어? 이모한테 전화를 받았는데, 엄마가 병원에 계셔. 나는 지금 병원으로 가는 길이야.

남: 정말? 무슨 일인데?

여: 이모가 말씀하시길 오늘 아침 엄마가 갑자기 어지러워하셔서 이모가 엄마를 모시고 병원에 갔대. 지금 진찰을 받고 계신대.

남: 믿을 수가 없구나. 마지막에 뵈었을 때에도 정말 건강해 보이셨는데. 어느 병원에 계시니?

여: 중앙 병원에 계셔. 나는 곧 도착할 거야.

남: 좋아. 나는 일 끝나고 바로 보러 갈게.

여: Chris, 지금 올 수는 없어?

남: 나도 그러고 싶은데 30분 안에 외국 바이어들과 중역진 회의에 참석해야만 해.

여: 알겠어. 너무 걱정하지는 마. 이모가 그러시는데 엄마 상태가 그렇게 나쁜 것은 아니래.

남: 그렇다면, 엄마가 어떤지 나에게 알려줄 수 있겠니?

여: 물론이야. 소식이 있다면 알려줄게.

남: 고마워. 병원에서 볼게.

**어휘:** aunt 이모, 고모   dizzy 어지러운   check up 검진, 진찰
executive meeting 중역진 회의   critical 중대한, 심각한

**해설:** 남자는 엄마가 병원에 계시는데 바로 갈 수 없는 상황이다. 남자는 일이 끝나는 대로 병원에 가겠지만, 그동안 여자(동생)에게 엄마의 상황을 알려달라고 당부하고 있다.

**문항 8** ③

W: Brian, I'm having a meeting with the designers. Can you attend the meeting with me?

M: When does the meeting start?

W: At 11 o'clock. It'll start very soon.

M: Oh, I'm sorry. I'm supposed to meet our client, Mr. Smith at 11 a.m. He wants to place a new order for our jeans and we'll discuss it.

W: I really need you this time. There is no other person who can explain the plan better than you.

M: Thank you for saying that but…

W: Can you reschedule it for the afternoon?

M: I'm afraid not. Mr. Smith said he would have an interview with a local newspaper in the afternoon.

W: Oh, dear!

M: Why don't you ask Paul instead?

W: He said he would be busy working on a sales report in the morning.

여: Brian, 디자이너들과 회의가 있는데, 저와 함께 참석해 주실 수 있나요?

남: 회의가 언제 시작하지요?

여: 11시입니다. 곧 시작할 거예요.

남: 오, 죄송합니다. 저는 오전 11시에 제 고객 Smith 씨와 약속이 있어요. 그는 우리 청바지에 대해서 신규 주문을 할 예정이고 그에 대해 의논할 것입니다.

여: 이번 회의에 당신이 정말 필요한데요. 이 계획을 당신보다 더 잘 설명할 사람은 없거든요.

남: 그렇게 말씀해 주셔서 감사합니다만…

여: 당신 회의를 오후로 재조정할 수는 없나요?

남: 안될 것 같습니다. Smith 씨가 오후에는 지역 뉴스와 인터뷰가 있다고 했습니다.

여: 오, 이런!

남: 대신 Paul에게 물어보시면 어떻겠습니까?

여: 그는 아침에 판매 보고서를 작성하느라 바쁘다고 말했어요.

**어휘:** client 고객   place a order 주문을 하다
be busy ~ing ~하느라 바쁘다

**해설:** 여자는 남자에게 회의에 같이 참석해 달라고 요청하고 있다. 남자는 자신의 고객 Smith 씨와의 약속을 지켜야 하므로 거절하고 있다.

**문항 9** ⑤

M: It's so fresh out here. I love this park.

W: Yes. It opened a week ago. All the big green trees are planted everywhere.

M: Here is a healing place for our exhausted souls. Let's lie down on the grass.

W: Come on, David. Look at that couple running together.

M: Looks good. But I hate running. Let's relax or play with our dog, Toby.

W: Wait. Our dog is running away. David, catch him!

M: Don't worry. He is just excited for the moment.

W: David, don't you remember? Last time we went camping, we nearly lost our dog.

M: Toby is smart and he will get back to us soon.

W: This is a new place. Neither we nor Toby are familiar with this park.

M: If you are worried, why don't you go get Toby by yourself?

W: Are you kidding? I can't run with this high heels. Stop relaxing on the bench like that and do something, David?

M: Let me think about it.

남: 밖으로 나오니까 정말 상쾌하다. 나는 이 공원을 정말 좋아해.

여: 그래. 일주일 전에 개장했어. 크고 푸른 나무들이 여기저기에 심어져 있어.

남: 여기는 우리의 지친 영혼을 위한 치유의 공간이야. 풀밭에 눕자.

여: David, 이리와 봐. 저기 같이 뛰고 있는 커플 봐봐.

남: 좋아 보이네. 하지만 나는 뛰는 것을 정말 싫어해. 편히 쉬거나 우리 개, Toby하고 놀자.

여: 잠깐. 우리 개가 도망가고 있어. David, 개를 잡아!

남: 걱정하지 마. 잠시 흥분해 있을 뿐이야.

여: David, 기억 안 나? 우리가 저번에 캠핑 갔을 때, 우리 개를 잃을 뻔했잖아.

남: Toby는 똑똑해서 우리에게 곧 돌아올 거야.

여: 이곳은 낯선 곳이야. 우리도 Toby도 이 공원에 익숙하지 않아.

남: 만약 걱정되면, 직접 Toby를 잡으러 가지 그래?

여: 농담하니? 난 이 하이힐을 신고 뛸 수 없어. 그렇게 의자에 앉아서 쉬지만 말고 어떻게 좀 해보는 게 어때, David?

남: 한 번 생각해 볼게.

**어휘:** healing 치유   exhausted 지친   relax 쉬다
run away 도망가다   familiar 익숙한

**해설:** ⑤번의 남자는 벤치에 앉아 있는 그림이어야 한다.

---

## 문항 10  ②

W: It's already 10 o'clock. Why are you so late?

M: I had some problem using my locker in the library.

W: Did you lose the locker key or something?

M: Yes. And I didn't know that the students from other schools have to pay when using it.

W: So how much did you pay?

M: The locker fee is $1 for every hour. But after 6 p.m. the rate becomes higher so it's $1.5 an hour.

W: That's way too expensive. How long did you stay there?

M: I stay at the library from 11 a.m. to 8 p.m. but I used the locker from 3 p.m. to 8 p.m.

W: Oh, did you have to pay a fee of 5 hours? That's terrible!

M: Yes, it was. Plus, I had to pay a fine for the lost key.

W: How much was it?

M: If the student belongs to that school, the fine was $3. But students from other schools, like me, have to pay a $5 fine.

W: You spent a lot this evening!

여: 벌써 10시야. 왜 늦었니?

남: 도서관에 있는 내 사물함을 사용하는 데 문제가 있었어.

여: 사물함 열쇠나 뭔가를 잃어버렸니?

남: 응. 그리고 나는 다른 학교에서 온 학생들은 그것을 사용할 때 돈을 내야 하는 것을 몰랐어.

여: 얼마를 냈니?

남: 사물함 이용료는 한 시간마다 1달러였어. 하지만 6시 이후에는 요금이 늘어서 한 시간에 1.5달러야.

여: 너무 비싼걸. 너는 그곳에 얼마나 있었니?

남: 나는 도서관에 오전 11시부터 오후 8시까지 머물러. 하지만 사물함은 오후 3시부터 오후 8시까지 사용했어.

여: 오, 그럼 너는 5시간의 이용료를 낸 거니? 끔찍하다.

남: 맞아. 게다가 나는 잃어버린 열쇠에 대한 부담금을 내야 했어.

여: 얼마였어?

남: 만약 학생이 그 학교에 소속되어 있다면, 벌금은 3달러였어. 하지만 나같이 다른 학교의 학생들은 5달러의 벌금을 내야 해.

여: 이번 저녁에 돈을 많이 썼구나!

**어휘:** locker 개인 물품 보관함   fee 요금   belong to ~에 속하다
fine 벌금

**해설:** 남자가 지불한 금액은 (사물함 3~6시 사용료: 3달러 + 6~8시 사용료: 3달러 + 분실 벌금 5달러 = 총 11달러) 이다.

---

## 문항 11  ③

M: Jessica, next month, we will visit Shanghai for 2 weeks. Let's brush upon on our Chinese speaking skills.

W: Right. Here is the lesson schedule. Monday to Friday we practice each day for 2 or 3 hours.

M: It's a speaking class so I think 3 hours a day is a bit too long for me to concentrate.

W: I agree with you. And I can't afford to go on Mondays because of my dental clinic appointments.

M: I see. For me, I'd like to exclude Tuesday courses.

W: Why? Do you have some regular appointments like me?

M: Yes, on Tuesdays, I have to visit a day-care center to help children, which is my routine work.

W: I know that. But wasn't it every Friday?

M: Oh, it has changed. The working days shift every month.

W: Okay. There are two courses we can take. Which do you like better?

M: If we choose the course with the lessons two days in a row, we won't have enough time to review.

W: That makes sense. Let's sign up for the course left before it is filled up.

남: Jessica, 다음 달에 우리는 2주 동안 상하이를 방문할 거야. 우리의 중국어 실력을 갈고닦자.

여: 그래. 여기 수업 스케줄이 있어. 월요일부터 금요일까지 매일 2, 3시간 동안 연습을 해.

남: 말하는 수업이라서 하루에 3시간은 내가 집중하기엔 너무 긴 것 같아.

여: 나도 네 의견에 동의해. 그리고 월요일에는 내 치과 약속 때문에 갈 수가 없어.

남: 그렇구나. 나는 화요일 수업을 하지 않았으면 좋겠어.

여: 왜? 너도 나처럼 주기적인 약속들이 있니?

남: 응. 화요일에는 나는 아이들을 도우러 보육원에 가야 해, 내 하루의 일과야.

여: 알고 있어. 그런데 금요일이 아니었니?

남: 아, 바뀌었어. 일하는 날짜는 매달 바뀌어.

여: 그렇구나. 우리가 선택할 수 있는 코스가 이제 2개 있어. 어느 것이 더 좋니?

남: 이틀 연속으로 수업이 있는 코스를 선택하면 복습할 시간이 없을 거야.

여: 그러네. 그럼 다 차기 전에 남아있는 코스에 등록하자.

**어휘:** brush upon 갈고 닦다   concentrate 집중하다
regular 규칙적인   routine 일과   in a row 연달아 있는
be filled up 다 차다

**해설:** 3시간짜리 수업을 선호하지 않으며, 월요일과 화요일 수업은 불가능하다. 그리고 이틀 연속으로 수업이 있는 것도 싫다고 했으므로 남은 수업은 Course C이다.

---

## 문항 12  ④

M: Dear, students! I would like to announce the upcoming autumn Patrick Henry High School Essay Contest. The topic is: 'How to promote Korean Culture.' This contest is being held by Korean Cultural Heritage Administration. The essay should not be more than 500 words. It can be submitted online or brought in person to a school administrator. Please submit your essays by October 10. Winners will be announced within a week. Prizes will be awarded to the top three essays. First and second place winners will receive cash prizes and medals. Third place will receive a cash prize and a trophy. We will submit the best essay as our school's representative for an International Writing Contest. We hope many of you will participate in the contest.

남: 친애하는 학생 여러분! 저는 다가오는 가을 Patrick Henry 고등학교 에세이 콘테스트에 대해 소개하겠습니다. 주제는 '어떻게 한국 문화를 홍보할 것인가'입니다. 이 대회는 Korean Cultural Heritage Administration(한국문화재청)에서 개최하는 것입니다. 에세이는 500 단어 이내여야 합니다. 온라인으로 접수하거나 학교 관리자에게 직접 가져와도 됩니다. 원고는 10월 10일까지 제출해주시길 바랍니다. 우승자는 일주일 이내에 발표될 것입니다. 상위 3명에게 상이 부여될 것입니다. 1등과 2등은 상금과 메달을 받을 것이고, 3등은 상금과 트로피를 받을 것입니다. 우수 에세이는 국제 글쓰기 콘테스트 대표로 제출 될 것입니다. 많은 분께서 대회에 참여하시길 바랍니다.

**어휘:** upcoming 다가오는   submit 제출하다   administrator 행정관   representative 대표자   participate in ~에 참가하다

**해설:** 1등과 2등에게만 상금과 메달을 준다.

---

**문항 13** ②

M: Hi, Cathy. You look so happy today. What's up?

W: Finally I got a new part-time job I want.

M: Great. Congratulations! Where are you going to work?

W: At a movie theater. Do you know the City Movie Theater on Young Street?

M: You mean the one across from the H-Mart? Oh, I am a movie-goer at that theater.

W: Really? I'm going to work there as a cashier. I might see you there.

M: And is the pay satisfactory to you?

W: Yeah. $7 an hour, which is more than I expected.

M: For sure. How about your working hours?

W: I'm just going to work on weekends. You know I had to work during weekdays at my previous job.

M: Right. I think that's why you got bad grades last semester.

W: Exactly. So, I couldn't help but look for another part-time job like this.

M: Now you can focus more on your studies.

남: 안녕, Cathy. 오늘 무척 즐거워 보이네. 무슨 일이니?

여: 마침내 내가 원하는 시간제 일자리를 새로 구했거든.

남: 잘됐네. 축하해! 어디서 일을 할 거니?

여: 영화관에서. 영 스트리트에 있는 시티 극장 아니?

남: H-마트 건너편에 있는 것 말이니? 오 이런. 나는 그 극장에 자주 가.

여: 정말? 거기서 계산원으로 일할 거야. 너를 거기서 볼 수도 있겠다.

남: 급료는 마음에 드니?

여: 시간당 7달러야. 내가 기대했던 것보다 많은 거야.

남: 그래. 근무 시간은 어때?

여: 주말에만 일할 거야. 너도 알다시피 지난번 일자리에서는 주중에 일해야 했잖아.

남: 그래. 그게 바로 네가 지난 학기에 좋은 성적을 거두지 못한 이유였지.

여: 맞는 말이야. 그래서 지금과 같은 일을 찾을 수밖에 없었어.

남: 이제 넌 학업에 더 집중할 수 있겠네.

**어휘:** part-time job 아르바이트   movie-goer 영화 보러 가는 사람   previous 이전의   can't help but ~하지 않을 수 없다

**해설:** 여자가 공부를 위해서 주말 아르바이트로 바꾸는 상황에서 남자는 공부에 더 집중할 수 있겠다고 말할 수 있다.

---

**문항 14** ④

M: I heard that you entered a talent show.

W: Yes. It was a small event in our company.

M: So did you sing a song?

W: Yes. I did. 3 people in our department and I attended the show and sang together.

M: Wow, the song must have been harmonious and pleasant to listen to.

W: Right. And I was singing the song and playing the guitar at the same time.

M: You played an important role in the show, didn't you?

W: But all of sudden my guitar string had broken.

M: Oh, no. You must have been embarrassed. You are famous for being the best guitar player in our company.

W: I was so embarrassed that I couldn't think of anything at the moment. I couldn't understand how I made such a mistake.

M: Well, the best of us sometimes make mistakes.

남: 네가 장기자랑에 나갔었다고 들었어.

여: 응. 우리 회사의 작은 이벤트였어.

남: 그래서 노래 불렀어?

여: 응. 우리 부서의 3명과 함께 장기자랑에 참가해서 노래를 같이 불렀어.

남: 우와, 노래 화음도 좋고, 듣기 좋았겠구나.

여: 맞아. 그리고 나는 노래를 부르고 기타를 동시에 치고 있었어.

남: 너는 장기자랑에서 중요한 역할을 했구나, 그렇지 않니?

여: 하지만 갑자기 내 기타 줄이 끊어졌어.

남: 오, 이런. 너 당황했겠다. 너는 우리 회사에서 가장 기타를 잘 치는 것으로 유명하잖니.

여: 나는 너무 당황해서 당시 아무 생각도 할 수 없었어. 내가 어떻게 그런 실수를 했는지 이해가 안 돼.

남: 글쎄, 우리 중 최고라도 가끔 실수하잖니.

**어휘:** talent show 장기자랑  harmonious 화음이 맞는  embarrassed 황당한

**해설:** 여자는 장기자랑에서 기타 줄이 끊어지는 실수를 하고 자책을 하고 있다. 남자는 최고라도 가끔은 실수할 수 있다는 위로를 해줄 수 있다.

---

**문항 15** ①

W: Maria has just got back from Australia with her family. While in Australia, she took a tour around Sydney, and was so impressed with the design of the Opera House. She also took a safari tour through the Outback, home to diverse animals. She took a lot of photos of kangaroos and koalas. Now she meets her friend, Martin, and talks about the trip together. Martin says that he went there last summer vacation and had a wonderful time there. When Maria talks about the Outback, Martin mentions the beautiful sunset of the outback and asks how she felt about it. In this situation, what would Maria most likely say to Martin?

* Maria: Martin, that was two thumbs up.

여: Maria는 가족과 함께 막 호주에서 돌아왔다. 호주에 있는 동안, 그녀는 시드니 관광을 했는데, 오페라 하우스의 디자인에 감명을 받았다. 그녀는 다양한 동물들의 거주지인 아웃백에서도 사파리 여행을 했었다. 그녀는 캥거루와 코알라의 사진을 많이 찍었다. 이제 그녀는 자기 친구 Martin과 만나서 여행에 관해서 말하고 있다. Martin은 자기가 지난 여름 방학 때에 그곳에 갔었고, 즐거운 시간을 보냈다고 말한다. Maria가 아웃백에 관해서 얘기할 때, Martin이 아웃백의 아름다운 노을을 언급하면서 그녀의 느낌은 어땠는지 물어본다. 이런 상황에서 Maria가 Martin에게 할 말로 가장 적절한 것은?

* Maria: Martin, 그곳은 끝내줬어.

**어휘:** impressed 감명을 받은  safari 사파리  diverse 다양한  two thumbs up 두 엄지손가락을 모두 든 (=훌륭하다)

**해설:** Martin은 Maria에게 아웃백의 아름다운 노을에 대해 느낌이 어땠는지 물어봤다. 그러므로 Maria는 "두 엄지손가락 모두 들만큼 좋았어."라고 말할 수 있다.

---

**문항 16** ④
**문항 17** ⑤

M: As the winter nights get colder, we are trying to keep ourselves warm inside home. More than ever with energy costs rising, why not do some easy things to save energy money?

First, get good quality cold air proofing for doors and windows, easy and cheap to fit. To check for leaks, hold a damp hand next to the opening to feel for air flow. Adding insulation to the attic will also keep the warmth in on those cold nights. And check your boiler to see if it's running well. A condensing model could save you up 2,000 pounds per year. Next, when you're not around, turn the boiler down, and check to make sure you're not over heating the house. If your boiler is old, think about changing your energy provider, shop around and see what's on offer. Replacing old heating appliances with new Energy Star rated models is a good idea. But basically try to put on more warm clothes to keep your temperature. In this way, we can save money with energy efficient ideas.

남: 겨울밤이 더욱 추워질수록, 우리는 집 안에서 몸을 따뜻하게 유지하려 합니다. 에너지 비용이 어느 때보다 오르고 있는 지금, 몇 가지 쉬운 요령으로 전기 비용을 아끼는 것은 어떻습니까?

첫째, 문과 창문에 공기를 차단하세요. 쉽게 할 수 있으며, 저렴합니다. 새는 곳을 찾고 싶으시면 축축한 손을 가져가 공기가 흐르는지 대봅니다. 다락방에 절연 처리를 더 하시는 것도 추운 밤에 따뜻함을 유지해 줄 것입니다. 그리고 보일러가 잘 돌아가고 있는지도 확인하세요. 응축 모델로 매년 2,000파운드 이상 아끼실 수 있습니다. 다음으로 집에 있지 않을 때에는 보일러를 낮추고, 집이 과열되지 않게 조심하세요. 만약 보일러가 오래되었다면 에너지 공급 장치를 바꾸는 것을 고려해 보시고, 구매를 위해 어떤 제품들이 있는지 둘러보세요. 새로운 Energy Star로 평가된 모델로 오래된 가열 장치를 바꾸시는 것도 좋은 아이디어입니다. 하지만 기본적으로는 체온 유지를 위해 따뜻한 옷을 입으세요. 이러한 방법들을 사용하면서, 에너지 효율적인 아이디어와 함께 돈을 절약할 수 있습니다.

**어휘:** air proofing 공기 차단  attic 다락방  insulation 절연  condensing 응축  appliances 장치  efficient 효율적인

**해설:** 16. 남자는 에너지와 비용을 절감하면서 겨울을 따뜻하게 보내는 방법을 설명하고 있다. 17. 남자는 틈새 공기 차단하기, 절연 처리하기, 보일러 확인하기, 옷 따뜻하게 입기 등을 말하고 있다.

---

## 핵심 실전 모의고사 7회

| 1 | ② | 2 | ⑤ | 3 | ① | 4 | ③ | 5 | ② |
|---|---|---|---|---|---|---|---|---|---|
| 6 | ④ | 7 | ⑤ | 8 | ② | 9 | ④ | 10 | ② |
| 11 | ④ | 12 | ⑤ | 13 | ② | 14 | ④ | 15 | ② |
| 16 | ④ | 17 | ② | | | | | | |

---

**문항 1** ②

M: Is that your new cat? He looks so cute and elegant!

W: Yes, he does. I'm trying to teach him some tricks like jumping and rolling.

M: I want to see his tricks. Can he perform well when you give him directions?

W: Sure. I think I'm the best cat trainer. See what he can do!

남: 저것은 너의 새 고양이니? 아주 귀엽고 우아하구나!

여: 그래. 내가 점프나 구르기 같은 기술을 가르쳐 줄 거야.

남: 나도 네 고양이의 재주 보고 싶구나. 네 고양이는 네가 내리는 지시를 잘 따르니?

여: 물론이야. 나는 최고의 고양이 훈련사인 것 같아. 내 고양이가 하는 것을 봐!

**어휘:** elegant 우아한  trick 묘기  perform 수행하다

**해설:** 여자는 자신이 기르는 고양이가 재주를 잘 부리며 자신이 훈련한 것을 자랑스러워 하고 있다.

---

**문항 2** ⑤

M: Welcome to our World Fitness Center. How may I help you?

W: I'd like to start exercising. I heard that it has an excellent work-out program.

M: Yes, that's right. How many times a week do you want to work out?

W: I try to work out at least twice a week, but I guess that's not enough.

남: World Fitness Center에 오신 것을 환영합니다. 무엇을 도와드릴까요?

여: 운동을 시작하고 싶습니다. 여기에 최고의 운동 프로그램이 있다고 들었습니다.

남: 네. 일주일에 몇 번 운동하길 원하세요?

여: 일주일에 적어도 2번은 운동하려고 노력합니다만, 충분치는 않은 것 같습니다.

**어휘:** work-out 운동  facility 시설  gym 체육관
key issue 중요한 문제

**해설:** 여자는 운동을 시작하려고 하며, 남자는 여자의 운동 빈도수를 묻고 있다. ③번은 하루에 2번이라는 빈도수가 언급되어있지만, 오늘 운동을 많이 해서 피곤함을 말하는 맥락이므로 답이 될 수 없다.

---

**문항 3** ①

W: Attention, patients! Let me announce happy news for you. We know that you are tired of staying at your bed all day long. So, guess what! There will be a doctors' rock concert in the main lobby of Building F. This concert is very special because your doctors will be seen at the stage, not at the patient rooms. This concert will be held at 7 p.m. this evening. No admission tickets are needed for the performance thanks to the generous doctors. The lead vocalist is our senior doctor, Ms. Bakers and the guitarist is Mr. Philips. And there's more! The famous rock band 'Reincarnation' will be our special guest. This is the event for all of you. We guarantee your body, heart, and ears will be happy tonight! Please, come and enjoy yourself. Thank you for listening.

여: 주목하십시오, 환자 여러분! 여러분께 즐거운 소식을 알려드리겠습니다. 우리는 여러분이 하루 종일 침대에 있어야 하는 것에 대해 싫증이 났을 것임을 압니다. 자, 무슨 일인지 알아맞혀 보십시오! 건물 F동 메인 로비에서 의사 선생님들의 록 콘서트가 있을 예정입니다. 여러분은 의사선생님들을 환자들의 방이 아닌 무대 위에서 볼 수 있기 때문에 이 콘서트가 매우 특별합니다. 이 콘서트는 오늘 저녁 7시에 열릴 것입니다. 공연을 위한 입장권은 마음씨 좋은 의사 선생님들 덕분에 필요하지 않습니다. 메인 보컬은 우리 선배 의사인 Bakers 씨가 그리고 기타는 Philips 씨가 맡으셨습니다. 그리고 더 많이 준비되어있습니다. 유명한 록 밴드인 Reincarnation가 초대 손님으로 나올 예정입니다. 이것은 여러분 모두를 위한 행사입니다. 우리는 여러분이 오늘 밤 몸과 마음, 그리고 귀까지 즐거울 것으로 확신합니다. 부디 오셔서 즐겨주시기 바랍니다. 들어주셔서 감사합니다.

**어휘:** patient 환자  admission ticket 입장권  generous 후한
senior 연장자의  guitarist 기타 치는 사람

**해설:** 여자는 오후에 병동에서 의사들의 콘서트가 있음을 안내방송 하고 있다. 안내 앞부분 "There will be a doctors' rock concert in the main lobby of Building F."에 구체적으로 말하는 목적이 드러나 있다.

---

**문항 4** ③

M: Joanne, look at the price of gas this month!

W: I know, it's so expensive, isn't it? That's why I want to carpool.

M: Oh, really?

W: Yeah, I'm thinking my co-workers and I can take turns driving to work.

M: Of course you can save gas and money, but wouldn't it be inconvenient?

W: Once you get used to it, it'll be okay. And authorities often encourage carpooling, especially during high pollution periods and rush hours.

M: Yeah, you're right.

W: One benefit is that it can reduce stress from driving. Personally, I don't like driving. Driving is a source of stress for me.

M: I know what you mean. Carpooling can even reduce auto emissions, which is good for the environment as well.

W: Pollution, traffic, parking and road maintenance are reduced at the same time.

M: Definitely. And it's also possible to meet new friends with people you carpool with.

W: By sharing a ride, I think everyone benefits!

M: I think I should consider carpooling myself.

남: Joanne, 이번 달 기름값 좀 봐요!

여: 알아요, 너무 비싸지 않아요? 그래서 제가 승용차 함께 타기를 하고 싶은 것이에요.

남: 오, 정말이요?

여: 네, 동료들과 제가 교대로 직장까지 운전해서 다닐 수 있다는 생각을 하고 있어요.

남: 물론 그렇게 하면 돈과 기름을 절약할 수 있겠지만, 불편하지 않을까요?

여: 일단 그것에 익숙해지면 괜찮을 거로 생각해요. 그리고 당국에서도 승용차 함께 타기를 권하고 있어요, 특히 오염이 높은 기간이거나 출퇴근 혼잡 시간에는 말이죠.

남: 네, 일리가 있네요.

여: 하나의 장점은 운전 때문에 생기는 스트레스를 줄여줄 수 있다는 거예요. 개인적으로, 전 운전하는 것을 좋아하지 않아요. 운전이 스트레스이거든요.

남: 무슨 말인지 알겠네요. 승용차 함께 타기를 하면 배기가스도 줄일 수 있는데 환경에도 좋죠.

여: 오염, 교통, 주차, 그리고 도로 유지 이 모든 것을 동시에 줄일 수 있어요.

남: 그래요. 승용차 함께 타기를 통해 새로운 친구들을 만날 수도 있어요.

여: 같이 차를 타면 저는 모두에게 이익이 된다고 생각해요!

남: 저도 승용차 함께 타기를 고려해봐야 할 것 같네요.

**어휘:** co-worker 직장 동료  take turns 교대로 하다
inconvenient 불편함  get used to ~에 익숙하다
authority 당국  carpooling 승용차 함께 타기  benefit 장점
emission 배기가스배출  maintenance 유지

**해설:** 남자와 여자는 승용차 함께 타기의 장점을 나열하고 있다.

---

**문항 5** ②

M: What are you looking at, Jenny? Is this an online shopping mall?

W: Yes, I like to shop online. There are many more varieties of clothing designs.

M: I guess so. But why don't you go out and buy things for yourself?

W: I don't have enough time. This month I have to work on weekends, which means I have no time for shopping at all.

M: I see, but how can you be sure whether the clothes fit you or not without trying them on first.

W: Web pages on online shopping malls provide specific size details and photos so that consumers can figure out their fitting.

M: But still you can't know until you actually put them on. You should buy at a department store or clothing shops.

W: You're worrying about the nuisances of exchanging or refunding in case they don't fit.

M: Yes, and that's what's happens from time to time.

W: That's an old story. Clothing websites have been progressing so you can make a good purchase.

M: Well, if you say so. Have a nice time online shopping and be sure not to regret.

남: Jenny, 무엇을 보고 있니? 이건 온라인 쇼핑몰이니?

여: 맞아, 나는 온라인 쇼핑하고 있어. 옷의 디자인이 더 다양하게 있어.

남: 나도 그렇게 생각해. 하지만 직접 나가서 사는 것이 어떠니?

여: 나는 시간이 충분치 않아. 이번 달에 나는 주말에 일해야 해, 그것은 내가 쇼핑을 전혀 할 수 없다는 뜻이야.

---

남: 알겠어, 그런데 네가 사는 옷을 입어 보지도 않고 어떻게 맞는지 확신할 수 있니?

여: 온라인 쇼핑몰의 웹 페이지는 구체적인 사이즈 세부사항과 사진들을 제공하고 있어, 그래서 소비자들은 그들이 자신들에게 맞는지 알 수 있어.

남: 하지만 직접 입어 보기 전까지는 알 수가 없잖아. 너는 백화점이나 옷 가게에서 사야 해.

여: 너는 옷이 맞지 않을 경우, 교환이나 환불이 귀찮을 수 있는 점을 걱정하는구나.

남: 그래, 종종 그런 일들이 있잖니.

여: 그건 옛날이야기야. 옷을 파는 웹사이트들은 발달해서 옷을 사기에 더욱 좋게 만들어졌어.

남: 글쎄, 네가 그렇게 말한다면야. 온라인 쇼핑을 즐기되 후회하지 않도록 조심하렴.

**어휘:** variety 다양함  fit 옷이 맞다  detail 세부사항
figure out 알아내다  nuisance 귀찮음
from time to time 종종

**해설:** 남자는 입어 보지 않고 온라인에서 옷을 사는 것에 대해 우려하고 있으나 여자는 시간이 없고 또한 웹사이트가 잘되어 있으므로 온라인 구매에 대해 찬성하고 있다.

---

**문항 6** ④

W: Oh, Michael! What happened to your eye?

M: I fell on the steps of the classroom. It very sore and I can't see well.

W: Let me take a look. Hmm... Luckily, your eye doesn't seem to be hurt but it will have dark bruising around it.

M: Thank you. If it's not serious, let me go back to the classroom.

W: Did you tell your teacher you were coming to see me?

M: Yes, I did. I have a note from Mr. White. Here you are.

W: Thanks. I'll give you a white patch to cover your eye. It's a temporary protection. You had better go and see a doctor.

M: But in the afternoon, we have a school chorus contest. I don't want to miss it.

W: I seriously recommend you to go to the hospital.

M: Okay. Eyes are sensitive, so you mean I have to.

W: Right. Otherwise you will regret it.

M: Thank you.

여: 오, Michael! 눈이 왜 그러니?

남: 교실 계단에서 넘어졌어요. 많이 아프고 잘 보이지 않아요.

여: 어디 한 번 보자. 음… 다행히도 눈이 다친 것 같진 않지만, 주위에 짙은 멍이 생길 거야.

남: 감사합니다. 심각한 것이 아니면, 교실로 돌아갈게요.

여: 선생님께 날 보러 온다고 말했니?

남: 네. White 선생님께서 주신 메모가 있어요. 여기 있습니다.

여: 고마워. 네 눈을 덮힐 헝겊을 줄게. 일시적인 보호막이니까, 의사한테 가보는 것이 좋겠다.

남: 하지만 오후에, 합창대회가 있어요. 빠지고 싶지 않아요.

여: 나는 진지하게 네가 병원에 갈 것을 권고한다.

남: 알았어요. 눈은 예민하니까, 제가 가야만 한단 말씀이시죠.

여: 맞아. 아니면 후회할 수도 있어.

남: 감사합니다.

**어휘:** bruising 멍든  patch 헝겊  temporary 일시적인
chorus contest 합창대회  recommend 권고하다
sensitive 예민한

**해설:** 두 사람은 학교에서 대화 중이고 남자의 다친 눈에 대해 이야기하고 있다. 따라서 대화하는 장소는 학교 보건실로 볼 수 있다.

**문항 7** ⑤

M: Honey, how about going to see a movie tonight?

W: Well, I'd love to. But I have so many things to do. I need to do the laundry, iron all these clothes for next week, and clean the house.

M: Come on. It's the weekend and there'll be enough time tomorrow.

W: But I'm supposed to go to the mall with my friend tomorrow.

M: What time are you going to meet your friend?

W: At 3 p.m. in front of the mall.

M: Hmm... Then how would it be if I helped you with something tomorrow?

W: Really? I'd appreciate it if you pressed the shirts tomorrow.

M: Sure. No problem. I'll be happy to do that.

W: That's so sweet of you!

M: Now, can you get ready for the movie tonight?

W: Why not?

남: 여보, 오늘 밤 영화 보러 가는 것이 어때요?

여: 좋아요. 하지만 해야 할 일이 너무 많아요. 세탁해야 하고, 다음 주를 위해 이 많은 옷을 다리고, 집 안 청소를 해야 해요.

남: 이봐요. 지금은 주말이고 내일 시간이 충분하잖아요.

여: 하지만 내일은 내 친구들과 쇼핑을 가기로 되어 있어요.

남: 친구들을 몇 시에 만나기로 되어 있어요?

여: 3시에 쇼핑몰 앞에서요.

남: 음… 그렇다면 내일 내가 무엇인가 도와준다면 어떨 것 같아요?

여: 정말요? 당신이 내일 셔츠들을 다려준다면 고마울 것 같아요.

남: 물론. 문제없어요. 기꺼이 도와주지요.

여: 당신은 정말 다정하군요!

남: 이제 오늘 밤 영화를 보러 갈 준비가 되어 있나요?

여: 물론이에요.

**어휘:** laundry 세탁  iron (=press) 다림질하다

**해설:** 남자는 여자와 함께 영화를 보러 가고 싶은데 여자는 할 일이 많아서 망설이고 있다. 남자에게 다림질을 부탁함으로써 일의 부담을 덜고 오늘 밤 영화를 보러 가는 상황이다.

**문항 8** ②

M: Oh, no, not again. I can't stand that noise.

W: What's the matter? Are you mad about the construction sound from the tennis courts?

M: I can live with the noise from the tennis courts.

W: Oh, really? It's pretty loud.

M: The noise coming in from outside doesn't bother me. I can keep the windows closed.

W: Then what's the problem?

M: Upstairs! The boys upstairs are running and jumping again. I can't concentrate on anything.

W: I understand that. They should not jump all around their living room like when they're at a playground.

M: This noise is giving me a headache. I'd rather move out than live in this apartment.

W: You know there is no adequate noise insulation in this apartment. But we don't have to move out because of them.

M: Right. And the kids' parents should teach them how to behave.

W: I've complained several times already, but it does no good.

남: 오, 안 돼. 또. 정말 참을 수가 없어요.

여: 무슨 문제죠? 테니스장 주변 공사에 대해 화가 나요?

남: 테니스장의 소음은 들으면서 살 수 있어요.

여: 오, 그래요? 꽤 시끄러운데요.

남: 외부의 소음은 성가시지 않아요. 창문을 닫으면 되거든요.

여: 그럼, 무엇이 문제이지요?

남: 위층이요! 위층의 남자아이들이 다시 뛰고 달리고 있어요. 어떤 것에도 집중할 수가 없어요.

여: 이해해요. 아이들이 놀이터에서 하는 것처럼 거실을 달리면 안 되는데 말이죠.

남: 이 모든 소음이 나의 머리를 아프게 하네요. 이 아파트에서 사느니 이사를 가겠어요.

여: 이 아파트에는 적절한 소음 차단 시설이 안 되어 있어요. 하지만 그것 때문에 이사를 갈 수는 없죠.

남: 맞아요. 아이들의 부모들이 어떻게 행동할지에 대해 가르쳐야 해요.

여: 내가 이미 몇 번 불평했었는데, 소용이 없어요.

**어휘:** construction 공사  concentrate on ~에 집중하다
would rather A than B B 하느니 A하는 것이 낫다
adequate 적절한  insulation 절연  behave 행동하다

**해설:** 남자는 테니스장의 공사 소리보다는 위층에서 나는 아이들의 뛰노는 소리를 참을 수 없어 한다.

**문항 9** ④

M: I want to buy a baby costume for my cousin.

W: Right. Halloween is coming up. Did you find something for him?

M: Yes, look at this website. I like this Baby Superman Costume.

W: How cute! The big sign of 'S' on the chest is outstanding.

M: Everybody will recognize this Superman S on the chest. I love this symbol.

W: This remarkable cape! I love it. This cape will make your cousin look like a real superman.

M: Besides, it's also removable. Very functional, isn't it?

W: Hey, you look excited. It comes with a big belt instead of the superman's short pants.

M: I like the idea of a big golden belt. It suits the baby more.

W: By the way, how old is your cousin?

M: My cousin is 2 years old so this will perfectly fit my cousin.

W: Let's check the price. You can get it from the 3 websites. Compare the prices.

M: KID.COM sells the most inexpensively.

W: Then why don't you buy it from that site?

M: Okay.

남: 내 사촌을 위한 아기 의상을 사고 싶어.

여: 맞아. 핼러윈이 다가오고 있어. 사촌에게 선물할 것을 찾았니?

남: 응, 이 웹사이트를 봐봐. 나는 이 아기 슈퍼맨 의상이 좋아.

여: 정말 귀엽다! 가슴에 있는 큰 'S' 표시가 돋보인다.

남: 모든 사람이 이 슈퍼맨의 S를 알아볼 거야. 나는 표시가 정말 좋아.

여: 멋진 망토구나! 이거 좋다. 이 망토가 너의 사촌을 진짜 슈퍼맨 처럼 보이게 해줄 거야.

남: 게다가, 떼어 낼 수도 있어. 매우 실용적이야. 그렇지 않니?

여: 야, 너 정말 신 나 보인다. 슈퍼맨 반바지 대신 큰 벨트가 함께 있어.

남: 나는 큰 금색 벨트가 좋은 것 같아. 아기에게 더 잘 어울려.

여: 그런데, 너의 사촌은 몇 살이니?

남: 내 사촌은 2살이야, 그러니까 이 옷은 내 사촌에게 딱 맞을 거야.

여: 가격을 확인해보자. 이 3개의 사이트에서 살 수 있어. 가격을 비교해 봐.

남: KID.COM이 가장 값싸게 파는구나.

여: 그럼 그 사이트에서 사는 게 어떠니?

남: 좋아.

**어휘:** outstanding 돋보이는  recognize 알아보다
remarkable 놀라운  cape 망토  removable 떼어 낼 수 있는
inexpensively 비싸지 않게

**해설:** 사촌은 2살이라고 했는데, 그림에서는 6~12개월 유아용으로 표시되어 있으므로 ④번이 잘못된 설명이다.

## 문항 10 ②

W: I'd like to send this box to our head-office downtown. How long will it take to get there?

M: Today is Friday so it will take 5 hours.

W: 5 hours? It is 2 o'clock now then it will arrive at around 7.

M: Yes. Monday to Thursday it takes about 4 hours. But Friday is always crowded on the roads.

W: This is an urgent request so it should be there within office hours. Is there any way to get it there faster?

M: Use our special delivery service with an extra charge. It'll take 2 hours less.

W: That's better. How much will that cost?

M: Regular service is $20 and $30 for special service. It also can be more depending on the type of packaging. Is it breakable?

W: Actually, it is. Is there an extra charge for special packing?

M: Yes. Protective packaging service is $5 more.

W: The total cost is much more than I expected. But if it arrives in time, that's not bad.

여: 나는 이 상자를 시내에 있는 본사에 보내고 싶습니다. 그곳에 도착하려면 얼마나 걸릴까요?

남: 오늘은 금요일이므로 5시간이 걸립니다.

여: 5시간이요? 지금이 2시니까 그것은 7시쯤에 도착하겠군요.

남: 그렇습니다. 월요일부터 목요일까지는 4시간이 걸립니다. 하지만 금요일은 항상 도로가 붐빕니다.

여: 급한 건이라서 영업시간 안에 도착해야 합니다. 그곳에 더 일찍 도착할 방법은 없을까요?

남: 추가 요금으로 저희 특송 서비스를 이용하십시오. 2시간 덜 걸립니다.

여: 그것이 좋겠군요. 요금이 얼마죠?

남: 일반 서비스는 20달러이고 특송 서비스는 30달러입니다. 또, 포장 종류에 따라 다를 수 있습니다. 그것이 깨지기 쉬운 물건입니까?

여: 그렇습니다. 특수 포장에는 추가 비용이 있습니까?

남: 네. 보호용 포장 서비스는 5달러가 추가됩니다.

여: 총비용이 제가 예상했던 것보다 더 나가겠군요. 하지만 제시간에만 도착한다면, 나쁘지 않겠어요.

**어휘:** head-office 본사  downtown 시내에  arrive at ~에 이르다
crowded 붐비는  urgent 다급한  request 요청  delivery 배달
depend on ~에 달려있다  breakable 깨지기 쉬운
protective 보호용의

**해설:** 여자가 지불해야 하는 금액은 [배송비 30달러 + 포장비 5달러 = 35달러]이고, 소요 시간은 3시간이다.

## 문항 11 ④

[Telephone rings.]

M: Hello? This is the renting office on campus.

W: Hello. I'd like to make a reservation for the assembly hall this week.

M: When do you want to use it? Did you check our reservation schedule online?

W: Yes, I saw the schedule was tight this week. For our team, anytime in the afternoon is good.

M: Well, as you can see, it's already been booked up for the entire afternoon today. How long do you need to use it for?

W: We need to use it for at least 3 hours in a row. It's a pretty long meeting.

M: Well, other teams have already reserved it for Wednesday and Friday for 2 hours each in the afternoon. There are only two available days this week.

W: We'd like to use it as soon as possible.

M: Okay, I'll put your team name on the schedule for tomorrow.

W: Wait! I'm sorry I forgot. We have a staff meeting on Tuesday.

M: Sure. Then, there is one day left for your team. I'll make your reservation on that day.

W: Thank you.

[전화벨 소리]

남: 안녕하세요? 캠퍼스 대관실입니다.

여: 안녕하세요. 이번 주에 강당을 예약하고 싶습니다.

남: 언제 사용하시고 싶습니까? 온라인으로 대관 일정을 확인 하셨나요?

여: 네, 이번 주에 스케줄이 꽉 차있는 것을 봤습니다. 저희 팀은, 오후에 아무 때나 가능합니다.

남: 음, 보시다시피, 오늘 오후 전체가 다 예약되어 있습니다. 얼마 동안 써야 합니까?

여: 적어도 3시간 연속으로 사용해야 합니다. 꽤 긴 회의입니다.

남: 음, 다른 사용자들이 벌써 수요일과 금요일 오후에 각각 2시간 정도 예약이 됐습니다. 이번 주에는 예약 가능한 날이 이틀 밖에 남지 않았습니다.

여: 최대한 빠르게 사용하고 싶습니다.

남: 네, 내일 스케줄에 사용자분 이름을 올려놓겠습니다.

여: 잠시만요! 죄송합니다, 화요일에 직원회의가 있다는 것을 잊었네요.

남: 괜찮습니다. 그럼, 가능한 요일은 하나밖에 남지 않았 습니다. 그날로 예약해놓겠습니다.

여: 감사합니다.

**어휘:** make a reservation 예약하다  assembly hall 강당  tight (스케줄 등이) 빡빡한  booked up 예약이 된  entire 전체의  in a row 연달아, 이어서  available 이용 가능한

**해설:** 여자는 오후에 3시간 연속으로 강당을 사용하고 싶어한다. 월, 수, 금요일은 이미 예약됐고, 화요일에는 여자가 다른 일정이 있다. 남은 날은 목요일이다.

---

**문항 12** ⑤

M: The National Youth Center is inviting students to the Summer History Field Trip. Every year our center provides student with the opportunity to explore famous historic sites around the world. This year participants will go to Ankara and Istanbul in Turkey to discover how the ancients lived in those places. This trip also includes outdoor activities, including water sports and snorkeling. Starting on July 10th, the trip will go for 7 days. You can register for this event on the National Youth Center's website. There is a registration fee of $300, which includes accommodations and meals. Participants should bring comfortable clothes and shoes. We will give out free sports hats and sun block for outdoor activities. Please hurry. The deadline for registration is May 20th.

남: 국립 유스 센터에서 여름 역사 탐방 여행에 학생들을 초대합니다. 매년 저희 센터는 학생들에게 세계의 유명한 유적지들을 답사할 기회를 줍니다. 올해 참가자들은 터키의 앙카라와 이스탄불에 가서 그곳 조상들이 어떻게 살았는지 볼 것입니다. 이 여행은 수상 스포츠와 스노클링 같은 야외 활동도 포함합니다. 6월 10일에 시작해서, 여행은 7일 동안 진행됩니다. 이 행사는 국립 유스 센터 웹사이트에서 신청할 수 있습니다. 숙식을 포함한 참가비 300달러가 있습니다. 참가자들께서는 편안한 옷과 신발을 가져오셔야 합니다. 저희가 야외 활동을 위한 운동모자와 선크림을 제공할 것입니다. 빨리 신청하세요. 신청 마감일은 5월 20일입니다.

**어휘:** opportunity 기회  participants 참가자들  snorkeling 스노클링  accommodations 숙박  deadline 마감

**해설:** 참가자들은 편안한 옷과 신발을 가져와야 한다. 모자와 선크림은 주최 측이 제공할 것이다.

---

**문항 13** ②

[Telephone rings.]

M: Hello.

W: Hi, Sam. It's me, Lisa.

M: Hi, Lisa. What's up?

W: David told me that you are having a hard time catching up with math class. Do you need some help with your math?

M: Yes, Lisa. I'm so glad you called me. Actually, the class is so demanding and difficult for me to follow. I don't think I can pass the math exam this semester.

W: Well, I'm calling to see if you're interested in joining my study group.

M: Your study group?

W: Yes, You can join our math meetings if you want. We share difficult math problems and help one another.

M: Great! Thank you for inviting me.

W: You're welcome. This coming Saturday, 9 a.m. we will gather at study room 101. Can you join us?

M: I have a previous appointment but I'll try to reschedule it. Can I call you back?

<u>W: Sure! Please let me know soon if you can join us or not.</u>

[전화벨 소리]

남: 여보세요.

여: 안녕, Sam. 나야, Lisa.

남: 안녕, Lisa. 무슨 일이니?

여: David가 말해줬는데 네가 수학 수업을 따라가는 데 어려움을 겪고 있다고 들었어. 도움이 필요하니?

남: 응, Lisa. 내게 전화해줘서 아주 반갑다. 사실, 수업이 너무 힘들고 내가 따라가기가 어려워. 이번 학기 수학 시험을 통과하지 못할 것 같아.

여: 그래서, 네가 내 스터디 그룹에 들어오고 싶은지 관심 있나 싶어 전화한 거야.

남: 너의 스터디 그룹이라고?

여: 응, 네가 좋다면 우리 수학 모임에 참석할 수 있어. 우리는 어려운 수학 문제를 공유하고 서로 도와.

남: 좋아! 나를 초대해주어 고마워.

여: 천만에. 이번 토요일 9시에 우리 스터디 방 101호에서 모여. 올 수 있니?

남: 사전 약속이 있지만, 다시 조정하도록 할게. 다시 전화해도 될까?

여: <u>물론이야! 스터디에 함께할 수 있는지 곧 알려주렴.</u>

**어휘:** catch up with ~을 따라잡다   demanding 많은 것을 요구하는   semester 학기   share 공유하다   previous 이전의   reschedule 일정을 재조정하다

**해설:** 남자가 수학 수업을 따라가는 데 있어 어려움을 느끼자 여자는 수학 스터디에 들어올 것을 제안하고 있다.

## 문항 14 ④

[Telephone rings.]

W: Hey, Jack. It's Kathy.

M: Hi, Kathy. What's up?

W: As you know, this Sunday, our high school reunion will be held. How is our preparation going?

M: So far so good. But we need to change the place because more people are expected to come.

W: Really? Should we change our reservation at the restaurant?

M: Yes. But don't worry, I'll let Susan handle this.

W: Great. Anything else I need to know?

M: Well, do you know if Mr. Channington is coming?

W: Yes. I talked with him this morning. He said he's looking forward to seeing us.

M: I can't wait to see our teacher, too. It will be a nice gathering for all of us.

W: Right. How about preparing a small present for him?

M: Great idea, Kathy. But I have to work late this week, so I won't have time to go shopping.

W: No problem. I can do that. What should we get him?

M: <u>How about flowers and a fountain pen?</u>

[전화벨 소리]

여: 안녕, Jack. 나 Kathy야.

남: 안녕, Kathy. 무슨 일이야?

여: 너도 알다시피, 이번 일요일에 우리 고등학교 동창회가 열릴 거야. 준비는 어떻게 되고 있니?

남: 현재까지는 좋아. 그런데 우리 장소를 바꿔야 할 것 같아, 더 많은 사람이 올 것 같아서.

여: 정말? 식당 예약을 변경해야 할까?

남: 맞아. 하지만 걱정하지 마. Susan이 처리하도록 할게.

여: 좋아. 내가 혹시 알아야 할 것이 또 있니?

남: 응, Channington 선생님이 오시는 것 알고 있니?

여: 그래. 오늘 오전에 통화했어. 선생님은 우리를 보는 것이 기대된다고 하셨어.

남: 나도 빨리 선생님을 만나 뵙고 싶어. 우리 모두에게 좋은 모임이 될 거야.

여: 맞아. 선생님께 작은 선물을 사 드리는 것이 어때?

남: 좋은 생각이야, Kathy. 하지만 내가 이번 주에 늦게 마쳐서 쇼핑할 시간이 없어.

여: 걱정하지 마. 내가 할 수 있어. 무엇을 사 드리면 좋을까?

남: <u>꽃과 만년필을 사드리는 것은 어때?</u>

**어휘:** reunion 동창회   be held ~가 열리다   preparation 준비   handle 다루다, 취급하다   look forward to ~할 것을 학수고대하다

**해설:** 여자는 동창회 때 선생님께 드릴 선물로 어떤 것이 좋을지 남자에게 물어보고 있다. 남자는 구체적인 선물을 언급할 수 있다.

## 문항 15 ②

W: Brenda went to see a movie with her friends and had lunch with them after the movie. One of her friends told her that her daughter got a great job in Seattle. Brenda's son, however, graduated from college two years ago, and is not working at the moment. She would have been more envious of her friend's daughter if she had heard the news before. But now she realized that as a mother, there's nothing she can do to help her son. She believes that her son will get a good job soon, just like her friend's daughter. Her husband, Justin, is also relieved to know that Brenda realized this. In this situation, what would Justin most likely say to Brenda?

\* Justin: <u>Brenda, now you understand worries change nothing.</u>

여: Brenda는 그녀의 친구들과 영화를 보러 가서 영화가 끝나고 친구들과 점심을 먹었다. 그녀의 친구 중 한 명이 그녀에게 자신의 딸이 시애틀에서 멋진 직업을 구했다고 했다. 그러나 Brenda의 아들은 2년 전에 대학을 졸업하고, 현재는 일을 하고 있지 않다. 만약 그녀가 전에 이 소식을 들었더라면 더 질투를 했었을 것이다. 하지만 이제 그녀는 엄마로서 그녀가 아들을 도울 수 있는 것이 없다는 것을 깨달았다. 그녀는 아들이 곧 친구의 딸처럼 좋은 직장을 구할 것으로 믿는다. 그녀의 남편 Justin도 그녀가 그 사실을 깨달았다는 것에 안심한다. 이 상황에서, Justin이 Brenda에게 할 말로 가장 적절한 것은?

\* Justin: <u>Brenda, 이제 당신도 걱정이 아무것도 바꿀 수 없다는 사실을 아는군요.</u>

**어휘:** graduated 졸업하다   envious 질투하다   realized 깨닫다   relieved 안심하다

**해설:** Justin은 Brenda가 깨달았다는 사실(아들이 취업하는데 도울 방법이 없다는 점)에 안심하고 있으므로 "이제 걱정하는 것은 아무것도 변화시킬 수 없다는 것을 깨달았구나."라고 말할 수 있다.

**문항 16** ④

**문항 17** ②

M: In ancient Roman Times divorce was unknown. So, a great deal of care was taken selecting a marriage partner. Most probably, the groom had to be at least 14 years old, and the bride had to be at least 12 years old. An engagement period before the wedding was considered good manners, but it wasn't a legal requirement. A wedding ring was worn on the fourth finger of the left hand, as it is today, because the ancient Romans believed that a nerve ran from this finger directly to the heart. The actual wedding ceremony was held at the bride's father house, with guests present. There had to be witnesses to the ceremony, typically at least ten witnesses. The bride and groom would stand before a priest and the bride had to consent by saying words of consent in public. An offering was made to the god Jupiter, which usually consisted of cake. This cake was eaten by the bride and groom, then followed congratulations by the guests.

남: 고대 로마 시대에서 이혼은 존재하지 않았다. 그래서 결혼 상대를 선택할 때는 많은 신중함이 고려되었다. 대부분, 신랑은 최소한 14살이어야 했고, 신부는 최소한 12살이어야 했다. 결혼 전의 약혼은 좋은 매너로 생각되었지만 법적 의무는 아니었다. 로마인들은 왼손의 네 번째 손가락에 있는 신경이 심장으로 연결되어 있다고 믿어서 결혼반지는 오늘날처럼 왼쪽 손의 네 번째 손가락에 끼웠다. 실질적인 결혼식은 신부 아버지의 집에서 손님들과 함께 치렀다. 식의 증인이 형식적으로 최소한 10명이 있어야 했다. 신부와 신랑은 사제 앞에 서고 신부는 공식적으로 서약을 읊으며 결혼동의를 했다. 주피터 신에게 제물을 바쳤는데 보통 제물은 케이크로 바쳤다. 이 케이크는 신랑과 신부가 먹고 나서 손님들에게 축하를 받았다.

**어휘:** engagement 약혼 requirement 의무 nerve 신경 typically 형식적으로 consent 동의 offering 재물

**해설:** **16.** 남자는 고대 로마 시대의 결혼 풍습에 대해서 설명하고 있다. 결혼 연령, 약혼 풍습, 결혼 장소, 그리고 결혼 제물에 대해서 설명하고 있다. **17.** ①로마 시대에서 이혼은 존재하지 않았다, ② 결혼 최소 연령은 신랑이 14살, 신부가 12살이었다, ③ 결혼반지는 왼쪽 손 세 번째 손가락에 끼웠다(필수품에 대해서는 언급하지 않음), ④ 결혼식 하객들은 결혼식의 증인이 10명 이상 필요했기 때문에 있었다, ⑤ 케이크는 주피터 신에게 바칠 제물로, 신랑과 신부가 먹었다.

## 핵심 실전 모의고사 8회

| 1 | ② | 2 | ④ | 3 | ④ | 4 | ⑤ | 5 | ④ |
|---|---|---|---|---|---|---|---|---|---|
| 6 | ③ | 7 | ④ | 8 | ① | 9 | ② | 10 | ④ |
| 11 | ① | 12 | ③ | 13 | ② | 14 | ⑤ | 15 | ⑤ |
| 16 | ③ | 17 | ② | | | | | | |

**문항 1** ②

M: This lunch at the seaside is fabulous. I love all this fresh seafood.

W: So do I. Now, lunch time is over and I'm going out to swim in the sea.

M: No. Don't go in the water until at least 20 minutes after eating.

W: If that is a safety tip, I have to follow it.

남: 바닷가의 이 점심은 근사해요. 이 모든 신선한 해산물이 좋네요.

여: 저도 그래요. 이제 점심시간이 끝났으니 바다에 가서 수영할래요.

남: 안 돼요. 식사 후 적어도 20분이 지난 다음 물속에 들어갈 수 있어요.

여: 그렇게 하는 것이 안전하다면, 따라야겠죠.

**어휘:** fabulous 훌륭한 safety tip 안전요령 seafood poisoning 해산물 (식)중독

**해설:** 식사 후 바로 물에 들어가는 것은 좋지 않다고 남자가 충고하고 있다. 여자는 그에 따르겠다고 응답할 수 있다.

**문항 2** ④

W: Hey, Ryan. What do you think about fortune-telling?

M: Well, I think it's fun, but I don't believe in it. Why?

W: Actually, friend predicted my future by using tarot cards. Do you think it really works?

M: I think it is you that decide your future, not tarot cards.

여: 이봐, Ryan. 운세 보는 것에 대해 어떻게 생각해?

남: 글쎄, 나는 그것이 재미있다고 생각하는데, 믿지는 않아. 왜?

여: 사실, 내 친구가 타로 카드를 이용해서 내 미래를 예견했어. 정말 맞는다고 생각하니?

남: 나는 네 미래를 결정하는 것은 타로 카드가 아니라 너라고 생각해.

**어휘:** fortune-telling 운세 tarot card 타로 카드 superstitious 미신의 be expired 만료되다

**해설:** 타로점으로 미래를 예측하는 것이 맞는지 묻는 여자에게 남자는 자신의 결정으로 미래를 만들어 나갈 것을 조언하고 있다.

**문항 3** ④

W: Dear fellow citizens, I am Jenny Irons. I used to be a professor, but today the reason I'm giving a speech is that I am running for mayor of this city next month. Here, with the respect of my hometown citizens, I am asking you for your support, to get me into office. If I were to be elected as mayor I would try my best to give our hometown a better economy. At the same time, all our young children would have a better education. Having attended University, I'm the eligible person for the education affair. Of course I will always do my duty to protect democracy and human rights. It is your civic duty to vote and this time, please don't hesitate to vote for me. Your choice will shape the very future of our city. Thank you for listening and consideration.

여: 사랑하는 시민 여러분, 저는 Jenny Irons입니다. 저는 교수였지만, 오늘 제가 연설을 하는 이유는 제가 다음 달 시장선거에 출마하기 때문입니다. 여러 시민 여러분에 대한 존경심을 담아 저는 여러분의 지지를 요청하며 제가 당선될 수 있도록 부탁합니다. 제가 만약 시장으로 당선된다면 우리 도시에 좀 더 나은 경제여건을 만들도록 최선을 다하겠습니다. 동시에 우리 아이들은 좀 더 나은 교육을 받게 될 것입니다. 대학에 재직하는 동안 저는 교육 일에 대해 적임자가 되었습니다. 물론 저는 민주주의와 인권을 수호하기 위해 항상 제 의무를 다하겠습니다. 투표하는 것은 여러분의 시민 의무입니다. 이번에 저를 뽑는데 주저하지 말아 주십시오. 당신의 선택이 우리 도시의 미래를 결정할 것입니다. 여러분의 경청과 배려심에 감사드립니다.

**어휘:** citizen 시민　used to ~하곤 했다　mayor 시장
eligible 적임의　democracy 민주주의　civic 시민의
hesitate 주저하다　consideration 심사숙고

**해설:** 여자는 교수였지만 지금은 시장에 출마하여 당선을 호소하는 연설을 하고 있다. 말 앞부분에 'today the reason I'm giving a speech is that I am running for mayor of this city next month.'에 목적이 드러나 있다.

**문항 4** ⑤

M: Some people want to feel less shy so they can have more fun socializing and being themselves around others. It's no wonder that people who shy away from socializing don't feel as socially confident as those who are outgoing. Overcoming shyness takes practice. Practice social behaviors like eye contact, confident body language, introductions, small talk, and asking questions with the people you feel most comfortable around. Smile. Build your confidence this way. Then branch out to do this with new friends, too. Develop your assertiveness. Because shy people can be overly concerned with other people's reactions, it can mean they are less likely to be assertive. Being assertive means speaking up for yourself when you should, asking for what you want or need, or telling other people when they attack you. The more you practice social behaviors, the more natural you feel.

남: 몇몇 사람들은 다른 사람들과 어울리기 위해 부끄러움을 덜 느끼고 싶어 합니다. 사교를 부끄러워하는 사람들이 외향적인 사람보다 사회적으로 덜 자신 있다는 것은 당연합니다. 부끄러움을 극복하는 것은 연습이 필요합니다. 당신이 아는 사람들과 작은 것을 시작하세요. 시선 마주 보기, 자신감 있는 몸동작, 소개하기, 사소한 대화, 질문하기를 당신이 가장 편안하다고 느끼는 사람들에게 연습하세요. 웃으세요. 이런 방법으로 자신감을 키우세요. 그리고 이것을 새로운 친구들에게도 시도해보세요. 단호함을 발전시키세요. 부끄러운 사람들은 다른 사람들의 반응에 지나치게 민감할 수 있기 때문에, 그들이 덜 단호할 수 있다는 것을 의미하기도

합니다. 단호하다는 것은 필요할 때 당신을 위해 목소리를 높이거나 당신이 필요하거나 원하는 것을 요구하거나 다른 사람이 당신을 공격할 때 이에 대해 말하는 것을 의미합니다. 당신이 사회적 행동을 더 노력할수록 당신은 더 자연스럽게 느낄 것입니다.

**어휘:** socializing 사교적인　outgoing 외향적인　introduction 소개
confidence 자신감　assertiveness 단호함

**해설:** 남자는 부끄러움을 극복하는 방법으로 시선 마주 보기, 자신감 있게 행동하기, 소개하기, 사소한 대화하기, 질문하기, 웃기, 단호함을 키우기 등을 구체적으로 알려 주고 있다.

**문항 5** ④

M: Dr. Andrea, my eyes get bloodshot from time to time.

W: Let me check a couple of things first. Have you been overusing your eyes recently?

M: Yes, I'm writing a book these days, so I use a computer a lot.

W: What do you do when your eyes start to feel tired?

M: Um... I rub my eyes and rest a little bit.

W: You shouldn't. It's too dangerous. Eye rubbing can aggravate already sore, red and itchy eyes.

M: I didn't know that, doctor.

W: From now on, don't do that. There's the chance of transferring germs from your hands to the eye, increasing the risk of eye infections.

M: Then what can I do when I feel that my eyes are tired?

W: There are several things you can do. But if you want an instant effect, use artificial eye drops. It will relieve your symptoms.

M: I haven't used them before. What if they don't work with my eyes?

W: They are almost the same ingredient as a real eye drop, so don't worry about that.

M: Thank you, I want healthier eyes.

남: Andrea 선생님, 제 눈이 종종 충혈됩니다.

여: 먼저 몇 가지 확인을 해보죠. 최근 눈을 과하게 사용했나요?

남: 네, 요즘 책을 쓰고 있어서 컴퓨터를 많이 사용하고 있어요.

여: 눈이 피로해지기 시작하면 당신은 무엇을 하나요?

남: 음… 눈을 문지르고 약간 쉬어요.

여: 눈을 문지르면 안 됩니다. 매우 위험해요. 눈을 문지르는 것은 이미 아프고 충혈되고 간지러운 눈을 더 악화시킬 수 있습니다.

남: 몰랐습니다, 선생님.

여: 이제부터는 그렇게 하지 마세요. 눈 감염에 대한 위험이 있으며, 손에서 눈으로 세균 감염이 될 가능성이 있습니다.

남: 그럼 눈이 피로해졌을 때 무엇을 해야 하나요?

여: 몇 가지 방법들이 있습니다. 하지만 즉각적인 효과를 원한다면, 인공 눈물을 사용하세요. 그것은 당신 증상을 완화시켜 줄 것입니다.

남: 저는 전에 그것을 사용해 본 적이 없습니다. 제 눈에 맞지 않으면 어떻게 하죠?

여: 인공눈물을 진짜 눈물과 성분이 거의 같아요, 걱정하지 않으셔도 됩니다.

남: 고맙습니다. 저는 눈이 더 건강했으면 좋겠습니다.

**어휘:** bloodshot 충혈이 된　overuse 과용하다
aggravate 악화시키다　itchy 가려운　transfer 옮기다
germ 세균　infection 감염　ingredient 성분

**해설:** 여자는 남자에게 눈이 피로할 때 문지르면 위험하다고 말하며, 인공눈물을 사용할 것을 권장하고 있다.

**문항 6** ③

M: Lisa, did you make a reservation for grandma's birthday dinner?

W: Not yet. There are two possible restaurants. One is Fish Heaven and the other is Friendly Italian.

M: The Italian restaurant has a good atmosphere but the food is too greasy for our family's taste.

W: That's what I'm thinking, too. Then I'll reserve Fish Heaven today.

M: Okay. By the way, did you buy a present for Grandmother?

W: No. Did you?

M: I still have to. Why don't we buy Red-Ginseng in this place?

W: That's a good idea. Our grandmother likes health supplements. How about blueberry juice?

M: I like both of them. Red-Ginseng is an energy booster and blueberry juice improves the memory of older adults.

W: Let's look around and decide together.

M: Health supplements are on the first floor.

W: Then let's go down two more floors.

남: Lisa, 할머니의 생신 저녁 식사 예약했어?

여: 아직 안 했어. 가능한 곳이 두 군데야. 하나는 Fish Heaven, 다른 하나는 Friendly Italian이야.

남: 이탈리아 식당은 분위기는 좋지만, 우리 가족의 입맛에는 음식이 너무 기름져.

여: 나도 그렇게 생각해. 그럼 내가 오늘 Fish Heaven 예약할게.

남: 알았어. 그런데 할머니께 드릴 선물 샀어?

여: 아니. 너는?

남: 나도 사야 해. 여기서 홍삼을 사는 것이 어때?

여: 좋은 생각이야. 우리 할머니는 건강 보조 식품을 좋아하잖아. 블루베리 주스 어때?

남: 나는 둘 다 좋아. 홍삼은 강장제로 좋고 블루베리 주스는 어르신들의 기억력을 발달시켜 주데.

여: 둘러보면서 같이 결정하자.

남: 건강 보조 식품은 1층에 있어.

여: 그러면 2층을 더 내려가자.

**어휘:** atmosphere 분위기　greasy 기름진　supplements 보충
energy booster 강장제

**해설:** 두 사람은 할머니를 위한 선물을 고르기 위해 여러 곳을 둘러보고 있다. 따라서 그들은 백화점에 있다.

**문항 7** ④

M: Abby, what are you doing? Are you baking a cake?

W: Yes. It's for my friend's birthday.

M: Nice! A handmade cake for your friend! Whose birthday is it anyway?

W: Jennifer in our chess club. You know her too, right?

M: Right! I want to celebrate her birthday together. What can I do?

W: Let's make a cake and some food together. I wanted to cook some food and bake a cake but I couldn't.

M: Because you needed a helping hand. I will be glad if we can do something together.

W: Oh, good!

M: But you know I have no talent for cooking at all.

W: Don't worry. There is tons of work like washing vegetables and cutting things and cleaning up and so on…

M: Sure. I can do some easy jobs like washing and cleaning.

W: Why don't you start with washing the cake container?

M: Okay. Where is it?

W: It's in the oven, the big brown one.

남: Abby, 뭐 하고 있니? 케이크를 굽고 있니?

여: 그래. 내 친구 생일에 줄 거야.

남: 멋지다! 네 친구를 위한 손수 만든 케이크! 누구의 생일이니?

여: 체스 클럽에 있는 Jennifer의 생일이야. 너도 그녀를 알잖아, 그렇지?

남: 맞아! 나도 같이 그녀의 생일을 축하해주고 싶어. 내가 무엇을 할 수 있을까?

여: 케이크를 같이 만들고 약간의 음식도 같이 만들자. 나는 음식과 케이크를 둘 다 하고 싶은데 그럴 수 없었어.

남: 도움의 손이 필요했기 때문일 거야. 우리가 뭔가를 같이 할 수 있다면 나는 기쁠 거 같아.

여: 오, 좋아!

남: 하지만 너도 알다시피 나는 요리에 재능이 없어.

여: 걱정하지 마. 야채 씻기, 자르기, 정리 등의 아주 많은 일이 있어.

남: 물론이야. 씻기와 정리하기 같이 쉬운 일을 할 수 있어.

여: 케이크 용기 씻는 것부터 하는 것이 어떨까?

남: 좋아. 어디에 있니?

여: 오븐 안에 있어, 큰 갈색 용기야.

**어휘:** talent 재능　tons of 많은　container 용기

**해설:** 남자와 여자는 같이 음식과 케이크를 만들어 친구의 생일을 축하해 주려 한다. 남자는 요리를 잘하지 못하므로 여자가 부수적인 용기 씻기와 같은 일을 부탁하고 있다.

**문항 8** ①

W: I'm happy to buy this jacket.

M: Wow. That suits you perfectly. Turn around!

W: So, you like it too?

M: Yeah, the fabric is nice and the color is just for this spring.

W: I like this design. Long and tight jackets are in fashion these days.

M: Perfect for you. Wait, isn't there supposed to be a button?

W: Where? I can't see it.

M: Right here. Look at the pocket on the right side of it.

W: Oh, no. How could it be possible? This is an expensive designer brand.

M: I understand how you feel but you'd better exchange it.

W: What if the clothing store gives me an extra button and makes me sew a button on myself?

M: That could be possible. But you'd better be careful not to damage the jacket.

W: I'm not really good at sewing. How about you?

M: Me, either. Just go get it exchanged.

여: 이 재킷을 사게 되어 기뻐.

남: 와. 정말 잘 어울리는구나. 한 번 돌아보렴!

여: 너도 마음에 드니?

남: 응, 옷감도 좋고 색깔도 봄에 잘 맞아.

여: 나는 이 디자인이 좋아. 길고 꼭 끼는 재킷이 요즘 유행이야.

남: 너에게 완벽하게 어울린다. 기다려봐, 여기 버튼이 있어야 하지 않니?

여: 어디? 안 보이는데.

남: 바로 여기에. 안쪽의 주머니를 보렴.

여: 오, 이런. 어떻게 이럴 수가 있지? 이것은 비싼 디자이너의 브랜드야.

남: 네가 어떻게 느낄지 이해하는데, 교환하는 것이 좋겠다.

여: 그들이 나에게 여분의 단추를 주고 직접 달라고 하면 어쩌지?

남: 그럴 수도 있겠지. 하지만 재킷에 손상이 가지 않도록 조심해야 할 거야.

여: 나는 바느질을 잘 못해. 너는?

남: 나도 못해. 일단 가서 교환하자.

**어휘:** suit 어울리다  in fashion 유행 중인  extra button 여분의 단추

**해설:** 여자는 마음에 드는 옷을 사서 기분이 좋았으나 안쪽의 단추가 떨어져 있어서 난감해한다. 남자는 교환할 것을 충고한다.

**문항 9** ②

M: Look at this poster. Somebody lost his or her dog.

W: I understand how he or she feels now because I had the same experience.

M: The dog's name is Boston Terry.

W: And it says that it is 5 years old and weighs 17 pounds.

M: I think the owner loves him very much. I can see it from this picture.

W: What do you mean?

M: Can you see this collar with tags around the dog's neck?

W: The tags shows where it lives so whoever finds this dog can reach the owner with ease.

M: Right! I hope the owner will find his dog soon again.

W: There is also a reward for his safe return.

M: If I found this dog, I might not want a reward. It's the moral thing to do.

W: I'm glad that you think so. But giving a reward can be one way of expressing the owner's appreciation.

M: In a sense that's true. Oh, there is a phone number in the center of the bottom.

남: 이 포스터 좀 봐. 누군가 자신의 개를 잃었어.

여: 나는 똑같은 경험을 해본 적이 있어서 이 사람이 지금 어떤 기분인지 이해할 수 있어.

남: 강아지의 이름은 Boston Terry야.

여: 그리고 여기에 5살이고 17파운드라고 쓰여있어.

남: 주인이 개를 참 사랑하는 것 같아. 그림을 보면 알 수 있어.

여: 무슨 말이야?

남: 강아지의 목에 둘린 목걸이에 달린 태그가 보이니?

여: 어디에 사는지 태그에 적혀있어서 누군가 개를 찾았을 때 주인과 쉽게 연락할 수 있어.

남: 맞아! 주인이 곧 개를 다시 만날 수 있길 바라.

여: 개가 무사히 돌아왔을 때에 찾아준 사람에게 상금이 있어.

남: 내가 만약 이 개를 찾았다면, 그 행동으로 상금을 받고 싶지 않을 수도 있어. 이런 일은 우리가 모두 해야 할 도덕적인 일이야.

여: 네가 그렇게 생각해서 다행이야. 하지만 상금을 주는 것은 주인이 감사를 전하는 하나의 방법이 될 수 있어.

남: 어떻게 보면 맞는 말이네. 아, 여기 하단 중간에 전화번호가 있어.

**어휘:** experience 경험  collar 개 목걸이  reward 상금
behavior 행동  moral 도덕적인  appreciation 감사
in a sense 어떤 면에서 보면

**해설:** 강아지 목에는 주소가 적힌 목걸이가 있어야 한다.

**문항 10** ④

W: Hey, Kevin! What are you doing here?

M: I'm doing voluntary work at a school charity event.

W: So, you are selling food to raise money?

M: Yes, we need to raise a fund of $2,000. Why don't you buy some?

W: Good! How much are they?

M: Waffles are $5 and coffee is $4. But if you buy them as a set, you only pay $8.

W: I'll buy 3 sets. And add one more coffee, please.

M: We also sell various kinds of hotdogs.

W: What do you have?

M: A Mexican cheese hotdog for $5 and a hotdog with mushroom is $3.

W: I don't really need hotdogs but I'll buy 2 mushroom hotdogs.

M: You know the purpose of this charity event! If the total sum is $30 or above, we can give you a 10% discount.

W: Kevin. I don't want the additional 10% discount. This is for a charity, right?

M: You are so generous! Thanks.

W: You're welcome.

여: 케빈! 여기서 뭐 하니?

남: 나는 학교 자선 행사에서 자원봉사 일을 하고 있어.

여: 그럼 너는 모금을 위해 음식을 팔고 있니?

남: 응, 우리는 2,000달러를 모금해야 해. 이것들을 사지 않을래?

여: 좋아! 그것들은 얼마니?

남: 와플은 5달러고 커피는 4달러야. 하지만 그것들을 세트로 사면, 8달러만 내면 돼.

여: 내가 세트 3개를 살게. 그리고 커피 하나를 더 추가해줘.

남: 그리고 우리는 다양한 핫도그를 팔아.

여: 어떤 것이 있니?

남: 멕시코 치즈 핫도그는 5달러고, 버섯 핫도그는 3달러야.

여: 나는 핫도그는 별로 필요하지 않지만, 버섯 핫도그 2개를 살게.

남: 너는 자선 행사의 목적을 아는구나! 만약 총액이 30달러 이상이면, 너에게 10% 할인을 해줄 수 있어.

여: 케빈. 나는 추가 10% 할인을 원하지 않아. 이것은 자선을 위한 거잖아, 그렇지?

남: 너는 정말 관대하구나! 고마워.

여: 천만에.

**어휘:** voluntary 자발적인  charity 자선  fund 기금  various 다양한  purpose 목적  generous 후한, 관대한

**해설:** 여자가 지불할 금액은 (와플과 커피 세트 3개: 24달러 + 커피: 4달러 + 버섯 핫도그 2개: 6달러 = 총 34달러)이다.

---

**문항 11** ①

W: What are you doing, Paul?

M: Hi, Emma. I'm searching for a gift for my teachers. Teacher's Day is next week.

W: Oh, my! Thanks for reminding me of it.

M: I'm thinking of buying socks for presents. Please help me.

W: Okay, good. Let's see what they are selling on the Internet.

M: Emma, don't you think it's funny for my math teacher to wear big dot socks?

W: Right. Let's try to find more gentle ones.

M: One pair of colored socks seem proper for the teachers' gifts.

W: Exactly. And don't you think black is too common for socks?

M: That's what I'm thinking, too. Let's not buy black socks.

W: Then, you have to choose striped socks.

M: It's okay with striped patterns. See the colors of them.

W: If you want a gentle color like white with gray, the socks will cost $2 more than the ones with white and blue.

M: Oh, I can't. $12 is much more than my budget.

W: I understand because you have to buy more than 10 pairs of socks, right?

여: Paul, 뭐 하니?

남: 안녕, Emma. 나는 선생님들께 드릴 선물을 찾고 있어. 스승의 날이 다음 주잖아.

여: 오, 맙소사! 알려줘서 고마워.

남: 선물로 양말을 생각하고 있어. 나를 좀 도와줘.

여: 알았어, 좋아. 인터넷에서 무엇을 팔고 있는지 보자.

남: Emma, 우리 수학 선생님이 큰 점박이 양말을 신는 것은 좀 웃기다고 생각하지 않니?

여: 그렇구나. 더 무난한 것으로 찾아보자.

남: 단색 양말이 선생님들의 선물로 적당한 것 같아.

여: 맞아. 그리고 검은색 양말은 너무 흔하다고 생각하지 않아?

남: 나도 그렇게 생각해. 검은색 양말은 사지 말자.

여: 그럼, 줄무늬 양말을 선택해야 해.

남: 줄무늬도 괜찮아. 색깔을 봐.

여: 흰색과 회색같이 무난한 색을 원하면, 흰색과 파란색보다 2달러를 더 내야 해.

남: 오, 안 돼. 12달러는 내 예산을 훨씬 넘어.

여: 이해해, 왜냐하면 넌 10켤레 이상을 사야 하니까. 그렇지?

**어휘:** remind A of B A에게 B를 상기시키다  dot 점 모양의  proper 적절한  stripe 줄무늬의  budget 예산

**해설:** 그들은 점박이 모양의 양말과 검은색 양말은 사지 않기로 했다. 남은 선택 중 예산에 맞는 10달러짜리 Stripe Half Sock을 고를 것이다.

---

**문항 12** ③

W: Sore throat can be the first sign of a cold. You may be tempted to run to your doctor, but if the symptom is not too serious, try this candy instead of medicine. Fresh Throat Drops are medicated candy for temporary relief of minor irritation pain and sore throat. Adults and children 7 years of age and older should take 1 candy by dissolving it slowly in your mouth. You can take this candy every 2 hours. Children under 2 years of age need to consult a dentist or doctor before taking Fresh Throat Drops. If your sore throat is severe, is accompanied by difficulty in breathing, or persists for more than 2 days, consult a physician promptly. If your sore throat is followed by fever, headache, rash, swelling, nausea or vomiting, go to a medical clinic immediately.

여: 목이 아픈 것은 감기의 첫 증상입니다. 의사에게 바로 달려가고 싶겠지만 심각한 증상이 아니라면 약 대신 이 사탕을 먹어보세요. Fresh Throat Drops은 가벼운 두통, 쓰린 목을 일시적으로 진정시켜주도록 만들어졌습니다. 성인과 7세 이상의 어린이들은 한 알을 입에서 천천히 녹이면서 먹어야 합니다. 이 사탕은 2시간 마다 먹을 수 있습니다. 2세 미만의 아동은 Fresh Throat Drops를 먹기 전에 의사에게 상담을 받는 것이 좋습니다. 만약 목 통증이 심하고 호흡을 하는데 어려움을 주거나 2일 이상 계속 진행된다면 즉시 의사에게 상담을 받아야 합니다. 만약 목 아픈 것이 몸살, 두통, 발진, 붓기, 멀미나 구토로 이어진다면 바로 병원을 찾으십시오.

**어휘:** tempted 유혹되다   medicated 약제가 든   irritation 짜증남
soar 쓰림   dissolving 녹이는   consult 상담하다   sever 심각한
promptly 즉시   rash 발진

**해설:** 심할 경우 한 번에 2개를 먹을 수 있다는 사실은 나타나 있지 않다.

## 문항 13  ②

W: Hello, Mike.

M: Hi, Jennifer. Did you have breakfast?

W: No, I didn't. I guess you didn't, either.

M: You read my mind. Let's go to have brunch instead. I'm starving to death.

W: Oh, could you please wait a second? I have to finish this first.

M: What is it? This website is for signing up for the classes for this semester.

W: Yes. I am signing up for the classes, but one of them was cancelled because of not enough students.

M: Oh, I'm sorry to hear that. What are you going to do for the cancelled class?

W: I'll have to choose another class instead.

M: Okay, take your time.

W: Oh, my God. The online registration system stopped working. I can't do anything! What should I do?

M: <u>How about giving a call to the administration office?</u>

여: 안녕, Mike.

남: 안녕, Jennifer. 아침은 먹었니?

여: 아니, 너도 아직 안 먹었을 거로 생각해.

남: 내 마음을 읽었구나. 브런치 먹으러 가자. 배고파 죽을 지경이야.

여: 오, 잠시 기다려 줄래? 이것 먼저 끝내야 해.

남: 뭔데? 이 웹사이트는 다음 학기 수강 신청을 위한 거네.

여: 응. 수강 신청을 하고 있는데, 그들 중 하나가 학생 수 부족으로 폐강되었어.

남: 오, 유감이다. 폐강된 수업은 어떻게 할 거니?

여: 대신 다른 수업을 골라야 할 거야.

남: 좋아, 시간을 갖고 여유롭게 하렴.

여: 오, 이런. 온라인 등록 시스템이 멈춰 버렸네. 아무것도 할 수가 없어! 어떻게 해야 하지?

남: <u>등록처에 전화를 해보는 것은 어떠니?</u>

**어휘:** brunch 브런치 (아침과 점심 중간에 먹는 식사)
sign up for 등록하다   give a rain check 훗날로 미루다

**해설:** 여자가 온라인 등록 시스템을 사용할 수 없는 상황에서 남자는 대안으로 전화를 해보라고 말해줄 수 있다.

## 문항 14  ⑤

*[Telephone rings.]*

M: Richard Publishing. How may I help you?

W: Hello. This is Jessica Lohan from E&B Bookstore.

M: Hi, Ms. Lohan. What can I do for you?

W: I ordered 200 copies of the book, The Unknown World History, from your company last week. Do you remember?

M: Of course, I do remember. Is there any problem with that?

W: Not at all. The problem is that the book is so popular that we've already run out of them.

M: That's great. So would you like to order more copies?

W: Definitely. And I'm thinking of ordering other books, too.

M: I see. Would you like to place order in person?

W: Well, yes. But beforehand, I'd like you to send me a catalog.

M: Would you like me to send it online or by mail?

W: <u>I'll be out of town for about a week, so I prefer online.</u>

*[전화벨 소리]*

남: Richard Publishing입니다. 무엇을 도와드릴까요?

여: 여보세요. 저는 E&B Bookstore의 Jessica Lohan입니다.

남: 안녕하세요, Lohan 씨. 무엇을 도와드릴까요?

여: 제가 지난주에 당신의 회사에서 The Unknown World History를 200권 주문했었습니다. 기억나시나요?

남: 물론입니다, 기억하고 있어요. 무슨 문제라도 있으신가요?

여: 전혀요. 문제는 그 책이 너무 인기가 있어서 벌써 재고가 바닥이 나버렸습니다.

남: 잘되었군요. 그럼 더 주문하실 건가요?

여: 물론입니다. 저는 다른 책들도 주문할까 생각 중입니다.

남: 알겠습니다. 직접 주문을 하시겠습니까?

여: 글쎄요, 네. 그런데 먼저 당신이 저에게 목록(카탈로그)을 보내주시면 좋겠습니다.

남: 온라인으로 보내드릴까요, 우편으로 보내드릴까요?

여: <u>제가 일주일 정도 지방에 있을 것 같으니 온라인이 좋겠습니다.</u>

**어휘:** run out of 다 떨어지다   definitely 물론   in person 직접
prefer 선호하다

**해설:** 여자는 남자의 회사로부터 책을 더 주문하고 싶어한다. 주문을 위한 목록(카탈로그) 받는 방식에 대해 여자는 답을 해주어야 하는데, 온라인으로 혹은 우편으로 받을지 선택해서 알려주면 된다.

## 문항 15  ⑤

M: Jane is a soccer fan and is going to watch the championship game with her friends tomorrow night. But the game ends so late that her father is going to pick her up after the game. So they decide to meet at the parking lot of the stadium after the game. However, Jane's dad is worried that the stadium is so noisy that she can't hear her phone ringing. He tells her that she has to answer the phone without any mistakes. Then she tells her dad she'll switch the phone to vibration mode and put it in her pocket. Her dad is still worried. In this situation, what would Jane most likely say to her dad?

* Jane: <u>Dad, don't worry. I'll keep it in my hand.</u>

남: Jane은 축구 팬인데 다음날 밤에 친구들과 축구 결승전을 보러 갈 것이다. 하지만 경기가 너무 늦은 시간에 끝나서 그녀의 아버지가 경기가 끝나고 그녀를 데리러 갈 것이다. 그래서 그들은 경기가 끝난 후에 경기장의 주차장에서 만나기로 한다. 하지만 Jane의 아버지는 경기장이 너무 시끄러워서 그녀가 휴대폰이 울리는 것을 못 들을까 봐 걱정이다. 그는 그녀에게 바로 전화를 받아야 한다고 말한다. 그래서 그녀는 아버지에게 휴대폰을 진동모드로 바꾼 후 주머니에 넣겠다고 한다. 하지만 그녀의 아버지는 여전히 걱정된다. 이 상황에서, Jane이 아버지에게 할 말로 가장 적절한 것은?

* Jane: <u>아빠, 걱정 마세요. 손에 휴대폰 꼭 들고 있을게요.</u>

**어휘:** championship game 결승전  stadium 경기장

**해설:** Jane의 아버지는 딸이 전화를 바로 받지 않을까 봐 걱정이 된다. 이 상황에서 Jane은 아버지에게 "걱정하지 마세요. 손에 들고 있을게요."라고 아버지를 안심시키는 것이 적절하다.

**문항 16** ③
**문항 17** ②

W: Kids don't always listen when you tell them to wash their hands before eating, after using the bathroom, or when they come inside from playing. But it's a message worth repeating — hand washing is by far the best way to prevent germs from spreading and to keep your kids from getting sick. Hand washing is the first line of defense against germs. Germs can be transmitted many ways, including; through touching dirty hands or changing dirty diapers, through contaminated water and food, through droplets released during a cough or a sneeze, via contaminated surfaces, through contact with a sick person's body fluids. When kids come into contact with germs, they can unknowingly become infected simply by touching their eyes, nose, or mouth. Good hand washing is the first line of defense against the spread of many illnesses, from the common cold to more serious illnesses such as meningitis, influenza, hepatitis A, and most types of infectious diarrhea.

여: 아이들은 밥 먹기 전에, 화장실을 사용한 후에, 또는 밖에서 놀다가 안으로 들어왔을 때 손 씻으라면 항상 말을 듣지는 않는다. 하지만 반복해주어야 한다 — 손 씻기는 세균이 옮기는 것을 막고 당신의 아이들을 아프게 하지 않게 하는 최고의 수단이다. 손 씻기는 세균을 방어하는 최선이다. 세균은 많은 방법으로 전달될 수 있다: 더러운 손을 접촉하거나 기저귀를 갈았을 때, 오염된 물이나 음식을 통해서, 기침이나 재채기를

했을 때 튀는 잔해를 통해서, 오염된 표면을 거쳤을 때, 아픈 사람의 몸에서 나온 액체를 접했을 때. 아이들이 세균과 접촉했을 때, 자신도 모르게 단순히 눈이나 코, 입을 만짐으로써 감염될 수 있다. 손을 씻는 것은 흔한 감기로 시작해서 뇌막염, 인플루엔자, A형 간염, 그리고 각종 전염성의 설사 같은 심각한 병까지 많은 병의 감염을 막을 수 있는 최선이다.

**어휘:** first line 제 일선의  transmitted 전달되다  via 통해  infectious 전염성  meningitis 수막염  hepatitis 감염

**해설: 16.** 여자는 손 씻기가 중요한 이유를 설명하고 있다. **17.** 여자는 감염 경로에 대해 더러운 손과 접촉했을 때, 오염된 물이나 음식을 통해서, 기침이나 재채기를 통해서, 병이 있는 사람과의 접촉을 언급하고 있다.

## 핵심 실전 모의고사 9회

| 1 | ① | 2 | ② | 3 | ⑤ | 4 | ⑤ | 5 | ③ |
|---|---|---|---|---|---|---|---|---|---|
| 6 | ⑤ | 7 | ② | 8 | ⑤ | 9 | ③ | 10 | ③ |
| 11 | ⑤ | 12 | ④ | 13 | ② | 14 | ③ | 15 | ② |
| 16 | ① | 17 | ④ | | | | | | |

**문항 1** ①

W: Aren't you excited to go traveling? I'm finished packing, how about you?

M: Me, too. As you know, the trip will be a week long. Let's check our preparations again.

W: Sure, I heard that the weather there is milder. Do we need a wind breaker jacket?

M: <u>The wind will not be strong but let's bring one just in case.</u>

여: 여행을 가게 되어 기쁘지 않니? 나 짐 다 쌌어. 너는 어때?

남: 나도 다 끝났어. 알다시피 이 여행은 일주일이 걸릴 거야. 다시 한 번 준비물을 확인해 보자.

여: 물론. 나는 그곳 날씨가 더 온화하다고 들었어. 우리가 바람막이 잠바가 필요할 것 같니?

남: <u>바람은 별로 세진 않을 거야. 하지만 혹시 만약을 위해 하나 가져가자.</u>

**어휘:** preparation 준비  wind breaker jacket 바람막이 잠바  proceed 나아가다  in case ~한 경우를 대비해서  weather forecasting service 날씨 예보 안내

**해설:** 'wind breaker jacket'은 '바람막이 잠바'라는 표현이다. ③번에서는 break가 '휴식'의 뜻으로 쓰였다.

**문항 2** ②

M: Long time no see, Diana. How do you like your new apartment?

W: This is my dream house. Very spacious and cozy! Why don't you come to my house-warming party?

M: Sure, let me bring some home-made cookies with me. When is it, Diana?

W: <u>Actually it's the day after tomorrow. Sorry for the short notice.</u>

남: 오랜만이야, Diana. 너의 새 아파트는 맘에 드니?

여: 이것은 내가 꿈꾸던 집이야. 매우 넓고 편해. 우리 집들이 파티에 올래?

남: 물론이야. 집에서 만든 쿠키를 가져갈게. 언제니, Diana?

여: <u>사실, 내일모레야. 급하게 알려주어서 미안해.</u>

**어휘:** spacious 공간이 넓은  cozy 아늑한
house-warming party 집들이 파티

**해설:** 남자의 마지막 말은 집들이 파티가 언제냐는 질문이다. 여자는 구체적인 날짜나 시간을 알려주어야 한다.

## 문항 3 ⑤

M: Have you ever been hiking and suddenly found yourself completely alone and lost? What would happen to you if you couldn't find your way back to safety? Here are some preventive tips to avoid this unfortunate accident. First, every time you go into the wilderness, make sure someone knows where you are going and how long you intend to be gone. That way if you go missing, someone will realize it and quickly alert rescuers and can tell them where to start looking for you. Second, bring survival gear. Basic survival tools such as a knife, some cord, a whistle, a blanket, a signaling mirror, and a compass can mean the difference between life and death. Lastly, bring a means of communication. A cell phone with spare battery or a portable radio can be your best, quickest means of rescue. Being lost in the woods while hiking can be a frightening experience so always be prepared. These guidelines could be a life saver.

남: 당신은 하이킹을 가서 완전히 혼자 길을 잃은 적이 있습니까? 안전하게 돌아갈 길을 찾지 못한다면 어떻게 하시겠습니까? 여기 이런 불행한 사고를 피할 수 있는 예방책이 있습니다. 먼저, 야외에 나갈 때마다 당신이 어디에 얼마 동안 가는지 누군가에게 알려두십시오. 그렇게 하면 당신이 실종되었을 때, 누군가가 이것을 깨닫고 재빠르게 구조요원에게 요청할 수 있을 것이고, 그들에게 당신을 어디서부터 찾을지 말해줄 수 있을 것입니다. 두 번째, 생존 장비들을 가지고 가십시오. 칼, 약간의 줄, 호루라기, 담요, 신호 거울, 나침반 등과 같은 기본적인 생존 도구들은 당신의 삶과 죽음에 있어 갈림길이 될 것입니다. 마지막으로 통신수단을 가져가십시오. 여분의 배터리가 있는 휴대폰, 휴대용 라디오가 당신이 가져갈 수 있는 최고의 빠른 구조 수단이 될 것입니다. 하이킹 중 숲 속에서 길을 잃는 것은 두려운 경험이 될 것입니다. 따라서 항상 준비되어 있으십시오. 이러한 지침들이 여러분의 목숨을 구할 수 있게 할 것입니다.

**어휘:** completely 완전히  safety 안전  wilderness 야외
alert 알리다  gear 장비  compass 나침반  spare 여분의
portable 휴대의

**해설:** 남자의 말 앞부분 'Here are preventions to avoid this unfortunate accident.'에 말하는 목적이 나타나 있다.

## 문항 4 ⑤

W: Some kids have trouble saying certain sounds or words. A kid who has trouble putting words together to express thoughts might have a language disorder. For example, if a kid has trouble saying certain sounds or saying words correctly, "run" might come out as "won." Or "say" may sound like "thay." This can be very frustrating because others may have trouble understanding what they say. The good news is that those kids can go to a special kind of therapist for help - speech therapists. Speech therapists help people of all ages with different speech and language disorders. They train patients to pronounce correctly using small tips or by repeating the uncomfortable parts until they're used to them. So don't sit and expect the symptom to go away. Go and get some professional help!

여: 어떤 아이들은 특정 소리나 단어를 발화하는 데 어려움을 겪습니다. 단어를 조합하여 생각을 말하는 데 문제가 있는 아이들은 언어 장애가 있을 수도 있습니다. 예를 들어, 만약 아이가 특정 소리나 단어를 정확하게 말하지 못한다면, 'run'은 아마도 'won'처럼 들릴 것입니다. 혹은 'say'는 'thay'처럼 들릴 것입니다. 이것은 매우 좌절감을 줄 수 있는데 왜냐하면 다른 사람들이 그들을 이해하는 것이 어렵기 때문입니다. 좋은 소식은 이러한 아이들이 도움을 얻기 위해 특별한 치료사(언어 치료사)를 만날 수 있다는 것입니다. 언어 치료사는 발화가 어렵고 언어의 장애가 있는 모든 연령의 사람을 돕습니다. 그들은 환자들이 약간의 기술을 이용하여 혹은 환자들이 불편한 발음에 익숙해질 때까지 반복하도록 하여 정확하게 발음을 하도록 훈련을 합니다. 자, 이제 가만히 앉아 증상이 사라지길 기대하진 맙시다. 전문가의 도움을 받아보십시오.

**어휘:** language disorder 언어 장애  frustrating 좌절스러운
therapist 치료사  pronounce 발음하다  symptom 증상

**해설:** 여자는 발화가 어렵거나 언어 장애가 있는 아동들이 언어치료사들의 도움을 받아 증상을 호전시킬 수 있도록 조언을 하고 있다.

## 문항 5 ③

M: Laura, did you finish writing your university applications?

W: Not, yet, Mr. Brown. Among the universities I want, I finally chose three. Two of them are my top choices and the other is for backup.

M: Have you got all your application materials together yet?

W: Most of them. I need to finish my letter of intent. Right now I'm mostly worried about getting letters of recommendation from teachers.

M: You're one of my top students. I'd be happy to write a letter of recommendation for you.

W: Thank you so much, Mr. Brown. Two of the universities have a special recommendation form that you need to fill out.

M: Okay and make sure that you go though the proper procedures. Usually they won't consider the applications if they are not completed properly.

W: You mean they won't even look at my application unless it has everything?

M: Sure. I don't want you to miss an opportunity just because you didn't complete the required paperwork properly.

W: All right, I'll make sure that all the applications are completed this week.

남: Laura, 대학교 지원서는 다 썼니?

여: 아직 이요, Brown 선생님. 제가 원하는 대학 중에서 마침내 세 군데를 골랐어요. 두 군데는 제가 가고 싶은 대학이고 하나는 혹시나 싶어서 선택해 둔 거예요.

남: 아직 필요한 지원 서류들을 준비하지 않았니?

여: 대부분이요. 지원 동기서를 마무리해야 해요. 지금은 선생님께 받을 추천서가 걱정돼요.

남: 너는 최고의 학생 중 한 명이란다. 내가 추천서를 기꺼이 써주고 싶구나.

여: 고맙습니다, Brown 선생님. 대학 두 군데는 선생님께서 작성해 주실 특별한 추천 양식이 있어요.

남: 그래, 그리고 적절한 절차를 거칠 수 있도록 확실하게 하렴. 보통 잘 마무리되지 않은 대학 지원서는 그들이 고려하지 않을 수도 있어.

여: 만약 모든 것이 완벽하지 않다면 제 지원서를 보지도 않을 수도 있다는 말씀이신가요?

남: 물론이다. 나는 네가 필요한 서류를 적절하게 준비하지 않아 기회를 잃는 것을 원치 않는다.

여: 알겠습니다, 이번 주 안에 필요한 지원서를 완수하도록 하겠습니다.

**어휘:** university application 대학 지원서   recommendation 추천서   required 필수의   complete 완수하다

**해설:** 남자(교사)는 완벽한 서류가 아닐 경우 문제가 되므로 대학 지원서류를 모두 준비하도록 학생에게 당부하고 있다.

---

### 문항 6 ⑤

M: Did you finish your drawing?

W: Yes! It took a whole week and I'm happy to have the picture drawn as I wanted.

M: Good. Let's submit it to the school festival department.

W: Sure. By the way, have you heard the weather forecast for this week?

M: According to the weather forecast, it will be rainy or cloudy throughout the week.

W: That means we will start the festival under grey skies along with a chance of getting some showers.

M: There is a possibility that the outdoor exhibition will be canceled.

W: Then people can't see my drawing on the day!

M: I know you have waited for this festival for a long time.

W: This is a good chance to show off my artistic talent. Besides, my parents will visit on the festival day.

M: They will be very disappointed if your drawing is not seen.

W: I hope the department will come up with a different plan in case it rains.

남: 그림을 완성했니?

여: 어! 일주일이나 걸렸는데 내가 원했던 대로 그림이 그려져서 기뻐.

남: 좋아. 학교 축제 부서에 제출하자.

여: 좋아. 그런데 이번 주 기상예보 들었어?

남: 기상예보에 따르면, 이번 주 내내 비가 오거나 흐릴 거야.

여: 그 말은 우리가 축제를 회색빛 하늘과 비도 맞을 확률 아래에서 시작해야 한다는 거네.

남: 야외 전시회가 취소될 가능성이 있어.

여: 그럼 사람들이 그날 내 그림을 보지 못할 거야!

남: 네가 이 축제를 오랫동안 기다려왔던 걸 알아.

여: 이건 내 미술 실력을 보여줄 좋은 기회야. 게다가, 우리 부모님께서 축제 날에 방문하실 거야.

남: 너의 그림이 안 보이면 매우 실망하실 거야.

여: 부서에서 비가 올 때를 대비해서 다른 계획을 생각해 냈으면 좋겠다.

**어휘:** submit 제출하다   according to ~에 따르면   exhibition 전시회   in case ~하는 경우에

**해설:** 여자는 비가 온다면 자신의 작품을 전시하지 못하게 될까 봐 걱정하고 있다. 따라서 여자의 심정은 걱정되고 염려되는 것이다.

---

### 문항 7 ②

M: Hi, Maria. This is the book you asked for the other day.

W: Thanks, Bill.

M: Andrew told me that you're surveying for a school journal. How's it going?

W: I've been able to sleep only for three or four hours every day since I started working on it.

M: Oh, you must be very tired. How much have you done so far?

W: Well, I finished surveying last week, and now I have to analyze the data.

M: Do you? How do you think you'll analyze it?

W: I think I should use a statistical program. I'm not sure if I can use the program because it seems too difficult to understand.

M: I took a class on statistical programming last semester. Once you get to know how to use the program, it won't be that difficult or take much time.

W: Really? Then, can you analyze the data for me?

M: Sure. Just send the survey results to my email address.

W: I'll send them right away! You've saved my life!

남: 안녕, Maria. 이것은 제가 전날 부탁한 책이야.

여: 고마워, Bill.

남: Andrew가 네가 학교 저널을 위해 설문조사를 하고 있다던데, 어떻게 되어가고 있니?

여: 이 일을 시작하고 나서 매일 거의 3, 4시간밖에 못 자고 있어.

남: 오, 너 정말 피곤하겠구나. 얼마만큼 했니?

여: 글쎄, 지난주에 설문조사를 마쳤고, 이제 데이터를 분석해야 해.

남: 그래? 어떻게 분석할 것 같으니?

여: 내 생각엔 통계 프로그램을 사용해야 할 것 같아. 이해하기 어려워 보여서 이 프로그램을 사용할 수 있을지 확실하지 않아.

남: 내가 지난 학기에 통계 프로그램 수업을 들었어. 네가 프로그램 사용하는 것을 알게 된다면, 그렇게 어렵거나 많은 시간이 들지 않을 거야.

여: 정말? 그렇다면, 나를 위해 데이터 분석하는 것을 도와줄래?

남: 물론이야. 내 이메일로 설문조사 결과를 보내보렴.

여: 지금 당장 보낼게! 네가 정말 구세주구나!

**어휘:** survey 설문조사  analyze 분석하다
statistical program 통계 프로그램

**해설:** 여자는 설문조사를 분석을 위한 통계 프로그램 사용에 어려움을 겪고 있다. 남자가 할 수 있다는 말을 듣고 분석을 도와달라고 요청하고 있다.

**문항 8** ⑤

W: How is your work going? You used to work as an engineer.

M: When I work as an engineer, I felt so uncomfortable in a confined space.

W: Do you like your current work, now?

M: Yeah. I really love working as a tour guide.

W: I know you like travelling but working as a tour guide can be different.

M: Yes, it is much more difficult than I thought.

W: Like what?

M: Work schedule is unpredictable and I can't rest during holiday seasons.

W: You know meeting people from different walks of life and different nationalities can be a lot of fun.

M: But there are rude tourists demanding too much of a tour guide. I can't bear those kinds of things anyway.

W: Then what is the most important reason you chose to work as a tour guide?

M: I love going around all over the countries. There are so many places I've never visited. It gives me chances to travel for free.

W: Right. You must be happy with this new job.

여: 요즘 일은 어떠니? 너는 엔지니어로 일했었지.

남: 엔지니어로 일했을 때는 한정된 공간에서 매우 불편했었어.

여: 지금 현재의 일은 마음에 드니?

남: 응. 여행가이드 일이 매우 좋아.

여: 네가 여행을 좋아한다는 것은 아는데 여행가이드로 일하는 것은 다를 수 있잖니.

남: 그래, 내가 생각했던 것보다 더 어려워.

여: 어떤 점이?

남: 일하는 스케줄도 예상할 수 없고 휴가철에 쉴 수도 없어.

여: 각계각층의 여러 나라의 사람들을 만나는 것이 흥미로울 것 같아.

남: 하지만 가이드에게 많은 것을 요구하는 무례한 관광객들이 있어. 그런 일들을 참을 수가 없어.

여: 그럼 네가 여행가이드를 직업으로 고른 가장 중요한 이유는 무엇이니?

남: 전 세계를 돌아다니는 것이 좋아. 내가 아직 가보지 않은 나라들이 많아. 공짜로 여행할 기회를 가질 수 있어.

여: 맞아. 너는 이 새로운 일을 함에 있어 행복함이 틀림없겠구나.

**어휘:** confined 닫힌, 감금된  current 현재의
unpredictable 예상할 수 없는
people from different walks of life 각계각층의 사람들
demanding 무리하게 요구하는  bear 참다

**해설:** 대화의 마지막 부분에서 여자가 여행가이드를 하는 가장 중요한 이유를 물었을 때 남자는 세계를 돌아다니는 일이 좋고 공짜로 여행할 수 있어서 좋다고 말하고 있다.

**문항 9** ③

M: How was your day, honey?

W: Our son Jeremy and I have been to the airport to pick up our daughter.

M: Right. Our daughter is coming back from her school trip. So did you buy this big watermelon?

W: Yes. Jeremy and I were on the way to the airport and suddenly we found a street man selling farm goods directly delivered from the farm.

M: Oh, Jeremy loves oriental melons. You guys couldn't pass it.

W: We pulled over on the road and went out of the car to buy some.

M: Did Jeremy ask you to buy what he likes?

W: Yes. The man with a cap was selling only two kinds, watermelons and oriental melons.

M: So what did you buy?

W: I bought a watermelon as you see. When I pointed at watermelons, Jeremy looked disappointed and stopped holding my hand.

M: You wanted to buy what our daughter likes, a watermelon, right?

W: Yes. When I explained to Jeremy, he understood it.

남: 여보, 오늘 하루가 어땠어요?

여: 우리 아들 Jeremy와 내가 우리 딸을 데리러 공항에 갔어요.

남: 맞아. 우리 딸이 현장학습을 갔다 돌아오는군요. 그래서 이 큰 수박을 산 거예요?

여: 네, Jeremy와 내가 공항을 가는 길이었는데 갑자기 도로상인이 산지 직송 농산물을 파는 것을 발견했어요.

남: 아, Jeremy는 참외를 정말 좋아하죠. 둘이서 그냥 지나칠 수 없었겠네요.

여: 도로에 차를 세우고 사기 위해서 차에서 나왔어요.

남: Jeremy가 자신이 좋아하는 것을 사달라고 했어요?

여: 네. 모자를 쓴 남자는 수박과 참외, 이 2가지만 팔고 있었어요.

남: 그래서 무엇을 샀나요?

여: 보다시피, 나는 수박을 샀어요. 내가 수박을 가리켰을 때, Jeremy는 실망한 표정을 짓고 내 손을 놓더라고요.

남: 당신은 우리 딸이 좋아하는 수박을 사고 싶었던 거예요, 맞죠?

여: 맞아요. 내가 Jeremy에게 설명했더니, 이해했어요.

**어휘:** watermelon 수박  street man 도로 상인  farm goods 농산물  oriental melon 참외

**해설:** Jeremy는 자기가 좋아하는 과일을 사지 않자 실망해서 엄마 손을 놓았다고 했으므로 ③번이 잘못된 부분이다.

**문항 10** ③

W: I'm here to sign up for Yoga Courses.

M: Both Course A and Course B are for intermediates. Course C is for the advanced but not open until this summer.

W: I see. How much is the rate?

M: Course A is $90 and Course B is $100. If you bring your friends, you'll get a special 20% discount.

W: Actually my friend and I are thinking of registering for the same class.

M: That'll be good.

W: Will we both receive the 20% discount or only the person who brings a friend can get the discount?

M: Both of you get the discount respectively.

W: That'll be great.

M: Is this the first time you and your friend will take Yoga?

W: No, we used to take it before.

M: Oh, I forgot to tell you. Course A starts on March 1st and Course B starts on March 20th. And remember, Course A is $10 cheaper than Course B.

W: But we still want to sign up for Course B because the first two weeks of March will be busy.

M: Okay.

여: 저는 이곳에 요가 코스를 신청하러 왔습니다.

남: A코스와 B코스 모두 중급자들을 위한 것입니다. C코스는 고급자들을 위한 것이지만 이번 여름까지는 열리지 않습니다.

여: 그렇군요. 비용은 얼마입니까?

남: A코스는 90달러이고 B코스는 100달러입니다. 친구를 데려오시면 20% 특별 할인을 받으실 수 있습니다.

여: 사실 저와 제 친구는 같은 수업을 등록했습니다.

남: 좋습니다.

여: 둘 다 20% 할인을 받습니까, 아니면 친구를 데려온 한 사람만 할인을 받습니까?

남: 두 분 모두 각자 할인을 받으실 수 있습니다.

여: 좋군요.

남: 당신과 친구분은 요가를 처음 하는 것입니까?

여: 아니요, 우리는 전에 하곤 했습니다.

남: 오, 당신에게 말하는 것을 잊을 뻔했군요. A코스는 3월 1일에 시작하고 B코스는 3월 20일에 시작합니다. 그리고 기억하세요, A코스는 B코스보다 10달러 저렴합니다.

여: 하지만 우리는 3월 초 2주가 바빠서, 그래도 B코스를 신청하기를 원합니다.

남: 알겠습니다.

**어휘:** sign up for ~을 신청하다  course 코스  intermediate 중급의  advanced 고급의  rate 요금  register 등록하다  respectively 각자  used to ~하곤 했다

**해설:** 한 사람이 지불해야 하는 금액은 100달러에서 20% 할인을 받은 80달러인데 2명이 같은 코스에 등록하길 원하기 때문에 총 160달러이다.

**문항 11** ⑤

W: Hi, Jack, let's order now. It's my treat for helping me with a difficult task.

M: Thanks, Nina. Look! There are 5 courses in this restaurant.

W: Let's eat whatever we would like. Would you like salad for an appetizer?

M: Hmm... I want something hot for an appetizer.

W: So, you want a soup. Which do you prefer, pasta or salmon steak?

M: Normally, I like pasta better. But since I'm dieting, I'd rather eat salmon steak.

W: Okay. Wait a minute, Jack. If you're on a diet, you shouldn't have a dessert!

M: I know but I'll save my stomach for a dessert, anyway. Don't worry, I'll have only half of it.

W: Then, Jack. Let's order a dessert like we always do.

M: Sure, we can do whatever we please!

여: 안녕, Jack. 이제 주문하자. 어려운 과제를 도와줬으니까 내가 살게.

남: 고마워, Nina. 이것 봐! 이 식당에는 5개의 코스가 있어.

여: 우리가 원하는 것으로 고르자. 전채요리로 샐러드 어떠니?

남: 음… 나는 전채요리로 뜨거운 것을 먹고 싶어.

여: 그러니까, 수프를 원하는 거네. 어떤 것이 좋니? 파스타 아니면 연어 스테이크?

남: 평소엔 파스타를 더 좋아해. 하지만 지금은 다이어트 중이라서 연어 스테이크를 먹는 것이 낫겠어.

여: 알았어. 잠깐, Jack. 다이어트 중이면, 디저트를 먹으면 안 될 텐데.

남: 알아, 하지만 어차피 디저트를 위해 위를 조금 남겨둘 거야. 걱정하지 마, 반만 먹을게.

여: 그럼, Jack. 디저트는 항상 우리가 먹었던 걸로 하자.

남: 그래, 우리는 우리가 먹고 싶은 대로 먹자.

어휘: treat 대접  appetizer 전채요리  dessert 디저트

해설: 그들은 애피타이저로 수프를, 메인 요리는 연어 스테이크를 원한다. 디저트는 다이어트 중임에도 불구하고 먹을 예정이다. 모든 조건을 충족시키는 것은 Course E이다.

## 문항 12 ④

M: Tawakkol Karman was awarded the Nobel Peace Prize in 2011. Her participation in the nonviolent struggle for the safety of women, and for women's rights, was recognized. She participated in peace-building work in Yemen. Tawakkol became the first Yemeni, and the first Arab woman, to win a Nobel Peace Prize. She also was the youngest Nobel Peace Prize winner, at the age of 32. Karman is a mother of three as well as a human rights activist, journalist and politician. Since receiving the award, Tawakkol has continued to support female journalists and rally Yemenis against government corruption and injustice. Tawakkol spends the majority of her time in a tent in Change Square, where she continues her peaceful protests for justice and freedom.

남: Tawakkol Karman(타와쿨 카르만)은 2011년에 노벨 평화상을 받았다. 여성의 안전과 권리를 위한 그녀의 비폭력 투쟁이 알려졌다. 그녀는 예멘의 평화를 위한 작업에 참여했다. Tawakkol은 노벨 평화상을 받은 첫 예멘사람이자 첫 아랍 여성이었다. 그녀는 또한 32살로 최연소 노벨 평화상 수상자였다. Karman은 인권운동가, 기자 그리고 정치인이자 세 아이의 어머니이다. 상을 받은 후로, Tawakkol은 지속해서 정부의 부패와 부당함으로부터 여성 기자들과 예멘 사람들을 지지해 주었다. Tawakkol은 정의와 자유를 위한 평화적인 저항을 계속하면서 Change Square(변화의 광장)의 텐트에서 그녀의 대부분 시간을 보낸다.

어휘: participation 참여  nonviolent 비폭력적인  activist 활동가  rally 모임  corruption 부패  injustice 정의롭지 않음

해설: Karman은 인권운동가, 기자 그리고 정치인이었다.

## 문항 13 ②

W: Hey, John. How was your vacation?

M: Great. I did a lot of volunteer work. Like volunteering at the fire station.

W: Really? How many hours did you volunteer?

M: Well, I volunteered at least 20 hours every week. That might be 100 hours in total.

W: Wow! We were busy studying during the vacation. Why did you volunteer so much? Are you trying to get a volunteer scholarship?

M: What is that? I didn't even know that was possible.

W: You didn't? Then do you want to become a social worker in the near future?

M: No, actually my dream is to become a bio-scientist.

W: Really? So what made you volunteer so hard?

M: You know people feel happy when we share difficulties and help others. And I am not an exception.

W: That's great. I think you're so warm-hearted.

여: 이봐, John. 방학은 어땠어?

남: 좋았어. 난 봉사 활동을 많이 했어. 소방서에서 자원봉사하는 것과 같은.

여: 정말? 봉사를 몇 시간이나 했는데?

남: 글쎄, 매주 적어도 20시간은 했어. 아마 총 100시간은 될 것 같아.

여: 와! 이번 방학 우리는 공부하느라 바빴어. 왜 그렇게 많이 한 거야? 봉사 활동 장학금을 받으려는 거니?

남: 그것은 뭐야? 난 그것이 가능한지조차 몰랐어.

여: 몰랐어? 그럼 가까운 미래에 사회 복지사가 되고 싶은 거야?

남: 아니, 사실 내 꿈은 생명 과학자가 되는 것이야.

여: 정말? 그럼 왜 그렇게 봉사를 열심히 한 거야?

남: 사람들은 어려움을 나누고 다른 사람을 도울 때 행복을 느끼잖니. 나도 그냥 예외가 아닐 뿐이야.

여: 훌륭하다. 넌 참 마음이 따뜻한 것 같아.

어휘: volunteer work 봉사 활동  scholarship 장학금  bio-scientist 생명 과학자  warm-hearted 마음이 따뜻한

해설: 남자가 봉사의 의미를 알고 순수한 마음으로 봉사 활동을 많이 했음을 듣고 여자는 남자가 마음이 따뜻하다는 칭찬을 할 수 있다.

## 문항 14 ③

W: Welcome to our Vintage Tea-Sets. May I help you?

M: Yes. I'm looking for a wedding gift. Can you recommend something?

W: All right. What type of teacups do you have in mind?

M: Nothing in particular but I want something special for my friends.

W: Well, for newlyweds, a set with a tea pot, two teacups, and two saucers is very popular.

M: Okay. What colors do you have?

W: We have many different colors. Here are some of them.

M: All right. That yellow-orange color looks good.

W: You mean the left one on the second shelf?

M: Yes. I'd like to buy that set. I'm sure the couple will like the color, too.

W: But unfortunately the model you choose doesn't come with saucers.

M: That's okay. Will you gift-wrap it for me?

여: Vintage Tea-Sets에 오신 것을 환영합니다. 도와드릴까요?

남: 네. 결혼선물을 찾고 있습니다. 뭔가 추천해주실 수 있나요?

여: 좋아요. 어떤 찻잔을 염두에 두고 있나요?

남: 특별한 것은 없어요. 하지만 친구를 위해 특별한 것을 원합니다.

여: 음, 신혼부부를 위해서는 차 주전자 하나와 2개의 찻잔, 그리고 2개의 컵 받침들이 있는 세트가 매우 인기가 있어요.

남: 그렇군요. 어떤 색깔들이 있지요?

여: 여러 색상으로 나옵니다. 여기에 있어요.

남: 알겠어요. 저기 노란빛 나는 주황색이 좋아 보이네요.

여: 두 번째 선반의 왼쪽에 있는 것을 말하는 건가요?

남: 예. 그 세트를 사고 싶어요. 부부가 그것을 좋아할 것 같아요.

여: 그런데 이 세트에는 컵 받침이 따라오지 않아요.

남: <u>괜찮아요. 저를 위해 선물 포장해 주시겠어요?</u>

**어휘:** recommend 추천하다   have ~ in mind 마음에 품다
nothing in particular 특별한 것은 없다   newlyweds 신혼부부

**해설:** 여자는 남자가 고른 세트가 컵 받침이 따라오지 않음을 설명하고 있다. 남자는 '괜찮다, 괜찮지 않다'의 여부를 말해줄 수 있다.

---

**문항 15** ②

W: Chandler works for a company and is in charge of a big project with his business partners. He has an important meeting today, but he calls in sick because he has to go to the hospital. He's been sick for a couple of weeks these days. His co-worker, Jake, has to lead the meeting instead, but doesn't know where all the files and handouts are. Jake has to join the meeting right now and doesn't have enough time to do anything. So Jake decides to ask another co-worker, Julia, if she can look for them. In this situation, what would Jake most likely say to Julia?

* Jake: <u>Julia, could you find the files and bring them to me?</u>

여: Chandler는 그의 회사 동료들과 큰 프로젝트를 담당하게 되었다. 그는 오늘 중요한 회의가 있지만, 병원에 가야 해서 아프다고 전화를 했다. 그는 근래 몇 주 동안 아팠다. 그의 동료인 Jake가 회의를 주도하기로 했지만, 그는 파일들과 인쇄물들이 어디 있는지 모른다. Jake는 바로 회의를 주관해야 하고 무엇인가를 할 충분한 시간이 없다. 그래서 그는 또 다른 동료 직장인 Julia에게 그것들을 찾아줄 수 있는지 요청하기로 했다. 이 상황에서 Jake가 Julia에게 할 말로 가장 적절한 것은?

* Jake: 파일을 찾아서 내게 가져다 줄래요?

**어휘:** call in sick 아파서 참석할 수 없다는 전화를 하다
business partner 회사 동료   co-worker 직장동료
handout 인쇄물

**해설:** Jake는 Julia에게 회의에 필요한 중요한 자료들을 찾아달라고 부탁하고 있다.

---

**문항 16** ①

**문항 17** ④

M: Parents everywhere want to do their best to help their children prepare for reading success. Learning to read is a challenging task for many children. Think about all of the skills that go into achieving success in reading:

• Understanding the way speech sounds make up words
• Focusing on printed marks (letters and words)
• Connecting speech sounds to letters

We should not be surprised that many children struggle with such a complex activity. At the same time we should know that many children are suffering from dyslexia, a specific reading disability. Fortunately they can become successful readers with help. This is especially true when a child's risk is identified early. Nowadays, the best science-based methods can be and are being used to teach reading. BrightStart! This book shows you how to help your children read in a specific way and guides them on the reading journey. Through BrightStart, we are sure to show its commitment to the future health and well-being of all dyslexia children.

남: 많은 부모님은 자신의 아이가 독서에 성공할 수 있도록 준비시키는 데 최선을 다하려고 노력합니다. 책 읽는 법을 배우는 것은 어려우므로 많은 아이에게 큰 과제입니다. 독서에 성공할 때 필요한 그 많은 기술을 생각해 보십시오.

• 말할 때 소리가 단어를 형성하는 것을 이해하는 것
• 인쇄된 것(문자와 단어들)에 집중하는 것
• 문자와 소리를 연결하는 것

우리는 많은 아이가 이런 어려운 활동에 투쟁하는 것에 대해 놀라지 말아야 합니다. 동시에 우리는 많은 아이가 난독증(독해 장애)으로 괴로워하고 있다는 것을 알아야 합니다. 다행스럽게도, 그들도 도움을 받으면 성공적인 독자가 될 수 있습니다. 이것은 특히나 아이의 위험 증상이 일찍 발견되었을 때 가능합니다. 요즘은 가장 좋은 과학적 방법을 이용하여 읽기 기술을 가르칠 수 있으며, 또한 그렇게 사용되고 있습니다. 브라이트스타트! 이 책은 당신의 아이를 구체적으로 어떻게 가르쳐야 하는지 보여주고, 아이의 독서 과정을 인도해줄 것입니다. 브라이트스타트는 난독증 아이들의 미래 건강과 행복에 도움이 될 것을 확신합니다.

**어휘:** challenging 어려운   struggle 투쟁하다   complex 까다로운
dyslexia 난독증   commitment 헌신

**해설: 16.** 남자는 읽기를 어려워하는 아이들을 위한 독서 지도법 책, 브라이트스타트를 소개하고 있다. **17.** 'This is especially true when a child's risk is identified early.' 즉, 조기 발견된 읽기 장애는 도움을 받으면 고쳐질 수 있다.

---

## 핵심 실전 모의고사 10회

| 1 | ② | 2 | ① | 3 | ④ | 4 | ③ | 5 | ④ |
| 6 | ④ | 7 | ④ | 8 | ② | 9 | ③ | 10 | ① |
| 11 | ⑤ | 12 | ④ | 13 | ③ | 14 | ④ | 15 | ① |
| 16 | ④ | 17 | ① | | | | | | |

**문항 1** ②

M: Jenny, I bought this new hat for you. How do you like it?

W: Oh, really? Thanks. I love this baseball cap. You are so sweet.

M: By the way, this coming Saturday, we are going to a flower exhibition together, remember?

W: <u>Of course. I will wear this cap when we go out together.</u>

남: Jenny, 너를 위해 이 새 모자를 샀어. 어떠니?

여: 오, 정말? 고마워. 이 야구 모자가 마음에 들어. 넌 정말 다정하구나.

남: 그런데, 이번 토요일에 우리 꽃 전시회 함께 가기로 한 것, 기억하지?

여: <u>그럼. 기억하고 있어. 우리가 함께 외출하는 날에 이 모자를 꼭 쓸게.</u>

**어휘:** exhibition 전시회

**해설:** 첫 대화는 새로 산 모자 이야기로 시작했으나 남자의 마지막 말은 외출 약속의 기억 여부를 물어보고 있다. 여자는 약속을 기억하고 있다고 응답할 수 있다.

## 문항 2 ①

M: These apples look delicious. How much are they?

W: They are $5 each. But, if you buy more than ten, I'll give you 5% discount.

M: I need to buy 20, but that's still expensive. Can you come down a bit on the price?

W: <u>Sorry, but I think this is my best offer.</u>

남: 이 사과들이 맛있어 보이네요. 얼마입니까?

여: 하나에 5달러입니다. 하지만 10개 이상을 사시면, 5% 할인해 드립니다.

남: 저는 20개를 사야 합니다만, 여전히 비싸군요. 좀 더 깎아 주실 수는 없나요?

여: <u>죄송합니다만, 제가 드릴 수 있는 최고의 조건입니다.</u>

**어휘:** come down (가격을) 깎아 주다   no doubt 의심할 여지없이   best offer 최고의 조건

**해설:** 사과를 사는 상황에서 남자는 할인을 받아도 여전히 비싸므로 가격을 좀 더 깎아 달라고 말하고 있다. 여자는 '가격을 조정해 줄 수 있다 혹은 없다' 등으로 대답할 수 있다.

## 문항 3 ④

W: Welcome to the Rainbow Amusement Park. This is the operations staff speaking. We're sorry to tell you that several rides in our park will not be in operation because of the cold weather. The speed rides like roller coaster and spinning swing are not allowed to run at the moment. We are afraid that we also have to stop all our outdoor rides due to safety reasons. However, you can still enjoy our indoor rides such as the Balloon Ride and the Jungle Adventure. The weather forecast says the temperature will rise tomorrow so we plan to resume regular service tomorrow morning. We are sorry for the inconvenience and thank you again.

여: 무지개 놀이동산에 오신 것을 환영합니다. 운영진에서 알려드립니다. 유감스럽지만 추운 날씨로 인하여 우리 놀이 공원의 몇 개의 놀이 기구가 운영되지 않음을 말씀드립니다. 롤러코스터나 스피닝 스윙과 같은 스피드 놀이 기구는 현재 운영되고 있지 않습니다. 또한, 유감스럽지만, 안전상의 이유로 모든 실외 놀이 기구를 멈추게 되어 죄송합니다. 그러나 벌룬 라이드나 정글 모험과 같은 실내 놀이 기구는 사용 가능합니다. 일기 예보에 따르면 내일 기온이 올라갈 것이라고 합니다. 우리는 내일 아침 정상적인 서비스를 재개할 계획입니다. 불편함을 끼쳐 죄송합니다. 다시 한 번 감사합니다.

**어휘:** amusement park 놀이공원   operations staff 운영진   ride 놀이 기구   in operation 운영 중인   resume 재개하다   inconvenience 불편함

**해설:** 여자의 말 앞부분에 'We're sorry to tell you that several rides in our park will not be in operation because of the cold weather.'라고 목적이 드러나 있다.

## 문항 4 ③

M: When peers like your teenager classmates try to influence how you act or get you to do something, it's called peer pressure. This is sometimes too strong to resist and you will suffer from it. It is tough to be the only one who says "no" to peer pressure, but if you feel that it is wrong, you should do something. First, pay attention to your own feelings and beliefs about what is right and wrong. Inner strength and self-confidence can help you stand firm, walk away, and resist doing something wrong. When you're faced with peer pressure while you're alone you can simply stay away from peers who pressure you. You can tell them "no" and walk away. Better yet, find other friends and classmates to be around with. If you continue to face peer pressure and you're finding it difficult to handle, talk to someone you trust. Talking to a parent, teacher, or school counselor can help you feel much better and prepare you for the next time you face peer pressure.

남: 여러분의 십대 반 친구들과 같은 동료들이 당신이 어떻게 행동하는지에 대해 혹은 당신이 어떤 것을 하도록 영향을 주려 노력할 때, 그것은 동료 압박이라고 부릅니다. 이것은 종종 너무 강하여 저항할 수 없고 당신은 이것으로 고통스러울 것입니다. 동료 압박에 "아니오"라고 말할 수 있는 사람이 되는 것은 어렵습니다. 하지만 만약 당신이 그것이 옳지 않다고 느낀다면, 당신은 무엇인가를 해야 합니다. 첫째, 당신의 옳거나 그르다고 생각하는 감정과 믿음에 대해 주의를 기울여야 합니다. 내적인 강인함과 자신감이 당신으로 하여금 강하게 서고, 걸어가며, 잘못된 어떤 것을 하지 않도록 저항할 수 있게 할 것입니다. 당신이 혼자 있을 때 동료 압박을 받는다면 그냥 압력을 주는 동료들로부터 멀리 있도록 하십시오. 당신은 "아니오"라고 말하고 걸어나가면 됩니다. 하지만 더 좋은 것은 같이 할 친구들, 동료들을 찾는 것입니다. 만약 당신이 동료 압박을 계속 받는다면 그리고 처리하기가 힘들다고 생각하면, 당신이 신뢰하는 사람에게 말하십시오. 부모님, 선생님, 혹은 학교 상담선생님에게 말하는 것은 당신의 기분이 더 좋아지고 다음 번 동료 압박을 받았을 때 당신이 더 잘 준비될 수 있도록 도와줄 것입니다.

**어휘:** peer pressure 동료(또래) 압박  resist 저항하다
inner strength 내적인 힘  firm 굳은

**해설:** 남자는 '동료 압박을 어떻게 다루어야 하는가에 대해 자신을 믿을 것, 압력을 주는 동료들과 멀리할 것, 같이 할 친구 찾기, 신뢰할 수 있는 사람에게 상담하기 등의 조언을 해주고 있다.

---

**문항 5** ④

M: I heard you got a perfect score for English Literature. Congratulations!

W: Thanks, actually, compared with other subjects, English Literature is my weakest subject. I didn't expect such a high score.

M: But I know how hard you've been trying to overcome your weak points.

W: I used some good learning strategies and have slowly become interested in English Literature.

M: Can you share some of them? I have to get more points in English Literature and need your advice desperately.

W: For me, 'Extension Strategy' worked effectively.

M: 'Extension Strategy'? How does that work?

W: You study the textbook and at the same time read the poems or novels as pieces of work themselves. When you study only a part or the summary, you don't get a deeper understanding.

M: Well, for me, studying the textbook is heavy enough. I don't think I have time to do your strategy.

W: Why not try it first? You will feel your understanding getting broader and deeper.

M: Really? I hope it works for me, too.

남: 네가 영문학에서 만점을 받았다고 들었어. 축하해!

여: 고마워, 사실 다른 과목들과 비교해서, 영문학은 나의 취약 과목이었어. 나도 그렇게 높은 점수를 받을지 기대 안 했어.

남: 하지만 나는 네가 취약한 부분을 극복하려고 얼마나 노력했는지 알아.

여: 나는 몇 개의 좋은 학습 전략을 사용했고, 천천히 영문학에 관심이 있어졌어.

남: 그 전략을 공유하지 않을래? 나는 영문학에서 더 좋은 점수를 받아야 해, 너의 충고가 절실히 필요해.

여: 나에게 있어 '확장 전략'이 효과적이었어.

남: '확장 전략'이라고? 그것은 어떤 것이니?

여: 교과서를 공부할 때 시나 소설을 그 작품 그대로 동시에 같이 공부하는 것이야. 교과서 일부나 요약만 공부한다면, 더 깊은 이해를 할 수 없어.

남: 그래, 나는 교과서만 공부해도 아주 벅차. 너의 전략을 해보고 싶지만, 시간이 충분치 않아.

여: 시도해보렴. 이해도가 크고 깊어지는 것을 느낄 수 있을 거야.

남: 정말? 나에게도 효과적이면 좋겠다.

**어휘:** subject 과목  overcome 극복하다  strategy 전략
desperately 절박하게  effectively 효과적으로
broader 더 넓게  objective 객관적인

---

**해설:** 남자는 여자가 영문학에서 만점을 받자 그 비결을 물어보고 있다. 여자는 문학작품을 공부할 때 교과서만 공부할 것이 아니라 작품을 통째로 읽어서 이해를 깊게 하는 전략이 좋다며 남자에게도 시도해보라고 권고하고 있다.

---

**문항 6** ③

M: Hello, this is Tom Stark.

W: Hi, Mr. Stark. This is Ann from Number-one Book publishing.

M: Hi. Is this call from a publishing company?

W: Yeah, do you remember posting a book review on the essay 'A Lucky Guy' on our website?

M: Yes, I do. Is there any problem with my review?

W: No, I'm actually calling to let you know that you've been selected as this month's best review writer! Congratulations!

M: I can't believe it! I'm flattered now.

W: You will be awarded $100 gift coupon from Number-one Book publishing as a prize.

M: I never expected this. Actually I was worried about my writing quality then.

W: Your review didn't show any quality problem at all. You can either receive your gift coupon by mail or you can pick it up yourself.

M: All right. I'd prefer to get them by mail. Thanks.

남: 여보세요, Tom Stark입니다

여: 안녕하세요, Stark 씨. Number-one Book 출판사의 Ann입니다.

남: 안녕하세요. 출판사에서 전화한 것인가요?

여: 네, 저희 웹사이트에서 에세이 'A Lucky Guy'에 관한 책 후기를 포스팅하신 것을 기억하나요?

남: 네, 그럼요. 제 후기에 무슨 문제라도 있나요?

여: 아니요, 사실 저는 Stark씨가 이번 달 최고의 후기 작성자로 뽑히셨다는 것을 알려드리기 위해 전화했습니다! 축하합니다!

남: 믿을 수 없네요! 지금 우쭐하네요.

여: 상품으로 Number-one Book 출판사에서 100달러 문화상품권을 받게 되실 거예요.

남: 전혀 예상하지 못했어요. 사실 그때 제 글쓰기의 수준 걱정을 많이 했었거든요.

여: Stark 씨의 후기는 전혀 질의 문제가 보이지 않았어요. 문화상품권은 택배로 받으시거나 직접 받으러 오셔도 됩니다.

남: 알겠습니다. 택배로 받는 것을 더 선호합니다.

여: 알겠습니다. 그럼 저희 웹사이트를 방문해주셔서 관리자에게 당신의 주소를 메일로 보내면 됩니다.

남: 네, 그렇게 하겠습니다. 감사합니다.

**어휘:** publishing 출판  posting 포스팅(게시)  book review 책 후기
flatter ~을 아첨하다

**해설:** 남자는 예상치 못하게 최고의 후기 작성자로 뽑혀 100달러 상품권을 받게 되었다. 따라서 남자는 흥분되어 있다.

[Telephone rings.]

W: Hello, Dan?

M: Hi, Aunt Rachel. I have fantastic news for you.

W: Tell me what it is. I'm very eager to hear the news.

M: I just received a call from the University of Illinois. And I was told that I got accepted to the University!

W: Congratulations! I'm very proud of you.

M: Thank you so much. And I was wondering if you could do me a favor.

W: Go ahead, sweetie. What can I do for you?

M: You know the university is near where you live now. So could you find a place for me to stay?

W: Sure. I'm not busy these days and have much time to spare.

M: That's so fortunate! I'm really lucky thanks to you, Aunt Rachel.

W: Yes. And what kind of place is suitable for you?

M: I want a studio apartment if possible.

W: Okay. If I find a good place, I'll give you a call.

M: Thank you so much, Aunt Rachel.

W: My pleasure, sweetie.

[전화벨 소리]

여: 여보세요, Dan?

남: 안녕하세요, Rachel 이모님? 좋은 소식이 있어요.

여: 무엇인지 말해 보렴. 소식이 궁금하구나.

남: 일리노이 대학에서 전화를 방금 받았어요. 그 대학에 입학하게 됐어요.

여: 축하한다! 네가 매우 자랑스럽구나.

남: 고마워요. 그리고 이모님이 제 부탁을 들어주실 수 있는지 궁금해요.

여: 그래, 말해보렴. 무엇을 도와줄까?

남: 제가 가는 대학이 이모님이 살고 계신 곳 근처인 것 아시죠? 제가 묵을 수 있는 곳을 알아봐 주실 수 있나요?

여: 물론이야. 요즘 나는 바쁘지 않단다. 시간이 많아.

남: 다행이네요! 제가 이모님 덕분에 운이 정말 좋은 것 같아요.

여: 그래. 어떤 장소가 너에게 적합할 것 같으니?

남: 저는 가능하면 아파트를 원해요.

여: 좋아. 좋은 거처를 찾으면 전화할게.

남: 고마워요, Rachel 이모님.

여: 내가 오히려 기쁜단다, 애야.

**어휘:** fantastic 환상적인  be eager to ~하고 싶다
do me a favor 부탁을 들어 주다  fortunate 운이 좋은
suitable 적합한

**해설:** 남자는 대학 입학 허가를 받고 이모님에게 전화하고 있다. 대학 근처에 살고 계신 이모님에게 자신이 살 수 있는 거처를 알아봐 달라고 부탁하고 있다.

W: You know how much I like this electric auto-scent candle lantern.

M: Sure. This is convenient because the scent sprays automatically.

W: But suddenly it stopped spraying the scent.

M: Maybe something was wrong inside the lantern.

W: That's what I guessed, too.

M: So, did you get your electric auto-scent candle lantern fixed today?

W: I brought it to the store but I couldn't get it fixed.

M: What was the problem there?

W: The store owner said the switch on the lantern didn't work properly and it needed replacing.

M: Then, why not replace the parts?

W: That's what made me upset. I brought the 1 year free warranty card with me.

M: Did you get the free repair service?

W: The store owner said the parts were out of stock and they stopped producing the same model.

M: Oh, no. There's no possibility of using your candle lantern again.

W: I'm upset. It's been only two months since I bought it.

여: 너 내가 얼마나 이 전기 자동 분사 양초 랜턴을 좋아하는지 알지.

남: 물론이야. 그것은 자동으로 향기가 분사되기 때문에 편리하지.

여: 하지만 갑자기 향기 분사하는 것을 멈췄어.

남: 아마도 랜턴 안에 무엇인가가 잘못되었나 보네.

여: 나도 그렇게 생각해.

남: 그래, 오늘 너의 그 자동 향기 분사를 고쳤니?

여: 나는 그것을 상점에 가져갔는데 고치지 못했어.

남: 거기서 무엇이 문제였니?

여: 가게 주인이 말하길 랜턴의 스위치가 적절하게 작동되지 않아 교체가 필요하다고 했어.

남: 그렇다면, 부품을 교체하면 되잖니?

여: 바로 그것이 나를 화나게 한 점이야. 나는 1년 무료 보증 카드를 가져갔었어.

남: 무료 수리를 받았니?

여: 가게 주인이 부품 재고가 없고, 같은 모델 생산을 중지했다고 말했어.

남: 오, 안 돼. 네 랜턴을 다시 사용할 가능성이 없구나.

여: 화가 나. 내가 산 지 두 달 밖에 안되었단 말이야.

**어휘:** electric 전기의  scent 향기  lantern 랜턴  convenient 편리한
automatically 자동적으로  properly 적절하게  warranty 보증
out of stock 재고가 떨어진

**해설:** 여자는 마음에 들어 하는 자동 분사 향기 랜턴을 수리하러 가게에 가져갔다. 보증기간이 남았음에도 불구하고 부품을 구할 수 없다는 말을 듣고 여자는 화가 났다.

**문항 9** ③

W: Scott, I was having fun with my father this afternoon.

M: What did you do?

W: You know I got a new bicycle for my birthday present.

M: That's good. Bike riding provides a great way to enjoy time while getting some exercise.

W: Right. It was fresh spring outside. All the trees were green on the road.

M: I know you're not good at riding a bike. Don't you need practice?

W: Oh, my father helped me.

M: So your father was pushing the bike and you from behind?

W: Yes, exactly. And he let me put on safety gear like a helmet and knee protectors before the ride.

M: Right, that's very important. By the way, wasn't it too hot this afternoon?

W: Yes it was. My father was wearing his short pants but I wasn't. I sweat a lot.

M: Oh, did you bring your dog, Peggy?

W: Sure. He goes everywhere I go.

M: Now you and I can go bike riding together.

여: Scott, 나는 오후에 아빠와 재미있는 시간을 가졌어.

남: 무엇을 했는데?

여: 내가 생일 선물로 새 자전거를 선물 받은 것 알지?

남: 잘됐구나. 자전거 타기는 운동도 되면서 시간을 즐길 수 있는 좋은 방법이야.

여: 맞아. 봄이라 밖은 신선했어. 도로에 있는 모든 나무가 푸르더라.

남: 내가 알기로 너는 자전거를 잘 못 타잖니? 연습이 필요하진 않았니?

여: 오, 아빠가 내가 타는 것을 도와줬어.

남: 그러니까 네 아빠가 자전거와 너를 뒤에서 밀어줬구나?

여: 응, 그래. 그리고 내가 자전거 타기 전에 헬멧이나 무릎 보호대를 하도록 했어.

남: 맞아, 중요한 부분이지. 그런데 오늘 오후에 너무 덥지 않았니?

여: 더웠어. 그래서 아빠는 반바지를 입고 있었고 나는 그렇지 않았어. 내가 땀을 좀 흘렸지.

남: 오, 너의 강아지 Peggy도 데려갔니?

여: 물론이야. 그는 내가 가는 곳 어디든지 따라다녀.

남: 이제 너랑 나랑 함께 자전거를 타러 갈 수도 있겠다.

**어휘:** safety gears 안전 장비들  knee protector 무릎 보호대  sweat 땀

**해설:** 아빠는 더운 날씨라 반바지를 입고 도와줬다고 했는데, 그림 ③에서는 아빠가 긴 바지를 입고 있으므로 잘못되었다.

**문항 10** ①

W: What are you doing on the computer?

M: I'm looking for some furniture for my son.

W: Right, he's going to an elementary school. What do you need?

M: I need to buy a desk and a chair.

W: What about this desk and chair set? It's $200.

M: I don't want that set because I want choose a more functional chair.

W: I see. You want to purchase separately. How about this $100 white desk?

M: Looks good but I want this brown one. It's $80.

W: Okay. Put it in the shopping cart. And your son will love these height adjustable chairs.

M: I think so. The black one is $50 and the red one is $40. I'll take the black one.

W: Hey, if you buy three items or more, you can have an extra 10% discount off the total.

M: Oh, my chair needs to be replaced, too. I'll take the red chair.

W: Good.

여: 컴퓨터로 무엇을 하고 있니?

남: 나는 내 아들을 위한 가구들을 찾아보고 있어.

여: 그래, 그는 초등학교에 입학하는구나. 무엇이 필요하니?

남: 나는 책상과 의자를 사야 해.

여: 이 책상과 의자 세트는 어때? 200달러야.

남: 나는 더 실용적인 의자 고르기를 원하기 때문에 그 세트를 원하지 않아.

여: 알겠어. 너는 따로 구매하기를 원하는구나. 이 100달러짜리 흰색 책상은 어때?

남: 좋아 보이기는 하지만 나는 이 밤색 책상을 원해. 80달러야.

여: 알겠어. 그것을 장바구니에 넣어. 그리고 너의 아들은 이 높이 조절이 가능한 의자를 마음에 들어 할 거야.

남: 나도 그렇게 생각해. 검은색은 50달러이고 빨간색은 40달러 이네. 검은색을 고르겠어.

여: 이봐, 만약 네가 3개 이상의 가구를 사면, 너는 전체에서 추가 10% 할인을 받을 수 있어.

남: 오, 내 의자도 바꿔야겠다. 나는 빨간색 의자를 사야지.

여: 좋아.

**어휘:** furniture 가구  functional 실용적인  purchase 구매하다  separately 분리해서  height 높이  adjustable 조절 가능한  grab 붙잡다

**해설:** 남자와 여자가 지불할 금액은 (책상 80달러 + 검은색 의자 50달러 + 빨간색 의자 40달러 = 총 170달러)인데 3개 이상의 물품을 구입해서 전체금액의 10% 할인을 받을 수 있다. 정답은 153달러이다.

**문항 11** ⑤

M: Judy, let's make a ticket reservation. It's really difficult to get hold of tickets for Chu-seok holidays.

W: Right. We might not go to our hometown unless we hurry up. Look at this online booking website.

M: Some trains are already fully booked! I want to take a KTX this time.

W: But KTXs start before 8 a.m. That's too early. We can't get to Seoul station even if we take the first subway.

M: Oh, that's right.

W: I want to have an experience of riding first class. We can enjoy a different kind of service on the train.

M: Come on. We'll spend a lot of money on this holiday. Train fare is where we can save.

W: I see. Let's take ITX and Economy class. ITX train is not bad. How about a departure time?

M: The departure time we can select is almost the same, 25 minutes or 35 minutes.

W: But look at the other option. If we can have a lunch on a train, that'll be a special moment.

M: Judy, as I said, we have to save money. We'll pack our lunch with us.

W: Okay, the dining car option is excluded and we can save 4,000 won.

M: Yes. That means saving 2,000 won per person.

남: Judy, 표 예약을 하자. 추석 연휴 때는 표를 끊는 것이 매우 어려워.

여: 그래. 서두르지 않으면 고향을 못 갈지도 몰라. 이 온라인 예약 사이트를 봐봐.

남: 어떤 기차는 이미 예약이 다 됐어! 나는 이번에 KTX를 타고 싶어.

여: 하지만 KTX는 오전 8시 전에 출발해. 너무 일러. 우리는 서울역까지 첫 지하철을 타고 가도 제시간에 도착할 수 없어.

남: 아, 그렇구나.

여: 나는 일등석을 타보고 싶어. 기차에서 여러 가지 다양한 서비스를 즐길 수 있어.

남: 이봐, 우리는 이번 여행에 돈을 많이 쓸 거야. 교통비를 아껴야 해.

여: 그렇구나. ITX 기차와 이코노미석을 고르자. ITX 기차도 나쁘지 않아. 출발 시간은 어떻게 할까?

남: 우리가 선택할 수 있는 출발 시간은 거의 다 같아. 25분 아니면 35분이야.

여: 하지만 다른 조건들을 봐봐. 기차에서 점심을 먹을 수 있어. 특별한 순간이 될 거야.

남: Judy, 내가 말했지만, 우리는 돈을 아껴야 해. 우리는 점심을 싸서 갈 거야.

여: 알았어. 식당차 조건은 취소하면 우리는 4,000원을 아낄 수 있어.

남: 맞아. 한 사람당 2,000원을 아끼는 셈이야.

**어휘:** get hold of ~을 가지다  unless ~하지 않는다면  fare 요금  departure 출발  option 선택  exclude ~을 배제하다

**해설:** 두 사람은 ITX 기차이면서 이코노미석을 선택할 것이다. 식당칸이 없는 것을 고려하면 ⑤번이 답이 된다.

---

**문항 12** ④

W: The Sun Bear is found primarily in the tropical rainforests of Southeast Asia. The Sun Bear stands approximately 1.2m in length, making it the smallest member of the bear family. It is often called the dog bear because of its small stature. It has a 5cm tail and on average weighs less than 65kg. Males tend to be slightly larger than females. Unlike other bears, the Sun Bear's fur is short and clean. This adaptation is probably due to the lowland climates it inhabits. Dark black or brown-black fur covers its body, except on the chest where there is a pale orange-yellow marking in the shape of a horseshoe. Similar colored fur can be found around its muzzle and eyes. These distinct markings give the Sun Bear its name.

여: 태양 곰은 동남아시아의 열대 우림에서 주로 발견된다. 태양 곰이 서면 길이가 대략 1.2m로 곰 무리에서 가장 작다. 조금 작은 몸집으로 강아지 곰이라고도 불린다. 5cm의 꼬리가 있고 평균 몸무게가 65kg보다 적게 나간다. 수컷은 암컷보다 조금 더 크다. 다른 곰들과 달리, 태양 곰의 털은 짧고 깔끔하다. 이 특성은 아마 그의 거주지인 저지대의 날씨 때문일 것이다. 가슴에 있는 말발굽 모양의 주황빛 나는 노란색 표식이 있는 곳을 제외하고 검은색 또는 갈색 검정 털이 몸을 덮는다. 비슷한 색(주황-노란색)은 목덜미와 눈 주변에서도 찾을 수 있다. 이런 표시들 때문에 태양 곰이라는 이름을 얻게 되었다.

**어휘:** primarily 주로  approximately 대략  stature 키  adaption 적응  lowland 저지대  horseshoe 말발굽  muzzle 목덜미  distinct 분명한

**해설:** 곰의 이름은 곰이 햇볕을 좋아해서가 아니라 털의 색깔과 모양 때문에 붙여진 것이다.

---

**문항 13** ③

W: Hey, Joe. What are you planning to do for this summer vacation? Any special plan?

M: I have to work part time job at a cafeteria to earn money for tuition.

W: Oh, I see. Anything else?

M: I'm also planning to ride a skateboard during the holidays, too.

W: What a plan! Where are you planning to ride?

M: I haven't decided on the destination, but maybe I'll go to the country side.

W: That sounds fantastic. Actually, I bought a new skateboard last week.

M: Oh, why don't you join me then?

W: I hope so. But I'm not used to riding it now.

M: That's not a big deal. I can teach you how to ride a skateboard if you want.

W: Really? Do you think I can learn fast enough to join you?

M: <u>I'm sure you'll get used to it very soon.</u>

여: 이봐, Joe. 이번 여름 방학을 위해 어떤 계획을 세우고 있니? 특별한 계획이라도 있니?

남: 나는 등록금을 벌기 위해 매점에서 아르바이트해야만 해.

여: 아, 그렇구나. 다른 계획은?

남: 나는 또한 휴일 동안 스케이트보드를 탈 거야.

여: 좋은 계획이구나. 어디서 탈 계획이니?

남: 목적지를 결정하지 못했지만 아마도 시골 길을 갈 것 같아.

여: 멋지게 들리는구나. 사실, 난 지난주에 새 스케이트보드를 하나 샀어.

남: 오, 그렇다면 나랑 같이 하면 어떠니?

여: 나도 그러고 싶어. 하지만 나는 지금 스케이트보드 타는 것이 익숙하지 않아.

남: 그렇게 중요한 것은 아니야. 네가 괜찮다면 어떻게 타는지 가르쳐 줄 수 있어.

여: 정말? 너는 내가 너와 함께 할 만큼 빨리 배울 수 있다고 생각하니?

남: <u>네가 곧 익숙해질 거라 확신해.</u>

**어휘:** tuition 등록금  destination 목적지  fantastic 훌륭한
be used to ~ing ~하는데 익숙하다
that's not a big deal 그것은 중요하지 않아  scenery 경치

**해설:** 여자는 스케이트보드를 배울 수 있는지 걱정이 되어 남자에게 질문했다. 남자는 '네가 곧 익숙해질 것이라 확신해'라고 용기를 줄 수 있다.

**문항 14** ④

[Telephone rings.]

M: No-Frill mart. May I help you?

W: Yes. I bought some groceries there and asked for delivery service a couple of hours ago. But it has not been delivered yet. Is there something wrong?

M: I'm sorry, ma'am. Let me check. Could you tell me the last 4 digits of your phone number?

W: Okay. It's 7960.

M: Let me check... Oh, Ms. Logan. We must have the wrong address.

W: Really? How did you find it out?

M: We sent the delivery person to the address listed in the computer, but there was no one by that name when he got to the place.

W: That's too bad. So what can I do?

M: Could you tell me your address one more time?

W: It's 1024 Spencer Street.

M: I see. We are very sorry for the trouble and We'll have it delivered again ASAP.

W: <u>Thanks. Can you make it quick? I'm in a hurry.</u>

[전화벨 소리]

남: No-Frill 가게입니다. 도와드릴까요?

여: 네. 제가 거기에서 식료품을 샀고 2시간 전에 배달을 부탁했습니다. 그런데 아직 받지 못했습니다. 무슨 문제라도 있습니까?

남: 죄송합니다. 확인해 보겠습니다. 전화번호 마지막 네 자리를 알려주시겠습니까?

여: 좋습니다. 7960입니다.

남: 한 번 확인해 보겠습니다. 오, Logan 씨군요. 저희가 주소를 잘못 기재한 것 같습니다.

여: 정말요? 어떻게 찾았어요?

남: 우리가 컴퓨터에 있는 주소로 배달하는 사람을 보냈습니다만, 도착했을 때 그런 이름을 가진 사람이 없었습니다.

여: 안됐군요. 제가 무엇을 하면 되죠?

남: 당신의 주소를 한 번 더 말씀해 주시겠습니까?

여: 1024 스펜서 스트리트입니다.

남: 알겠습니다. 사고에 대해 죄송합니다. 가능한 한 빨리 다시 배달해 드리겠습니다.

여: <u>고맙습니다. 빨리 해주실 수 있죠? 제가 급해서요.</u>

**어휘:** deliver 배달하다  digit (숫자의) 자릿수
there was no one by that name 그런 이름을 가진 사람이 없었다  ASAP = as soon as possible 가능한 한 빨리

**해설:** 여자는 배달의 착오가 생겨 남자와 전화 통화를 하고 있다. 남자가 실수를 정정하며 빨리 보내주겠다고 하자 여자는 자신의 상황을 말하며 빨리 처리해 달라고 요청할 수 있다.

**문항 15** ①

M: Tom received a message from his best friend, Eric, that he's coming on business next week. They went to the same middle school but Eric moved to a different city a long time ago. Tom is very excited that he got the message from Eric and is wondering how he has changed. For lunch Tom meets Leslie, another friend of his in the same middle school and wants to break this news to her. Actually the three of them were very close during the middle school so he wants to see Eric with Leslie. Leslie is very curious to know what the news is about. Finally Tom told her that Eric, she and he are going to meet together next week. In this situation, what would Leslie most likely say to Tom?

* Leslie: <u>Tom, I can't believe it! What a school reunion it will be!</u>

남: Tom은 그의 친구 Eric에게 다음 주에 업무상으로 온다는 메시지를 받았다. 그들은 같은 중학교에 다녔지만 Eric은 아주 오래 전에 다른 도시로 이사를 갔다. Tom은 Eric에게 메시지를 받았다는 사실에 매우 흥분되어 있고 Eric이 어떻게 변했는지 궁금해한다. Tom은 점심을 먹기 위해 같은 중학교에 다녔던 또 다른 친구 Leslie를 만났고 그녀에게 이 소식을 알리고 싶어한다. 3명은 중학교에 다녔을 때 모두 친했다. Leslie는 무슨 소식인가 매우 궁금해한다. 결국 Tom은 그녀에게 그들이 Eric을 다음 주에 함께 보게 될 거라고 말했다. 이 상황에서 Leslie가 Tom에게 할 말로 가장 적절한 것은?

* Leslie: <u>Tom, 이거 믿기 힘든걸! 멋진 동창회가 될 것 같아!</u>

**어휘:** received 받다  on business 업무상으로  curious 궁금해하는

**해설:** Leslie는 Tom에게 예전에 친했던 중학교 친구와 함께 오랜만에 같이 만나자는 이야기를 듣고 셋이서 만나게 되는 감회를 말할 수 있다.

W: Sunglasses are must-have items for fashion but not wearing proper sunglasses could cause harm to eye health. Let's see how to choose healthy sunglass for our eyes. Some people think that the darker color of the lens will block UV light more effectively but that is not true. Because more light enters the eyes due to the enlargement of the pupil. Buy 100% UV protective sunglasses and color density that is 70~80% transparent is reasonable.

There are different types color lens sunglasses.
* Brown lens: protect from those who had eye infection.
* Blue lens: give spacious and clarity therefore good for driving.
* Green lens: protect retina and eyes get less tired.
* Gray lens: can see the natural color so good for outdoor activities.

Before selecting sunglasses, check in front of bright light or sunlight and see if there is a scratch. Wear sunglasses for 5 minutes and make sure feel comfortable around your ears and temples. With this information, you can select the most suitable sunglasses for you.

여: 선글라스는 패션에 반드시 가져야 할 아이템이지만 제대로 되지 않은 선글라스는 눈 건강에 해를 끼칠 수 있다. 우리 눈에 건강한 선글라스를 고르는 방법을 보자. 어떤 사람들은 렌즈의 색이 어두울수록 자외선을 더 효과적으로 차단할 것이라고 생각한다. 하지만 어두운 선글라스를 착용하는 것은 동공의 확대에 인해 더 많은 햇빛이 눈에 들어와 해롭다. 100% 자외선 차단이 되는 것을 사고 색의 농도가 70-80%인 것이 적당하다.

선글라스는 다양한 종류의 렌즈 색이 있다.
* 갈색 렌즈: 눈 염증이 있는 사람들의 눈을 보호
* 파란색 렌즈: 넓은 시야와 투명도로 운전할 때 적합
* 녹색 렌즈: 망막을 보호해주며 눈이 덜 피로해짐
* 회색 렌즈: 사물 본래의 색을 볼 수 있어서 야외활동에 적합

선글라스를 선택하기 전에, 밝은 빛이나 햇빛 아래에 비추어 흠집이 있는지 확인하라. 선글라스를 5분 동안 착용해서 귀와 관자놀이 주변이 편한지 확인하라. 이러한 정보를 가지고 당신은 당신에게 가장 적합한 선글라스를 고를 수 있다.

**어휘:** enlargement 확장  pupil 동공  density 농도
reasonable 적합한  spacious 널찍한  clarity 선명도
retina 망막  temple 관자놀이

**해설: 16.** 여자는 눈에 좋은 선글라스를 고르는 방법에 대해서 설명하고 있다. **17.** 여자는 어두운 색깔이면 동공이 확장되어 햇빛이 더 많이 들어와서 눈에는 안 좋다고 말했다.

# 대학수학능력평가 대비 영어영역 듣기 답안지

## 핵심 실전 모의고사 1회

| 문번 | 답안 |
|---|---|
| 1 | ① ② ③ ④ ⑤ |
| 2 | ① ② ③ ④ ⑤ |
| 3 | ① ② ③ ④ ⑤ |
| 4 | ① ② ③ ④ ⑤ |
| 5 | ① ② ③ ④ ⑤ |
| 6 | ① ② ③ ④ ⑤ |
| 7 | ① ② ③ ④ ⑤ |
| 8 | ① ② ③ ④ ⑤ |
| 9 | ① ② ③ ④ ⑤ |
| 10 | ① ② ③ ④ ⑤ |
| 11 | ① ② ③ ④ ⑤ |
| 12 | ① ② ③ ④ ⑤ |
| 13 | ① ② ③ ④ ⑤ |
| 14 | ① ② ③ ④ ⑤ |
| 15 | ① ② ③ ④ ⑤ |
| 16 | ① ② ③ ④ ⑤ |
| 17 | ① ② ③ ④ ⑤ |

## 핵심 실전 모의고사 2회

| 문번 | 답안 |
|---|---|
| 1 | ① ② ③ ④ ⑤ |
| 2 | ① ② ③ ④ ⑤ |
| 3 | ① ② ③ ④ ⑤ |
| 4 | ① ② ③ ④ ⑤ |
| 5 | ① ② ③ ④ ⑤ |
| 6 | ① ② ③ ④ ⑤ |
| 7 | ① ② ③ ④ ⑤ |
| 8 | ① ② ③ ④ ⑤ |
| 9 | ① ② ③ ④ ⑤ |
| 10 | ① ② ③ ④ ⑤ |
| 11 | ① ② ③ ④ ⑤ |
| 12 | ① ② ③ ④ ⑤ |
| 13 | ① ② ③ ④ ⑤ |
| 14 | ① ② ③ ④ ⑤ |
| 15 | ① ② ③ ④ ⑤ |
| 16 | ① ② ③ ④ ⑤ |
| 17 | ① ② ③ ④ ⑤ |

## 핵심 실전 모의고사 3회

| 문번 | 답안 |
|---|---|
| 1 | ① ② ③ ④ ⑤ |
| 2 | ① ② ③ ④ ⑤ |
| 3 | ① ② ③ ④ ⑤ |
| 4 | ① ② ③ ④ ⑤ |
| 5 | ① ② ③ ④ ⑤ |
| 6 | ① ② ③ ④ ⑤ |
| 7 | ① ② ③ ④ ⑤ |
| 8 | ① ② ③ ④ ⑤ |
| 9 | ① ② ③ ④ ⑤ |
| 10 | ① ② ③ ④ ⑤ |
| 11 | ① ② ③ ④ ⑤ |
| 12 | ① ② ③ ④ ⑤ |
| 13 | ① ② ③ ④ ⑤ |
| 14 | ① ② ③ ④ ⑤ |
| 15 | ① ② ③ ④ ⑤ |
| 16 | ① ② ③ ④ ⑤ |
| 17 | ① ② ③ ④ ⑤ |

## 핵심 실전 모의고사 4회

| 문번 | 답안 |
|---|---|
| 1 | ① ② ③ ④ ⑤ |
| 2 | ① ② ③ ④ ⑤ |
| 3 | ① ② ③ ④ ⑤ |
| 4 | ① ② ③ ④ ⑤ |
| 5 | ① ② ③ ④ ⑤ |
| 6 | ① ② ③ ④ ⑤ |
| 7 | ① ② ③ ④ ⑤ |
| 8 | ① ② ③ ④ ⑤ |
| 9 | ① ② ③ ④ ⑤ |
| 10 | ① ② ③ ④ ⑤ |
| 11 | ① ② ③ ④ ⑤ |
| 12 | ① ② ③ ④ ⑤ |
| 13 | ① ② ③ ④ ⑤ |
| 14 | ① ② ③ ④ ⑤ |
| 15 | ① ② ③ ④ ⑤ |
| 16 | ① ② ③ ④ ⑤ |
| 17 | ① ② ③ ④ ⑤ |

## 핵심 실전 모의고사 5회

| 문번 | 답안 |
|---|---|
| 1 | ① ② ③ ④ ⑤ |
| 2 | ① ② ③ ④ ⑤ |
| 3 | ① ② ③ ④ ⑤ |
| 4 | ① ② ③ ④ ⑤ |
| 5 | ① ② ③ ④ ⑤ |
| 6 | ① ② ③ ④ ⑤ |
| 7 | ① ② ③ ④ ⑤ |
| 8 | ① ② ③ ④ ⑤ |
| 9 | ① ② ③ ④ ⑤ |
| 10 | ① ② ③ ④ ⑤ |
| 11 | ① ② ③ ④ ⑤ |
| 12 | ① ② ③ ④ ⑤ |
| 13 | ① ② ③ ④ ⑤ |
| 14 | ① ② ③ ④ ⑤ |
| 15 | ① ② ③ ④ ⑤ |
| 16 | ① ② ③ ④ ⑤ |
| 17 | ① ② ③ ④ ⑤ |

* 시험 시, 답안지 작성은 컴퓨터 사인펜을 사용하여야 합니다. 수정테이프는 개인물품 사용 불가, 감독관에게 의뢰합니다.

# 대학수학능력평가 대비 영어영역 듣기 답안지

## 핵심 실전 모의고사 6회

| 문번 | 답안 |
|---|---|
| 1 | ① ② ③ ④ ⑤ |
| 2 | ① ② ③ ④ ⑤ |
| 3 | ① ② ③ ④ ⑤ |
| 4 | ① ② ③ ④ ⑤ |
| 5 | ① ② ③ ④ ⑤ |
| 6 | ① ② ③ ④ ⑤ |
| 7 | ① ② ③ ④ ⑤ |
| 8 | ① ② ③ ④ ⑤ |
| 9 | ① ② ③ ④ ⑤ |
| 10 | ① ② ③ ④ ⑤ |
| 11 | ① ② ③ ④ ⑤ |
| 12 | ① ② ③ ④ ⑤ |
| 13 | ① ② ③ ④ ⑤ |
| 14 | ① ② ③ ④ ⑤ |
| 15 | ① ② ③ ④ ⑤ |
| 16 | ① ② ③ ④ ⑤ |
| 17 | ① ② ③ ④ ⑤ |

## 핵심 실전 모의고사 7회

| 문번 | 답안 |
|---|---|
| 1 | ① ② ③ ④ ⑤ |
| 2 | ① ② ③ ④ ⑤ |
| 3 | ① ② ③ ④ ⑤ |
| 4 | ① ② ③ ④ ⑤ |
| 5 | ① ② ③ ④ ⑤ |
| 6 | ① ② ③ ④ ⑤ |
| 7 | ① ② ③ ④ ⑤ |
| 8 | ① ② ③ ④ ⑤ |
| 9 | ① ② ③ ④ ⑤ |
| 10 | ① ② ③ ④ ⑤ |
| 11 | ① ② ③ ④ ⑤ |
| 12 | ① ② ③ ④ ⑤ |
| 13 | ① ② ③ ④ ⑤ |
| 14 | ① ② ③ ④ ⑤ |
| 15 | ① ② ③ ④ ⑤ |
| 16 | ① ② ③ ④ ⑤ |
| 17 | ① ② ③ ④ ⑤ |

## 핵심 실전 모의고사 8회

| 문번 | 답안 |
|---|---|
| 1 | ① ② ③ ④ ⑤ |
| 2 | ① ② ③ ④ ⑤ |
| 3 | ① ② ③ ④ ⑤ |
| 4 | ① ② ③ ④ ⑤ |
| 5 | ① ② ③ ④ ⑤ |
| 6 | ① ② ③ ④ ⑤ |
| 7 | ① ② ③ ④ ⑤ |
| 8 | ① ② ③ ④ ⑤ |
| 9 | ① ② ③ ④ ⑤ |
| 10 | ① ② ③ ④ ⑤ |
| 11 | ① ② ③ ④ ⑤ |
| 12 | ① ② ③ ④ ⑤ |
| 13 | ① ② ③ ④ ⑤ |
| 14 | ① ② ③ ④ ⑤ |
| 15 | ① ② ③ ④ ⑤ |
| 16 | ① ② ③ ④ ⑤ |
| 17 | ① ② ③ ④ ⑤ |

## 핵심 실전 모의고사 9회

| 문번 | 답안 |
|---|---|
| 1 | ① ② ③ ④ ⑤ |
| 2 | ① ② ③ ④ ⑤ |
| 3 | ① ② ③ ④ ⑤ |
| 4 | ① ② ③ ④ ⑤ |
| 5 | ① ② ③ ④ ⑤ |
| 6 | ① ② ③ ④ ⑤ |
| 7 | ① ② ③ ④ ⑤ |
| 8 | ① ② ③ ④ ⑤ |
| 9 | ① ② ③ ④ ⑤ |
| 10 | ① ② ③ ④ ⑤ |
| 11 | ① ② ③ ④ ⑤ |
| 12 | ① ② ③ ④ ⑤ |
| 13 | ① ② ③ ④ ⑤ |
| 14 | ① ② ③ ④ ⑤ |
| 15 | ① ② ③ ④ ⑤ |
| 16 | ① ② ③ ④ ⑤ |
| 17 | ① ② ③ ④ ⑤ |

## 핵심 실전 모의고사 10회

| 문번 | 답안 |
|---|---|
| 1 | ① ② ③ ④ ⑤ |
| 2 | ① ② ③ ④ ⑤ |
| 3 | ① ② ③ ④ ⑤ |
| 4 | ① ② ③ ④ ⑤ |
| 5 | ① ② ③ ④ ⑤ |
| 6 | ① ② ③ ④ ⑤ |
| 7 | ① ② ③ ④ ⑤ |
| 8 | ① ② ③ ④ ⑤ |
| 9 | ① ② ③ ④ ⑤ |
| 10 | ① ② ③ ④ ⑤ |
| 11 | ① ② ③ ④ ⑤ |
| 12 | ① ② ③ ④ ⑤ |
| 13 | ① ② ③ ④ ⑤ |
| 14 | ① ② ③ ④ ⑤ |
| 15 | ① ② ③ ④ ⑤ |
| 16 | ① ② ③ ④ ⑤ |
| 17 | ① ② ③ ④ ⑤ |

* 시험 시, 답안지 작성은 컴퓨터용 사인펜을 사용하여야 합니다. 수정테이프는 개인물품 사용 불가, 감독관에게 의뢰합니다.

# EBS 연계 핵심 수능
# 영어 어휘

# EBS 연계 핵심 수능 영어 어휘 (random order)

## 핵심 수능 영어 어휘 1

| | |
|---|---|
| 01 avoiding fat (caffeine, dairy) | 지방(카페인, 유제품)을 피하는 것 |
| 02 author | 저자, 작가 |
| 03 area | 지역, 장소 |
| 04 assistance | 지원 |
| 05 advertising | 광고 |
| 06 athlete | 운동선수 |
| 07 article | 기사 |
| 08 attitude | 자세 |
| 09 anger | 분노 |
| 10 actor | 배우 |
| 11 answering questions | 질문에 답하다 |
| 12 advice | 조언 |
| 13 abandoning the ship | 배를 버리는 것 |
| 14 ability | 능력 |
| 15 bulletin board | 게시판 |
| 16 blackout | 정전 |
| 17 brand | 상표 |
| 18 background | 배경 |
| 19 blog | 블로그 |
| 20 boat | 보트 |
| 21 benefit | 장점, 이익 |
| 22 basic skill | 기본적 기술 |
| 23 curriculum | 커리큘럼 |
| 24 conflict | 갈등 |
| 25 collision | 충돌 |
| 26 ceiling fan | 천장용 선풍기 |
| 27 career | 인생, 경험, 직업 |
| 28 chunk | 크기, 덩어리 |
| 29 campus | 캠퍼스 |
| 30 cotton socks | 면양말 |
| 31 cold feet | 차가운 발 |
| 32 classroom work | 교실 수업 |
| 33 death | 죽음 |
| 34 diet | 식습관, 식단 |
| 35 depression | 우울증 |
| 36 extending bathtub | 욕실 확장 |
| 37 efficient way | 효과적인 방법 |
| 38 energy use | 에너지 사용 |
| 39 education | 교육 |
| 40 encyclopedia | 백과사전 |
| 41 experience | 경험 |
| 42 elderly people | 어르신들 |
| 43 employer | 고용주 |
| 44 employment | 고용 |
| 45 exercising | 운동 |
| 46 enough sleep | 충분한 수면 |
| 47 expression | 표현 |
| 48 expressing feelings | 감정을 표현하다 |
| 49 emotion | 기분 |
| 50 focus | 관점 |

## 핵심 수능 영어 어휘 2

| | |
|---|---|
| 01 first step | 첫 단계 |
| 02 flight | 비행 |
| 03 funeral | 장례식 |
| 04 fundraising activity | 자금 모금 활동 |
| 05 fridge | 냉장고 |
| 06 food waste | 음식물 쓰레기 |
| 07 font | 폰트, 서체 |
| 08 first impression | 첫인상 |
| 09 fire extinguisher | 소화기 |
| 10 following an easy class | 쉬운 수업을 듣는 것 |
| 11 fishing | 낚시 |
| 12 frostbitten toes | 동상 걸린 발가락 |
| 13 feeling | 감정 |
| 14 gift | 선물 |
| 15 grain | 곡물 |
| 16 government | 정부 |
| 17 ground | 땅 |
| 18 get sick | 병에 들다 |

| | | | | |
|---|---|---|---|---|
| 19 health-related question | 건강 관련 질문 | | 04 opinion | 의견 |
| 20 heat wave | 폭염 | | 05 personal health | 개인 건강 |
| 21 home appliance | 가전제품 | | 06 parking lot | 주차장 |
| 22 hunter gatherer | 수렵, 채집인 | | 07 patience | 인내 |
| 23 horn | 경적 | | 08 promising future | 장래가 밝은 |
| 24 hobby | 취미 | | 09 player | 선수 |
| 25 health chat | 건강 잡담 | | 10 positive effect | 긍정적 효과 |
| 26 humor | 유머 | | 11 profit | 이익 |
| 27 handwriting | 손 글씨 | | 12 presentation | 발표 |
| 28 inconvenience | 불편 | | 13 principle | 원칙 |
| 29 item | 물건 | | 14 putting the fire out | 불을 끄다 |
| 30 interview | 인터뷰 | | 15 priority | 우선순위 |
| 31 issue | 문제 | | 16 physical disability | 신체적 장애 |
| 32 injury | 부상 | | 17 peace | 평화 |
| 33 journalist | 기자 | | 18 relationship | 관계 |
| 34 Korea Energy Management Corporation | 한국 에너지 관리공단 | | 19 renovation | 개조 |
| 35 lots of time | 많은 시간 | | 20 risk | 위험 |
| 36 lounge | 라운지 | | 21 refrigerator | 냉장고 |
| 37 lesson | 수업 | | 22 reason | 이유 |
| 38 leftover | 남은 음식 | | 23 required lighting | 필요한 조명 |
| 39 life jacket | 구명조끼 | | 24 rescue boat | 구명보트 |
| 40 listener | 청취자 | | 25 rod | 낚싯대 |
| 41 lack of sleep | 수면 부족 | | 26 race | 인종 |
| 42 little insulation | 단열되지 않는 | | 27 relief | 안도감 |
| 43 manager | 관리인 | | 28 releasing emotion | 기분을 표현하는 것 |
| 44 manner | 예의 | | 29 safety equipment | 안전 장비 |
| 45 medical expense | 의료비 | | 30 shower | 샤워 |
| 46 memorial | 기념비 | | 31 saving energy | 에너지 절약 |
| 47 member | 선수, 회원 | | 32 solution | 해결책 |
| 48 metabolism | 신진대사 | | 33 senior year | 4학년 |
| 49 negative effect | 부정적 효과 | | 34 society | 사회 |
| 50 necessity | 필요성 | | 35 sale | 판매 |
| | | | 36 source | 자원 |

| 핵심 수능 영어 어휘 3 | |
|---|---|
| 01 negative environment | 부정적 환경 |
| 02 note taking | 노트 필기 |
| 03 opportunity | 기회 |

| | |
|---|---|
| 37 social study | 사회 공부 |
| 38 slide | 슬라이드 |
| 39 suit | 정장 |
| 40 stress | 스트레스 |
| 41 scenario | 시나리오 |

| | | | | |
|---|---|---|---|---|
| 42 sickness | 질병 | | 27 boost | 촉진 시키다 |
| 43 sock drawer | 양말 서랍 | | 28 convey | 전달하다 |
| 44 style | 스타일 | | 29 choose | 선택하다 |
| 45 sense of relax | 편안한 감정 | | 30 consider | 고려하다 |
| 46 task | 일, 과업 | | 31 depart | 출발하다 |
| 47 the latest | 최신 상품 | | 32 disregard | 소홀히 대하다 |
| 48 topic | 주제 | | 33 decrease | 감소 |
| 49 tip | 조언, 요령 | | 34 exceed | 초과하다 |
| 50 tuition | 수업료 | | 35 email | 이메일 |
| | | | 36 exhaust | 지치게 하다 |
| | | | 37 express | 표현하다 |

## 핵심 수능 영어 어휘 4

| | | | | |
|---|---|---|---|---|
| 01 pleasure of | 즐거움의 | | 38 happen | 발생하다 |
| 02 toy gun | 장난감 총 | | 39 hire | 고용하다 |
| 03 trash | 쓰레기 | | 40 hide | 숨기다 |
| 04 trash can | 쓰레기통 | | 41 increase | 증가하다 |
| 05 traveler | 여행자 | | 42 include | 포함하다 |
| 06 trivial skill | 사소한 기술 | | 43 last | 지속되다 |
| 07 upcoming election | 다가오는 선거 | | 44 lose | 줄어들다 |
| 08 unplugging desktop | 컴퓨터 전원을 끄다 | | 45 neglect | 무시하다 |
| 09 unhappiness | 불행 | | 46 never die | 절대 죽지 않다 |
| 10 violence | 폭력 | | 47 offer | 제공하다 |
| 11 vision | 목표 | | 48 overlook | 간과하다 |
| 12 vacation | 휴가 | | 49 offend | 상처받다 |
| 13 variety | 각양각색 | | 50 push | 밀다 |
| 14 vital skill | 중요한 기술 | | | |
| 15 wool socks | 양모 양말 | | | |

### 핵심 수능 영어 어휘 5

| | | | | |
|---|---|---|---|---|
| 16 winter boots | 겨울 부츠 | | 01 prevent | 예방하다 |
| 17 weight loss | 체중감량 | | 02 resolve | 해결하다 |
| 18 whistle | 호루라기 | | 03 reconsider | 재고하다 |
| 19 working out | 운동하는 것 | | 04 realize | 실현 하다, 깨닫다 |
| 20 accommodate | 수용하다 | | 05 raise | 올리다 |
| 21 achieve | 달성하다 | | 06 reach | 접근하다 |
| 22 advertise | 광고하다 | | 07 research | 조사하다 |
| 23 avoid | 피하다 | | 08 relax | 휴식하다 |
| 24 absorb | 흡수하다 | | 09 strengthen | 강화하다 |
| 25 alienate | 소원하게 하다 | | 10 spend | 소비하다 |
| 26 begin | 시작하다 | | 11 share | 공유하다 |

| 12 struggle | 고생하다, 힘들게 하다 |
|---|---|
| 13 solve | 해결하다 |
| 14 throw | 버리다 |
| 15 understand | 이해하다 |
| 16 burn calories | 칼로리를 태우다 |
| 17 draw more attention | 더 많은 관심을 끌다 |
| 18 get wet and cold | 젖고 차게 되다 |
| 19 get something off your chest | 마음의 짐을 덜다 |
| 20 hold moisture | 수분을 흡수하다 |
| 21 keep a list of | ~에 목록을 적다 |
| 22 keep in mind | 명심하다 |
| 23 make it | 만들다 |
| 24 plant a flower | 꽃을 심다 |
| 25 protect it from disease | 질병으로부터 보호하다 |
| 26 raise funds | 기금을 모으다 |
| 27 take the test | 시험 치다 |
| 28 write an article | 기사를 쓰다 |
| 29 catch fire | 불붙다 |
| 30 a number of | 많은 |
| 31 appropriate | 적절한 |
| 32 bothersome | 귀찮은 |
| 33 basic | 기초의 |
| 34 beneficial | 이로운 |
| 35 clear | 분명한 |
| 36 common | 흔한 |
| 37 certain | 특정한 |
| 38 duty free | 면세의 |
| 39 double | 두 사람의 |
| 40 durable | 튼튼한 |
| 41 excessive | 과도한 |
| 42 eye catching | 시선을 사로잡는 |
| 43 fantastic | 멋있는, 환상적인 |
| 44 fitting | 잘 맞는 |
| 45 full of | 가득 찬 |
| 46 going back | 거슬러 올라가다 |
| 47 harmful | 유해한 |
| 48 impractical | 실용적이지 않은 |

| 49 improper | 적절치 않은 |
|---|---|
| 50 manageable | 다루기 쉬운 |

## 핵심 수능 영어 어휘 6

| 01 miserable | 비참한 |
|---|---|
| 02 nervous | 긴장되는 |
| 03 organized | 조직화된 |
| 04 outdoor | 야외의 |
| 05 painful | 고통스러운 |
| 06 premium | 최상의 |
| 07 pre-civilization | 문명이전의 |
| 08 problematic | 문제가 있는 |
| 09 professional | 전문적인 |
| 10 prime | 원천의 |
| 11 poorly insulated | 거의 단열되지 않는 |
| 12 recent | 최근의 |
| 13 secure | 안정한 |
| 14 successful | 성공적인 |
| 15 serious | 심각한 |
| 16 sensitive | 예민한 |
| 17 talented | 능력 있는 |
| 18 traveling | 여행의 |
| 19 unspoken | 무언의 |
| 20 useful | 유용한 |
| 21 violent | 폭력적인 |
| 22 various | 다양한 |
| 23 vulnerable to | 취약하게 |
| 24 wide | 다양한, 넓은 |
| 25 around | 주위의 |
| 26 effectively | 효과적으로 |
| 27 extremely | 정말, 최고의 |
| 28 gradually | 점차 |
| 29 hopefully | 바라건대 |
| 30 less than | 적게 |
| 31 moreover | 더욱이 |
| 32 once | 한 번, 일단 |
| 33 often | 종종 |

| | | | | |
|---|---|---|---|---|
| 34 otherwise | 그렇지 않으면 | | 19 block | 막다 |
| 35 probably | 아마도 | | 20 crime rate | 범죄율 |
| 36 sincerely | 진심으로 | | 21 expire | 만료되다 |
| 37 therefore | 그러므로 | | 22 update | 업데이트하다 |
| 38 at least | 적어도 | | 23 be hospitalized | 입원하다 |
| 39 because of | 때문에 | | 24 install cameras | 카메라를 설치하다 |
| 40 except | 제외하고 | | 25 pay attention | 집중하다 |
| 41 in need of | 실제로 | | 26 spread rumor | 소문을 퍼트리다 |
| 42 like most people | 대부분의 사람처럼 | | 27 uncomfortable | 불편한 |
| 43 next to | 옆에 | | 28 upsetting | 속상해하는 |
| 44 through November | 11월 내내 | | 29 around the area | 근처에 |
| 45 during the day | 낮 동안 | | 30 honestly | 솔직히 |
| 46 in great danger | 엄청난 위험 | | 31 regularly | 규칙적으로 |
| 47 in addition | 추가해서 | | 32 supposedly | 아마도, 추측건대 |
| 48 by washing hands | 손을 씻음으로 | | 33 inside | 안쪽의 |
| 49 in this respect | 이러한 관점으로 | | 34 in that case | 이 경우에는 |
| 50 in the digital age | 디지털 시대에 | | 35 on a regular basis | 정기적으로 |
| | | | 36 address | 주소 |
| | | | 37 annual holiday | 연례 휴일 |

### 핵심 수능 영어 어휘 7

| | | | | |
|---|---|---|---|---|
| 01 anti-virus software | 바이러스 방지 프로그램 | | 38 book review | 책 서평 |
| 02 air flow | 공기 흐름 | | 39 board manager | 게시판 담담 |
| 03 bus fare | 버스 요금 | | 40 beef | 소고기 |
| 04 black rice | 흑미 | | 41 butcher shop | 정육점 |
| 05 cholesterol | 콜레스테롤 | | 42 banner | 현수막 |
| 06 component failure | 기기 고장 | | 43 copy | 책 한 권 |
| 07 cancer | 암 | | 44 case | 사건 |
| 08 city government | 시 정부 | | 45 court room | 법정 |
| 09 dust | 먼지 | | 46 classic | 고전 |
| 10 environment | 환경 | | 47 century | 세기 |
| 11 expiration date | 유통 기한 | | 48 chimney | 굴뚝 |
| 12 grade | 성적 | | 49 company | 친구, 회사 |
| 13 invasion of privacy | 사생활 침해 | | 50 cooking tips | 요리 조언 |
| 14 movie star | 영화배우 | | | |
| 15 main idea | 중요 내용 | | | |
| 16 negative side | 부정적 측면 | | | |

### 핵심 수능 영어 어휘 8

| | | | | |
|---|---|---|---|---|
| 17 single detail | 세부 사항 | | 01 camel | 낙타 |
| 18 white rice | 흰쌀 | | 02 dormitory | 기숙사 |
| | | | 03 earth day | 지구의 날 |

| | | | |
|---|---|---|---|
| 04 expectation | 기대 | 41 skill | 기술 |
| 05 east side | 동쪽 | 42 south side | 남쪽 |
| 06 four leaf clover | 네 잎 클로버 | 43 science exhibition | 과학 전시회 |
| 07 forest | 숲 | 44 show | 쇼 |
| 08 full moon | 보름달 | 45 story line | 이야기 줄거리 |
| 09 freezer | 냉동실 | 46 stage | 무대 |
| 10 fountain | 분수대 | 47 stand | 경기장 스탠드 |
| 11 flower garden | 꽃밭 | 48 tulip | 튤립 |
| 12 film industry | 영화 제작 산업 | 49 tennis court | 테니스 경기장 |
| 13 movie making | 영화제작 | 50 trunk | 나무 몸통 |
| 14 film editor | 영화 편집자 | | |

| | |
|---|---|
| **핵심 수능 영어 어휘 9** | |

| | | | |
|---|---|---|---|
| 15 fashion | 패션 | 01 theater | 극장 |
| 16 final competition | 결승전 | 02 trip | 방문, 여행 |
| 17 guilty | 유죄 | 03 trial | 재판 공판 |
| 18 hump | 혹 | 04 west side | 서쪽 |
| 19 ingredient | 재료 | 05 wave | 파도 |
| 20 jury | 배심원 | 06 year | 연도, 년 |
| 21 must have | 필수품 | 07 announce | 발표하다 |
| 22 fairy | 요정 | 08 appeal | 항소하다 |
| 23 north side | 북쪽 | 09 conserve | 보존하다 |
| 24 open house | 개방장소 | 10 documentary | 다큐멘터리 |
| 25 pond | 연못 | 11 design | 디자인하다 |
| 26 palm tree | 야자나무 | 12 decorate | 장식하다 |
| 27 pork | 돼지고기 | 13 join | 참여하다 |
| 28 publishing | 출판 | 14 prepare | 준비하다 |
| 29 publisher | 출판사 | 15 recycle | 재활용하다 |
| 30 purchase | 구매 | 16 rule | 판결을 하다 |
| 31 posting a review | 의견을 올리는 것 | 17 recognize | 인정하다 |
| 32 prosecutor | 검사 | 18 store | 저장하다 |
| 33 prosecution | 고발자, 검사 측 | 19 wrap | 비닐 따위로 싸다 |
| 34 quick meal | 빠른 식사 | 20 accept bribe | 뇌물을 받다 |
| 35 result | 결과 | 21 arrange table | 테이블을 준비하다 |
| 36 response | 대응 | 22 add the date | 날짜를 추가하다 |
| 37 receipt | 영수증 | 23 draw a map | 지도를 그리다 |
| 38 review writer | 평론가 | 24 make a meal | 식사 준비하다 |
| 39 recycling symbol | 재활용 기호 | 25 play the role | 역할을 하다 |
| 40 sunflower | 해바라기 | | |

| | | | | |
|---|---|---|---|---|
| 26 protect the earth | 지구를 보호하다 | | 11 at first | 처음에 |
| 27 show appreciation | 감사를 표하다 | | 12 at the top | 맨 위의 |
| 28 take a look at | 확인하다 | | 13 at the bottom | 맨 아래쪽의 |
| 29 tape a balloon | 풍선을 붙이다 | | 14 in the sky | 하늘의 |
| 30 artistic | 예술적인 | | 15 instead of | 대신에 |
| 31 bent | 구부러진 | | 16 behavior | 행동 |
| 32 calm | 침착한 | | 17 breathing | 호흡 |
| 33 excellent | 최고의 | | 18 blender | 믹서기 |
| 34 envious | 부러운 | | 19 costume | 의상 |
| 35 heart shaped | 하트 모양의 | | 20 critical condition | 위독 |
| 36 near | 가까운 | | 21 circus | 서커스 |
| 37 popular | 인기 있는 | | 22 chimpanzee(chimp) | 침팬지 |
| 38 round | 둥근 | | 23 camper | 캠핑하는 사람들 |
| 39 square-shaped | 정사각형의 | | 24 cabbage | 양배추 |
| 40 unexpected | 예상치 못한 | | 25 carrot | 당근 |
| 41 wooded | 나무가 우거진 | | 26 community | 사회 |
| 42 wide | 넓은 | | 27 city council | 시의회 |
| 43 terribly | 엄청나게 | | 28 client | 고객 |
| 44 winged | 날개가 있는 | | 29 cover | 덮다 |
| 45 after the break | 잠시 후 | | 30 detox | 해독 |
| 46 with one's arms folded | 팔짱을 끼고 | | 31 dietary fiber | 식이 섬유 |
| 47 air freshener | 방향제 | | 32 decision | 결정 |
| 48 backpack | 가방 | | 33 distraction | 집중을 방해하는 요소 |
| 49 budgeting | 예산 | | 34 driver side | 운전 좌석 |
| 50 boarding school | 기숙사 | | 35 experienced performer | 경력 연기자 |

**핵심 수능 영어 어휘 10**

| | | | | |
|---|---|---|---|---|
| 01 in the back ground | 배경의 | | 36 election | 선거 |
| 02 in the top right | 맨 위 오른쪽 | | 37 folk | 사람들 |
| 03 in the top left | 맨 위 왼쪽 | | 38 foundation | 근간 |
| 04 behind | 뒤에 | | 39 finance | 재정 상태 |
| 05 in the middle | 중간의 | | 40 freedom | 자유 |
| 06 on the left | 왼쪽의 | | 41 fitness instructor | 피트니스 강사 |
| 07 on the right | 오른쪽의 | | 42 household budget | 가계 예산 |
| 08 over | 위에 | | 43 history | 역사 |
| 09 on the front | 앞면에 | | 44 hard disk space | 하드 디스크 공간 |
| 10 on the back | 뒷면에 | | 45 intention | 의도 |
| | | | 46 local economy | 지역 경제 |
| | | | 47 life lesson | 삶에서 진정으로 배우는 교훈 |

| 48 marketplace | 시장 |
|---|---|
| 49 natural environment | 자연환경 |
| 50 petition | 탄원서 |

| 핵심 수능 영어 어휘 11 | |
|---|---|
| 01 pot | 냄비 |
| 02 perception | 인식 |
| 03 public facility | 공공시설 |
| 04 politics | 정치 |
| 05 psychological distress | 심리적 고통 |
| 06 phone call | 전화 |
| 07 pouch | 주머니 |
| 08 pass | 승차권, 탑승권 |
| 09 picture frame | 사진 액자 |
| 10 park | 공원 |
| 11 recent news | 최근 소식 |
| 12 recycling bin | 컴퓨터 휴지통 |
| 13 rear view mirror | 백미러 |
| 14 season ticket | 정기권 |
| 15 set | 무대 |
| 16 scene | 장면 |
| 17 steering wheel | 핸들 |
| 18 supermarket | 슈퍼마켓 |
| 19 small business | 영세 기업 |
| 20 trend | 유행 |
| 21 treatment | 치료 |
| 22 toll pass | 통행료 |
| 23 voting | 투표 |
| 24 vegetable | 채소 |
| 25 value of something | 가치 |
| 26 wild animal | 야생 동물 |
| 27 windshield | 자동차 앞유리 |
| 28 zoo | 동물원 |
| 29 zoo keeper | 사육사 |
| 30 abolish | 폐지하다 |
| 31 attend | 출석하다 |
| 32 alert | 변경하다 |

| 33 boot | 컴퓨터가 부팅되다 |
|---|---|
| 34 budget | 예산을 세우다 |
| 35 build | 짓다 |
| 36 boil | 끓이다 |
| 37 contain | 포함하다 |
| 38 catch | 잡다 |
| 39 contact | 연락하다 |
| 40 educate | 교육하다 |
| 41 face | 직면하다 |
| 42 forget | 잊어버리다 |
| 43 improve | 향상되다 |
| 44 leave | 남기다 |
| 45 litter | 버리다 |
| 46 perform | 공연하다 |
| 47 place | 놓다, 배열하다 |
| 48 remove | 제거하다 |
| 49 suffer | 고통받다 |
| 50 teach | 가르치다 |

| 핵심 수능 영어 어휘 12 | |
|---|---|
| 01 urge | 촉구하다 |
| 02 vanish | 사라지다 |
| 03 vote | 투표하다 |
| 04 watch | 지켜보다 |
| 05 add potato and onion | 감자와 양파를 추가하다 |
| 06 acknowledge the fact | 사실을 인정하다 |
| 07 appreciate your support | 성원에 감사하다 |
| 08 alert system configuration | 시스템 구성을 변경하다 |
| 09 become aware of | 인식하게 되다 |
| 10 change out of something | 옷을 갈아입다 |
| 11 decrease frustration | 좌절감이 줄다 |
| 12 dump trash | 쓰레기를 버리다 |
| 13 delete program | 프로그램을 삭제하다 |
| 14 find material | 재료를 찾다 |
| 15 go vote | 투표하러 가다 |
| 16 gain understanding | 이해하다 |
| 17 get fever | 열이 나다 |

| | | | | |
|---|---|---|---|---|
| 18 have a problem | 문제가 있다 | 03 perfectly | 완벽히 |
| 19 install CCTV | CCTV를 설치하다 | 04 quickly | 빠르게 |
| 20 make a difference | 영향을 끼치다 | 05 suddenly | 갑자기 |
| 21 maintain a shape | 몸매를 유지하다 | 06 seriously | 심각히 |
| 22 move car | 자동차를 이동하다 | 07 strongly | 강하게 |
| 23 provide the student with fresh and delicious meals | 학생들에게 신선하고 맛있는 식사를 제공하다 | 08 truly | 진심으로 |
| 24 prepare for the exam | 시험을 준비하다 | 09 wisely | 현명하게 |
| 25 pay toll | 통행료를 납부하다 | 10 auditorium | 강당 |
| 26 realize important of | 중요함을 깨닫다 | 11 airport | 공항 |
| 27 revise program | 프로그램을 변경하다 | 12 appointment | 약속 |
| 28 sign the petition | 탄원서에 서명하다 | 13 account number | 계좌 번호 |
| 29 take step | 조처를 하다 | 14 biology | 생물학 |
| 30 take a look | 살펴보다 | 15 blackboard | 칠판 |
| 31 take care of | 돌보다 | 16 bookstore | 서점 |
| 32 watch the game | 게임을 관람하다 | 17 business card | 명함 |
| 33 abnormal | 비정상의 | 18 conference | 회의 |
| 34 automatic | 자동의 | 19 classmate | 반 친구 |
| 35 empty | 비어 있는 | 20 classroom | 교실 |
| 36 effective | 효과적인 | 21 couple | 두 개(명)의 |
| 37 fresh | 신선한 | 22 camera | 카메라 |
| 38 financial | 재정의 | 23 content | 내용 |
| 39 flower shaped | 꽃 모양의 | 24 contact information | 연락처 |
| 40 huge | 대형의 | 25 decoration | 장식 |
| 41 latest | 최신의 | 26 emergency | 비상상황 |
| 42 self destructive | 자기 파괴적인 | 27 electricity | 전기 |
| 43 traditional | 전통적인 | 28 exam | 시험 |
| 44 unnecessary | 불필요한 | 29 electronic recording device | 전자 기록 장치 |
| 45 well planned | 잘 짜인 | 30 employee | 직원 |
| 46 as a rule | 일반적으로 | 31 electronic store | 전자제품 가게 |
| 47 as early as possible | 가능한 한 빨리 | 32 exchange student | 교환 학생 |
| 48 automatically | 자동으로 | 33 final term paper | 기말 보고서 |
| 49 academically | 학문적으로 | 34 furniture store | 가구점 |
| 50 finally | 마침내 | 35 handout | 유인물 |
| | | 36 hospital | 병원 |

### 핵심 수능 영어 어휘 13

| | | | |
|---|---|---|---|
| 01 occasionally | 때때로 | 37 journal | 일지 |
| 02 over a month | 한 달 동안 | 38 Korean | 한글 |
| | | 39 Korean War | 한국 전쟁 |

| | | | |
|---|---|---|---|
| 40 letter paper | 편지지 | 25 general | 일반적인 |
| 41 locker | 사물함 | 26 strange | 이상한 |
| 42 lab | 시험실 | 27 thoughtful | 사려 깊은 |
| 43 library | 도서관 | 28 afterward | 이후에 |
| 44 mud festival | 머드 축제 | 29 artwork | 작품 |
| 45 microphone | 마이크 | 30 artist | 작가 |
| 46 orphanage | 고아원 | 31 admission | 입장료 |
| 47 observation | 관찰 | 32 adult | 성인 |
| 48 pamphlet | 팸플릿 | 33 anniversary sale | 기념일 세일 |
| 49 question | 질문 | 34 art brush | 미술 붓 |
| 50 resident | 거주자, 주민 | 35 annual pass | 연간 이용권 |

## 핵심 수능 영어 어휘 14

| | | | |
|---|---|---|---|
| 01 snack | 과자 | 36 basic manner | 기본 예의 |
| 02 science | 과학 | 37 business affair | 비즈니스 업무 |
| 03 school garden | 학교 정원 | 38 business class | 비즈니스 클래스 |
| 04 screen | 스크린 | 39 best selling item | 가장 잘 팔리는 제품 |
| 05 salesperson | 점원 | 40 context | 배경 |
| 06 spelling mistake | 철자 오류 | 41 collecting cloth | 옷을 수집하다 |
| 07 stationary store | 문구점 | 42 cell phone | 휴대폰 |
| 08 science camp | 과학 캠프 | 43 degree | 온도 |
| 09 security camera | 보안 | 44 discount coupon | 할인 쿠폰 |
| 10 summer vacation | 여름 방학, 휴가 | 45 display item | 전시 제품 |
| 11 test room | 시험실 | 46 discounted item | 할인 물건 |
| 12 text message | 문자 | 47 delivery fee | 배송 비용 |
| 13 correct | 수정하다 | 48 economy class | 일반석 |
| 14 check | 점검하다 | 49 first prize | 1등 |
| 15 demand | 요구하다 | 50 French | 프랑스어 |
| 16 discuss | 토론하다 | | |
| 17 grab | 가져오다, 먹다 | | |
| 18 hang | 걸다 | | |
| 19 mention | 언급하다 | | |
| 20 park | 주차하다 | | |
| 21 ring | 벨이 울리다 | | |
| 22 start | 시작하다 | | |
| 23 seem | 보이다 | | |
| 24 visit | 방문하다 | | |

## 핵심 수능 영어 어휘 15

| | |
|---|---|
| 01 family background | 가정환경 |
| 02 free ticket | 무료 티켓 |
| 03 feature | 특징 |
| 04 graduate student | 대학원생 |
| 05 geophysics | 지구 물리학 |
| 06 head chef | 수석 주방장 |
| 07 International Cooking Contest | 세계 요리 대회 |
| 08 International Organization | 국제기구 |

| 09 importance | 중요성 |
|---|---|
| 10 invitation letter | 초대장 |
| 11 International Trade Center | 국제 무역 센터 |
| 12 major | 전공 |
| 13 main stage | 주요 무대 |
| 14 motor show | 자동차 쇼 |
| 15 mileage | 마일리지 |
| 16 membership card | 멤버십 카드 |
| 17 off season | 비수기 |
| 18 orientation | 오리엔테이션 |
| 19 observatory | 전망대 |
| 20 registration fee | 등록 비용 |
| 21 poster | 포스터 |
| 22 position | 위치, 지위 |
| 23 plan | 계획 |
| 24 peak season | 성수기 |
| 25 paper work | 문서 업무 |
| 26 personal information | 개인 정보 |
| 27 point of view | 관점 |
| 28 poverty | 가난 |
| 29 preparation | 준비 |
| 30 passport | 여권 |
| 31 pair | 한 벌 |
| 32 pants | 바지 |
| 33 protective pad | 보호 패드 |
| 34 religion | 종교 |
| 35 rehearsal | 리허설, 총연습 |
| 36 schedule | 스케줄, 일정 |
| 37 sports agent | 스포츠 에이전트 |
| 38 sharing event | 나눔 행사 |
| 39 school supplies | 학용품 |
| 40 school cafeteria | 학교 식당 |
| 41 seat | 좌석 |
| 42 sear available | 이용 가능 좌석 |
| 43 suitcase | 여행 가방 |
| 44 toiletry | 세면도구 |

| 45 type | 종류 |
|---|---|
| 46 volunteer camp | 봉사 캠프 |
| 47 work experience | 직업 경력 |
| 48 winner | 우승자 |
| 49 week | 일주일 |
| 50 weekdays | 주 중 |

| 핵심 수능 영어 어휘 16 | |
|---|---|
| 01 wife | 아내 |
| 02 wrist guards | 허리 보호대 |
| 03 knee guards | 무릎 보호대 |
| 04 elbow guards | 팔꿈치 보호대 |
| 05 assume | 추측하다 |
| 06 download | 다운로드 하다 |
| 07 exhibit | 전시하다 |
| 08 receive | 받다 |
| 09 search | 조사하다, 찾다 |
| 10 historical | 역사적인 |
| 11 next | 다음 |
| 12 poor | 가난한 |
| 13 special | 특별한 |
| 14 sticky | 끈적거리는 |
| 15 unforgettable | 잊을 수 없는 |
| 16 completely | 완전히 |
| 17 just around the corner | 얼마 남지 않은, 바로 앞에 |
| 18 art | 미술, 예술 |
| 19 application form | 지원 양식 |
| 20 annual event | 매년 행사 |
| 21 air current | 기류 |
| 22 aerobic | 에어로빅 |
| 23 auto shut off timer | 자동 정지 타이머 |
| 24 breed | 품종, 기르다 |
| 25 brochure | 광고용 책자 |
| 26 a breed of cat | 고양이 종류 |
| 27 burner | 버너 |
| 28 badminton | 배드민턴 |
| 29 confirmation | 확답 |

| | | | |
|---|---|---|---|
| 30 Canadian Embassy | 캐나다 대사관 | 15 octopus | 문어 |
| 31 circle around | 돌려지다 | 16 ocean view | 해안 경치 |
| 32 centimeter | 센티미터 | 17 painting club | 미술 동아리 |
| 33 chick | 병아리 | 18 paw | 발 |
| 34 character | 캐릭터, 등장인물 | 19 physical activity | 신체 활동 |
| 35 coffee maker | 커피 메이커 | 20 practice | 연습 |
| 36 coffee taste | 커피 맛 | 21 remote | 리모컨 |
| 37 crutch | 목발 | 22 sports activity | 스포츠 활동 |
| 38 discussion | 토론 | 23 sharpen skill | 기술을 연마하다 |
| 39 daily work | 일과 | 24 steel tube | 강철 튜브 |
| 40 danger of extinction | 멸종 위기 | 25 sound effect | 음향 효과 |
| 41 engage | 고용하다, 끌다 | 26 shoulder | 어깨 |
| 42 elevator | 승강기 | 27 strange animal | 이상한 동물 |
| 43 factory wall | 공장 벽 | 28 shore | 해안 |
| 44 fencing | 펜싱 | 29 specie | 종 |
| 45 Frisbee | 프리스비, 원반 던지기 | 30 surround sound system | 입체 음향 시스템 |
| 46 free falling drop | 자유낙하 | 31 storage room | 저장 창고 |
| 47 fin | 지느러미 | 32 standing fan | 입식 선풍기 |
| 48 flyer | 광고지 | 33 trick | 속임수 |
| 49 fan setting | 선풍기 설정 | 34 timer | 타이머 |
| 50 Germany | 독일 | 35 water slide | 물 미끄럼틀 |

| | | | |
|---|---|---|---|
| **핵심 수능 영어 어휘 17** | | 36 wing | 날개 |
| 01 giant size | 가장 큰 사이즈 | 37 windy area | 바람 부는 지역 |
| 02 gentle nature | 온화한 성격 | 38 white mark | 하얀 무늬 |
| 03 grinder | 분쇄기 | 39 warmer | 보온기 |
| 04 gas stove | 가스레인지 | 40 youth | 어린 시절 |
| 05 internet access | 인터넷 접속 | 41 enroll | 등록하다 |
| 06 joint problem | 관절 문제 | 42 glide | 날아가다 |
| 07 local athlete | 현지 선수 | 43 measure | 측정하다 |
| 08 little effort | 거의 노력 없이 | 44 over exercise | 초과 운동하다 |
| 09 leaflet | 광고지 | 45 reproduce | 번식하다 |
| 10 last thing | 마지막 한가지 | 46 volunteer | 봉사 활동하다 |
| 11 living room | 거실 | 47 built in | 내장된 |
| 12 mascot | 마스코트 | 48 cheap | 저렴한 |
| 13 male | 수컷 | 49 deep | 깊은 곳 |
| 14 metal blade | 금속 날개(선풍기) | 50 enormous | 거대한 |

## 핵심 수능 영어 어휘 18

| | |
|---|---|
| 01 fully grown | 완전히 자란 |
| 02 heavy | 무거운 |
| 03 upcoming | 다가오는 |
| 04 a week ago | 일주일 전 |
| 05 over 5 inches high | 5인치가 넘는 |
| 06 needless to say | 말할 필요도 없이 |
| 07 art room | 미술실 |
| 08 children's science show | 어린이 과학 쇼 |
| 09 central library | 중앙 도서관 |
| 10 cloth | 옷 |
| 11 carrot cake | 당근 케이크 |
| 12 coupon | 쿠폰 |
| 13 credit card | 신용 카드 |
| 14 capacity | 용량 |
| 15 daughter | 딸 |
| 16 experiment | 실험 |
| 17 experiment process | 실험 과정 |
| 18 elephant | 코끼리 |
| 19 electronics | 전자 공학 |
| 20 forest fire | 산불 |
| 21 full day trip | 종일 관광 |
| 22 fishing trip | 낚시 여행 |
| 23 fashion industry | 패션 산업 |
| 24 fashion designer | 패션 디자이너 |
| 25 gear | 장비 |
| 26 general manager | 총지배인 |
| 27 good deal | 좋은 조건 |
| 28 high humidity | 높은 습도 |
| 29 hallway | 복도 |
| 30 high ground | 높은 지대 |
| 31 half day trip | 반일 관광 |
| 32 kayak | 카약 |
| 33 snorkeling | 스노클링 |
| 34 seaside | 해변 |
| 35 scenery | 경치 |
| 36 lap equipment | 실험실 도구 |
| 37 location | 위치 |
| 38 laptop user | 노트북 사용자 |
| 39 medicine | 약 |
| 40 meal | 식사 |
| 41 model | 제품 |
| 42 professional chef | 전문 요리사 |
| 43 rental fee | 대여료 |
| 44 science festival | 과학 축제 |
| 45 ski trip | 스키 여행 |
| 46 study room | 도서관 열람실 |
| 47 swimming pool | 수영장 |
| 48 toothpaste | 치약 |
| 49 teddy bear | 곰 인형 |
| 50 tent | 텐트 |

## 핵심 수능 영어 어휘 19

| | |
|---|---|
| 01 valuable | 귀중품 |
| 02 wheel | 바퀴 |
| 03 wonderful view | 아름다운 전망 |
| 04 weather forecast | 날씨 예보 |
| 05 water activity | 물놀이 |
| 06 washing machine | 세탁기 |
| 07 decide | 결정하다 |
| 08 exchange | 교환하다 |
| 09 pack | 짐을 싸다 |
| 10 downstairs | 아래층 |
| 11 different | 다른 |
| 12 huge | 거대한 |
| 13 spacious | 넓은 |
| 14 sunny and clear | 날씨가 맑은 |
| 15 upstairs | 위층 |
| 16 warm | 따뜻한 |
| 17 up to $200 | 200달러까지 |
| 18 apartment complex | 아파트 단지 |
| 19 bus terminal | 버스 터미널 |
| 20 cold weather | 추운 날씨 |
| 21 casualty | 사상자 |

| | | | | |
|---|---|---|---|---|
| 22 catastrophe | 재앙 | | 07 thief | 도둑 |
| 23 concept | 주제 | | 08 tripod | 삼각대 |
| 24 cashier | 계산원 | | 09 winter vacation | 겨울 방학 |
| 25 career aptitude test | 진로 적성 검사 | | 10 work | 업무 |
| 26 digital camera | 디지털카메라 | | 11 abandon | 버리다 |
| 27 driver license | 운전 면허증 | | 12 conquer | 정복하다 |
| 28 driving practice | 운전 연습 | | 13 die | 죽다 |
| 29 free gift | 무료 선물 | | 14 divide | 나누다 |
| 30 garden | 정원 | | 15 hold | 잡고 있다 |
| 31 head-on collision | 정면충돌 | | 16 order | 주문하다 |
| 32 hiking | 하이킹 | | 17 read | 읽다 |
| 33 insecticide | 살충제 | | 18 serve | 제공한다 |
| 34 idea | 아이디어 | | 19 suggest | 제안하다 |
| 35 job interview | 취직 면접 | | 20 wash | 세탁하다 |
| 36 kitten | 새끼 고양이 | | 21 abstract | 허구적인 |
| 37 law firm | 법률 회사 | | 22 authentic | 진짜의 |
| 38 maintenance office | 관리 사무소 | | 23 noisy | 시끄러운 |
| 39 method | 방법 | | 24 as you know | 알고 있듯이 |
| 40 movie audition | 영화 오디션 | | 25 as much as I can | 내가 할 수 있는 한 많이 |
| 41 movie director | 영화감독 | | 26 over an hour | 한 시간 넘게 |
| 42 midterm exam | 중간고사 | | 27 allergy | 알레르기 |
| 43 novelist | 소설가 | | 28 adaptation | 적응 |
| 44 operation | 수술 | | 29 beach | 해변 |
| 45 picnic | 소풍 | | 30 butterfly | 나비 |
| 46 part-time job | 아르바이트 | | 31 children | 어린이 |
| 47 proposal | 제안서 | | 32 confidence | 자신감 |
| 48 rug | 양탄자 | | 33 concentration | 집중력 |
| 49 resume | 이력서 | | 34 certain food | 특정한 음식 |
| 50 reasonable price | 합리적인 가격 | | 35 crab | 게 |

| 핵심 수능 영어 어휘 20 | |
|---|---|
| 01 result of | 결과의 |
| 02 speech contest | 말하기 대회 |
| 03 sandwich | 샌드위치 |
| 04 science assignment | 과학 숙제 |
| 05 spring | 봄 |
| 06 second hand furniture store | 중고 가구점 |

| | |
|---|---|
| 36 cause | 이유 |
| 37 extracurricular activity | 과외 활동 |
| 38 feeding | 먹이 섭취 |
| 39 feeding behavior | 섭식 행동 |
| 40 food | 음식 |
| 41 grass | 풀 |
| 42 grounds | 지역 |
| 43 gentleman | 신사 |

| | |
|---|---|
| 44 guitarist | 기타 연주자 |
| 45 health | 건강 |
| 46 heart disease | 심장 질병 |
| 47 headache | 두통 |
| 48 honeybee | 꿀벌 |
| 49 higher position | 높은 위치 |
| 50 iron | 철 |

| 핵심 수능 영어 어휘 21 | |
|---|---|
| 01 itchy throat | 가려운 목 |
| 02 insect bite | 벌레 물림 |
| 03 light house | 등대 |
| 04 lobster | 바닷가재 |
| 05 management consultant | 경영 컨설턴트 |
| 06 meeting | 모임 |
| 07 natural repetition | 자연의 반복 |
| 08 neighbor | 이웃 |
| 09 noise | 소음 |
| 10 night shift | 야간 근무 |
| 11 outdoor play | 야외 활동 |
| 12 outdoor sport | 야외 활동 |
| 13 obesity | 비만 |
| 14 office | 사무실 |
| 15 physical competence | 신체적 능력 |
| 16 problem-solving ability | 문제 해결 능력 |
| 17 playing game | 경기하는 것 |
| 18 peanut | 땅콩 |
| 19 pollen grain | 꽃가루, 화 분립 |
| 20 person | 사람 |
| 21 publishing house | 출판사 |
| 22 police officer | 경찰관 |
| 23 risky activity | 위험한 활동 |
| 24 repeated change | 반복된 변화 |
| 25 rhythm | 리듬 |
| 26 restaurant | 식당 |
| 27 sunshine | 태양 빛 |
| 28 several cause | 몇 가지 이유 |

| | |
|---|---|
| 29 student council | 학생회 |
| 30 study | 학업 |
| 31 swimming | 수영 |
| 32 tide | 조류 |
| 33 vacation destination | 휴가 목적지 |
| 34 willingness | 의지 |
| 35 white sand | 하얀 모래 |
| 36 watery eyes | 눈물 젖은 눈 |
| 37 wasp | 말벌 |
| 38 water's edge | 물가 |
| 39 writer | 작가 |
| 40 workload | 업무량 |
| 41 workaholic | 일 중독자 |
| 42 agree | 동의하다 |
| 43 continue | 계속되다 |
| 44 ensure | 확신하다 |
| 45 impact | 영향을 끼치다 |
| 46 mate | 짝짓기하다 |
| 47 meet | 만나다 |
| 48 promote | 승진하다 |
| 49 tidal | 조수의 |
| 50 wake | 일어나다 |

| 핵심 수능 영어 어휘 22 | |
|---|---|
| 01 wallet | 지갑 |
| 02 ambitious | 야심 있는 |
| 03 extra large | 엄청 큰 |
| 04 energetic | 활동적인 |
| 05 famous | 유명한 |
| 06 fancy | 근사한 |
| 07 nearby | 근처의, 인근의 |
| 08 well mannered | 예절 바른 |
| 09 commonly | 흔하게 |
| 10 lastly | 마지막으로 |
| 11 ad | 광고 |
| 12 advertising campaign | 광고 선전 |
| 13 a source of water | 수원 |

| | |
|---|---|
| 14 a pair of boots | 부츠 한 켤레 |
| 15 bungee jumping | 번지 점프 |
| 16 bottled water | 병에 담긴 물 |
| 17 beetle | 딱정벌레 |
| 18 blade | 날개, 날 |
| 19 clerk | 점원 |
| 20 changing climate | 기후 변화 |
| 21 conservation | 보호 |
| 22 cement | 접합제, 시멘트 |
| 23 department store | 백화점 |
| 24 defect | 결함 |
| 25 display device | 디스플레이 장치 |
| 26 evidence | 증거 |
| 27 endangered animal | 멸종 위기 동물 |
| 28 endangered species | 멸종 위기종 |
| 29 endangered wildlife | 멸종 야생 동물 |
| 30 free parking sticker | 무료 주차 스티커 |
| 31 frame | 테 |
| 32 fly | 파리 |
| 33 height | 높은 곳 |
| 34 human being | 인간 |
| 35 inner side | 안쪽 |
| 36 increasing population | 인구 증가 |
| 37 industrial waste | 산업 폐기물 |
| 38 invention | 발명품 |
| 39 inspiration | 영감 |
| 40 innovative idea | 혁신적인 생각 |
| 41 landing gear | 착륙 장치 |
| 42 mammal | 포유류 |
| 43 plane | 비행기 |
| 44 public parking lot | 공공 주차장 |
| 45 pesticide | 농약 |
| 46 problem | 문제 |
| 47 reptile | 파충류 |
| 48 sample | 표본 |
| 49 sales | 매출 |
| 50 scratch | 자국 |

| 핵심 수능 영어 어휘 23 | |
|---|---|
| 01 social welfare center | 사회 복지 센터 |
| 02 scientific knowledge | 과학적 지식 |
| 03 swimsuit | 수영복 |
| 04 swimmer | 수영 선수 |
| 05 suspension bridge | 현수교 |
| 06 spider web | 거미줄 |
| 07 solar panel | 태양 전자판 |
| 08 snail | 달팽이 |
| 09 unidentified bacteria | 정체불명의 박테리아 |
| 10 unidentified virus | 정체불명의 바이러스 |
| 11 unidentified fungi | 정체불명의 곰팡이 |
| 12 welcome-home party | 환영 파티 |
| 13 worldwide leader | 세계적 지도자 |
| 14 whale | 고래 |
| 15 wind turbine | 풍력 발전용 터빈 |
| 16 yellow-legged frog | 노란 발 개구리 |
| 17 analyze | 분석하다 |
| 18 create | 만들다 |
| 19 drive | 운전하다 |
| 20 discover | 발견하다 |
| 21 engineer | 기술자 |
| 22 invent | 발명하다 |
| 23 imitate | 모방하다 |
| 24 reintroduce | 재도입하다 |
| 25 expensive | 비싼 |
| 26 efficient | 효과적인 |
| 27 hot | 더운 |
| 28 not healthier | 건강하지 못한 |
| 29 smart | 영리한 |
| 30 useful | 실용적인 |
| 31 wasteful | 낭비인 |
| 32 back into | 어디로 |
| 33 efficiently | 효과적으로 |
| 34 immediately | 즉시 |
| 35 so far | 지금까지는 |
| 36 passenger | 승객 |

| | | | |
|---|---|---|---|
| 37 announcement | 안내방송, 발표 | 22 activity | 활동 |
| 38 facility | 시설, 설비 | 23 personality | 성격 |
| 39 stair | 계단 | 24 transportation from A to B | A에서 B까지의 운행 |
| 40 footbridge | 육교, 인도교 | 25 city hall | 시청 |
| 41 construction | 공사, 건설 | 26 mayor | 시장, 군수 |
| 42 cooperation | 협조, 협력 | 27 membership | 회원 |
| 43 platform | 승강장 | 28 transportation | 차량, 수송, 교통편 |
| 44 price tag | 가격표 | 29 a great deal | 좋은 거래 |
| 45 delivery | 배달 | 30 monthly rent | 월 임대료 |
| 46 free shipping | 무료 배송 | 31 quality sleep | 깊은 잠 |
| 47 counter | 계산대 | 32 running posture | 달리기 자세 |
| 48 colored pencil | 색연필 | 33 personal style | 개인의 방식 |
| 49 concern | 걱정, 관심 | 34 horizon | 지평선, 수평선 |
| 50 physical therapy | 물리치료 | 35 posture | 자세 |

**핵심 수능 영어 어휘 24**

| | | | |
|---|---|---|---|
| 01 sheet music | 악보(낱장) | 36 heel | 뒤꿈치 |
| 02 goggle | 물안경, 고글 | 37 scale | 저울, 체중계 |
| 03 utility | 공공요금 | 38 material | 재료, 자료 |
| 04 walking distance | 도보거리 | 39 bookshelf | 책꽂이, 책장 |
| 05 franchise | 체인점, 프랜차이즈 | 40 furniture | 가구 |
| 06 square-foot | 평방피트 | 41 hobby of mine | 나의 취미 |
| 07 patio | 테라스, 안뜰 | 42 cookbook | 요리책 |
| 08 release | 퇴원, 퇴원시키다 | 43 bestseller | 베스트셀러 |
| 09 flavor | 맛 | 44 fast food | 패스트푸드 |
| 10 curry | 카레 | 45 recipe | 요리법 |
| 11 cell phone bill | 휴대폰 요금 청구서 | 46 local community center | 지역 시민 문화 회관 |
| 12 candle making | 양초 만들기 | 47 cooking class | 요리 강좌 |
| 13 staff | 직원 | 48 online cooking videos | 온라인 요리 동영상 |
| 14 pottery exhibition | 도자기 전시회 | 49 homeless | 노숙자 |
| 15 exhibition map | 전시회 지도 | 50 people in need | 형편이 어려운 사람들 |
| 16 pottery | 도자기 | | |
| 17 exhibition | 전시회 | | |

**핵심 수능 영어 어휘 25**

| | | | |
|---|---|---|---|
| 18 invitation | 초대장 | 01 stuff | 물건 |
| 19 refreshment | 다과, 가벼운 음식물 | 02 flowerpot | 화분 |
| 20 aspect | 측면 | 03 light shade of gray | 옅은 회색 |
| 21 horseback riding | 승마 | 04 slogan | 표어, 구호 |
| | | 05 candidate | 후보자, 지원자 |
| | | 06 flea market | 벼룩시장 |

| | | | | |
|---|---|---|---|---|
| 07 proceeds | 수익금 | 44 reschedule | 일정을 다시 잡다 |
| 08 participant | 참가자 | 45 doubt | 의문을 갖다 |
| 09 speech length | 연설 시간 | 46 enhance | 향상하다 |
| 10 the first prize winner | 1등 | 47 stringed | 현(줄)이 있는 |
| 11 return air ticket | 왕복 항공권 | 48 loose | 느슨한, 헐거운 |
| 12 deadline | 마감 | 49 nearest | 가장 가까운 |
| 13 biology class | 생물 수업 | 50 incredible | 멋진, 훌륭한 |
| 14 volunteer scholarship | 봉사 장학금 | | |
| 15 social worker | 사회 복지사 | **핵심 수능 영어 어휘 26** | |
| 16 private lesson | 과외 수업 | 01 handcrafted | 수제 |
| 17 gym | 체육관 | 02 humid | 습기 있는 |
| 18 grammar quiz | 문법 시험 | 03 delicious | 맛있는 |
| 19 pronunciation | 발음 | 04 unique | 독특한 |
| 20 speech script | 말하기 원고 | 05 generous | 관대한, 너그러운 |
| 21 nationwide | 전국 | 06 friendly | 상냥한, 친절한 |
| 22 environmental issues | 환경 문제 | 07 suit for | ~에 적합한 |
| 23 institute | 연구소 | 08 gentle | 온순한 |
| 24 science labs | 과학 실험실 | 09 aggressive | 공격적인 |
| 25 long sleeves | 긴 소매 옷 | 10 spacious | 공간이 널찍한 |
| 26 air conditioner | 에어컨 | 11 previous | 이전의 |
| 27 economics | 경제학 | 12 relaxed | 힘을 뺀, 마음 편한 |
| 28 debating contest | 토론 대회 | 13 essential | 필수적인, 중요한 |
| 29 basic element | 기본 요소 | 14 extra | 여분의 |
| 30 general knowledge | 일반 상식 | 15 upset | 화난 |
| 31 expand | 확장하다 | 16 secondhand | 중고의 |
| 32 assist | 돕다, 지원하다 | 17 rewarding | 보람 있는 |
| 33 recommend | 권유하다, 추천하다 | 18 warm-hearted | 마음이 따뜻한 |
| 34 remind | 상기시키다, 일깨우다 | 19 high-tech | 첨단 기술의, 고도의 |
| 35 boast | 자랑하다 | 20 unfortunately | 안타깝게도, 불행하게도 |
| 36 be fully recovered | 완전히 회복하다 | 21 overall | 전부 |
| 37 forgive | 용서하다 | 22 fully | 완전히 |
| 38 relieve | (긴장 따위를) 해소하다, 풀어주다 | 23 absolutely | 완전히, 절대적으로 |
| 39 own | 소유하다 | 24 accidentally | 우연히 |
| 40 maintain | 유지하다 | 25 overall | 전체적으로 |
| 41 land | 착지하다, 착륙하다 | 26 by the way | 그나저나 |
| 42 advise A to V | A에게 V하라고 조언하다 | 27 at all | 전혀 |
| 43 donate | 기부하다 | 28 logically | 논리적으로 |

| | | | | |
|---|---|---|---|---|
| 29 kindergarten | 유치원 | | 13 closest friend | 가장 친한 친구 |
| 30 the most qualified candidate | 가장 자격이 있는 후보 | | 14 plant-based food consumption | 채식 위주의 음식 섭취 |
| 31 personnel department | 인사과 | | 15 meat industry | 육류 산업 |
| 32 employee evaluation | 직원평가 | | 16 less demand for meat | 육류에 대한 더 적은 수요 |
| 33 subjective assessment | 주관평가 | | 17 methane gas | 메탄가스 |
| 34 evaluation process | 평가과정 | | 18 warm clothes | 따뜻한 옷 |
| 35 public relations department | 홍보부 | | 19 a medical report | 의학 보고서 |
| 36 contract | 계약서 | | 20 sodium | 나트륨 |
| 37 main sign | 주요간판 | | 21 potassium | 칼륨 |
| 38 answering machine | 자동응답기 | | 22 magnesium | 마그네슘 |
| 39 press release | 보도자료 | | 23 aging society | 노령화 사회 |
| 40 office supply | 사무용품 | | 24 lyric | 가사 |
| 41 repair request form | 수리 요청서 | | 25 vital part | 필수적인 부분 |
| 42 a late fee of $30 | 30달러의 연체료 | | 26 physician | 내과 의사 |
| 43 anniversary event | 기념식 행사 | | 27 effect | 영향 |
| 44 family leave | 육아, 간호휴가 | | 28 liver | 간 |
| 45 buyer | 구매자 | | 29 kidney | 신장 |
| 46 a peanut allergy | 땅콩 알레르기 | | 30 stroke | 뇌졸중 |
| 47 original price | 원래 가격 | | 31 consumption | 섭취 |
| 48 extra discount | 추가 할인 | | 32 diabetes | 당뇨 |
| 49 stage set | 무대장치 | | 33 harmful beverage | 해로운 음료 |
| 50 stagehand | 무대 담당자 | | 34 health-promoting properties | 건강을 증진시키는 성질 |

### 핵심 수능 영어 어휘 27

| | | | | |
|---|---|---|---|---|
| 01 physical stress | 육체적 스트레스 | | 35 habitat | 서식지 |
| 02 directing | 연출 | | 36 food chain | 먹이사슬 |
| 03 ceiling | 천장 | | 37 carnivore | 육식동물 |
| 04 fan | 선풍기 | | 38 ecosystem | 생태계 |
| 05 coolness | 시원함 | | 39 herbivore | 초식동물 |
| 06 tool | 도구 | | 40 digestive system | 소화기관 |
| 07 a two-year warranty | 2년간의 제품 보증기간 | | 41 omnivore | 잡식동물 |
| 08 new semester | 새 학기 | | 42 astronomer | 천문학자 |
| 09 president of the student union | 학생회장 | | 43 extraterrestrial life | 외계 생명체 |
| 10 enemy | 적 | | 44 a battle for the throne | 왕좌에 대한 계승 싸움 |
| 11 evaluation | 평가 | | 45 defeat | 패배 |
| 12 quarterly report | 분기 보고 | | 46 invader | 침입자 |
| | | | 47 abbey | 사원 |
| | | | 48 vampire squid | 흡혈오징어 |

| | |
|---|---|
| **49 jet propulsion** | 제트 추진 |
| **50 length** | 길이 |

| 핵심 수능 영어 어휘 28 | |
|---|---|
| **01 light-producing organ** | 발광 기관 |
| **02 region** | 지역 |
| **03 ibis** | 따오기 |
| **04 dwarf** | 난쟁이 |
| **05 mud** | 진흙 |
| **06 down-curved bill** | 아래로 굽은 부리 |
| **07 instant cup noodles** | 즉석 컵라면 |
| **08 tap water** | 수돗물 |
| **09 contaminant** | 오염 물질 |
| **10 lead** | 납 |
| **11 nervous system** | 신경계 |
| **12 dictionary** | 사전 |
| **13 combination** | 결합 |
| **14 require** | 필요로 하다 |
| **15 replace** | 교체하다 |
| **16 update** | 변경하다 |
| **17 recover** | 회복하다 |
| **18 postpone** | 연기하다 |
| **19 delay** | 연기하다 |
| **20 reserve** | 예약하다 |
| **21 handle** | 다루다 |
| **22 apply** | 신청하다 |
| **23 sweat** | 땀을 흘리다 |
| **24 dehydrate** | 탈수하다 |
| **25 overpopulate** | 인구과잉이 되다 |
| **26 resemble** | 닮다 |
| **27 lay** | (알을) 낳다 |
| **28 pour** | 붓다 |
| **29 dissolve** | 용해하다 |
| **30 damage** | 손상하다 |
| **31 exhausted** | 탈진한 |
| **32 objective** | 객관적인 |
| **33 competent** | 유능한 |

| | |
|---|---|
| **34 competitive** | 경쟁력 있는 |
| **35 brand-new** | 신제품의 |
| **36 instant** | 즉각적인 |
| **37 pre-assembled** | 미리 조립된 |
| **38 lots of** | 많은 |
| **39 emotionally balanced** | 감정적으로 균형적인 |
| **40 stable** | 안정적인 |
| **41 protective** | 예방의 |
| **42 flexible** | 융통성이 있는 |
| **43 liquid** | 액체 상태의 |
| **44 unbelievable** | 믿기 어려운 |
| **45 (be) similar to** | ~와 유사한 |
| **46 childless** | 자식이 없는 |
| **47 scariest** | 가장 무시무시한 |
| **48 invisible** | 보이지 않는 |
| **49 giant** | 큰 |
| **50 aquatic** | 물 속에서 자라는 |

| 핵심 수능 영어 어휘 29 | |
|---|---|
| **01 shallow** | 얕은 |
| **02 the most well-known** | 가장 잘 알려진 |
| **03 exactly** | 정확하게 |
| **04 maybe** | 아마도 |
| **05 recently** | 요즘, 최근 |
| **06 as a matter of fact** | 사실은 |
| **07 openly** | 솔직하게 |
| **08 in any way** | 어떤 식으로든 |
| **09 in turn** | 그 결과 |
| **10 in short** | 요약하면 |
| **11 relatively** | 비교적 |
| **12 highly** | 매우 |
| **13 in the end** | 결국 |
| **14 previously** | 이전에 |
| **15 rather** | 오히려 |
| **16 approximately** | 대략 |
| **17 mistakenly** | 잘못하여 |
| **18 locally** | 국부적으로 |

| | | | | |
|---|---|---|---|---|
| 19 childhood | 아동기 | 04 action hammer keyboards | 액션 해머 건반 |
| 20 drought | 가뭄 | 05 weight | 무게 |
| 21 current | 현재 | 06 teacup set | 찻잔세트 |
| 22 community bulletin board | 주민 게시판 | 07 saucer | 컵 받침 |
| 23 outage | 단수, 정전 | 08 geometric pattern | 기하학적 무늬 |
| 24 cut-off period | 단수기간 | 09 case study | 사례 연구 |
| 25 food researcher | 요리 연구가 | 10 graph | 그래프 |
| 26 upset stomach | 배탈 | 11 diagram | 도표 |
| 27 cough | 기침 | 12 actors in film | 영화배우들 |
| 28 immunity | 면역력 | 13 actors in theater | 연극배우들 |
| 29 unnecessary fats | 불필요한 지방 | 14 exclamation | 감탄사 |
| 30 piece | 작품 | 15 gesture | 몸짓 |
| 31 novel | 소설 | 16 facial expression | 표정 |
| 32 GPA(grade point average) | 평점 | 17 believable character | 현실과 개연성 있는 등장인물 |
| 33 management | 경영 | 18 duration | 기간 |
| 34 junior | 대학 3학년, 하급의 | 19 option | 선택권 |
| 35 job opening | 채용 공고 | 20 characteristic | 특성 |
| 36 department | 부서 | 21 sophomore | 2학년 |
| 37 stylish | 멋지다 | 22 laboratory | 실험실 |
| 38 trendy | 유행 | 23 a top priority | 최우선 상황 |
| 39 flat shoes | 플랫 슈즈 | 24 lettering | (쓰거나 새긴) 글자 |
| 40 grape | 포도 | 25 amusement park | 놀이공원 |
| 41 duty-free shop | 면세점 | 26 casting director | 캐스팅 감독 |
| 42 supper | 저녁 | 27 judge | 심사위원 |
| 43 organizer | 주최자 | 28 rooftop | 옥상 |
| 44 exposition | 박람회 | 29 travel agency | 여행사 |
| 45 participating countries | 참가국들 | 30 lizard | 도마뱀 |
| 46 wetland conservation | 습지 보호 | 31 burrow | 굴 |
| 47 published piece | 발행된 작품 | 32 threatened species | 절멸 위기종 |
| 48 newly written piece | 새롭게 쓴 작품 | 33 invasion | 침입 |
| 49 a brief outline | 간단한 개요 | 34 deal | 거래 |
| 50 judging panel | 심사단 | 35 instructor | 강사 |
| | | 36 nongovernmental organization | 비정부기구 |

### 핵심 수능 영어 어휘 30

| | |
|---|---|
| 01 scholarship | 장학금 |
| 02 primate | 영장류 |
| 03 hind legs | 뒷다리 |

| | |
|---|---|
| 37 well | 우물 |
| 38 recruitment | 신규 모집 |
| 39 complain about | ~에 대하여 불평하다 |

| 40 would rather | ~하기보다는 차라리 |
|---|---|
| 41 keep complaining | 계속 불평하는 일 |
| 42 be interested in | ~에 관심이 있다 |
| 43 get interested in | 관심을 갖게 되다 |
| 44 post | 게시물을 붙이다 |
| 45 store | 저장하다 |
| 46 affect | 영향을 미치다 |
| 47 match | 어울리다 |
| 48 compare | 비교하다 |
| 49 retake and replay | 재촬영하고 재연하다 |
| 50 redo | 다시 하다 |

### 핵심 수능 영어 어휘 31

| 01 insist | 주장하다 |
|---|---|
| 02 compliment | 칭찬하다 |
| 03 access | 접속하다, 접근하다 |
| 04 operate | 운영하다 |
| 05 weigh | (무게가) ~나가다 |
| 06 emerge | 나타나다 |
| 07 bask | (햇볕을) 쪼이다 |
| 08 shrink | 줄어들다 |
| 09 impress | 깊은 인상을 주다, 감동시키다 |
| 10 found | 설립하다 |
| 11 dig | 파다 |
| 12 severe | 심각한 |
| 13 diverse | 다양한 |
| 14 a lot | 많은 |
| 15 healthier | 더 건강에 좋은 |
| 16 boring | 지루한 |
| 17 impressive | 인상적인 |
| 18 brimmed | 챙이 넓은 |
| 19 old-fashioned | 구식인 |
| 20 girlish | 소녀 같은 |
| 21 due | ~하기로 예정된 |
| 22 a little bit of | 조금 |
| 23 showing off | 자랑하는 |
| 24 preliminary | 예비의 |

| 25 nocturnal | 야행성의 |
|---|---|
| 26 peculiar | 기이한 |
| 27 sufficient | 충분하다 |
| 28 exaggerated | 과장된 |
| 29 subtle | 미묘한 |
| 30 unfortunate | 불행한 |
| 31 energized | 활력 있는 |
| 32 available | 이용 가능한 |
| 33 valid | 유효한 |
| 34 synthetic | 인조의 |
| 35 anxious | 불안해하는 |
| 36 oversized | 너무 큰 |
| 37 fascinating | 황홀한 |
| 38 meaningful | 의미 있는 |
| 39 especially | 특히 |
| 40 additionally | 게다가 |
| 41 beforehand | 사전에 미리 |
| 42 on the whole | 전체적으로 |
| 43 nowadays | 요즘 |
| 44 originally | 원래 |
| 45 randomly | 무작위로 |
| 46 on the other hand | 반면에 |
| 47 totally | 반면에 |
| 48 author | 전적으로 |
| 49 sooner or later | 조만간 |
| 50 primarily | 주로 |

### 핵심 수능 영어 어휘 32

| 01 interestingly | 흥미롭게도 |
|---|---|
| 02 mistake | 실수 |
| 03 owner | 주인 |
| 04 assignment | 과제 |
| 05 award | 상 |
| 06 those in need | 어려움에 처한 사람들 |
| 07 sunburn | 햇볕에 손상된 피부 |
| 08 food remedy | 음식 치료법 |
| 09 cucumber | 오이 |

| | | | | |
|---|---|---|---|---|
| 10 swelling | 부기 | | 46 vacuum cleaner | 진공청소기 |
| 11 sting burn | 화상 | | 47 dust bag | 먼지 주머니 |
| 12 potato starch | 감자 전분 | | 48 suction power | 흡입력 |
| 13 baking soda | 베이킹 소다 | | 49 moth | 나방 |
| 14 moisture | 수분 | | 50 bug trap | 벌레 덫 |
| 15 affected skin area | 손상된 피부 주위 | | | |
| 16 comment | 언급 | | **핵심 수능 영어 어휘 33** | |
| 17 freedom of expression | 표현의 자유 | | 01 container | 용기 |
| 18 misuse | 오용, 남용 | | 02 customer service center | 고객 서비스 센터 |
| 19 harmful material | 해로운 자료 | | 03 repairperson | 수리공 |
| 20 trophy | 트로피 | | 04 person in charge | 담당자 |
| 21 garlic | 마늘 | | 05 booming | 발전 |
| 22 ancient Egypt | 고대 이집트 | | 06 silk stocking | 실크 스타킹 |
| 23 soldier | 병사 | | 07 fashion | 유행 |
| 24 spear | 창 | | 08 reflection | 반영 |
| 25 shield | 방패 | | 09 being tanned | 타는 것, 그을리는 것 |
| 26 origin of garlic | 마늘의 기원 | | 10 precaution | 예방 조치(수단) |
| 27 high school reunion | 고등학교 동창회 | | 11 hotline | 긴급 전화, 핫라인 |
| 28 leadership | 리더십 | | 12 senior center | 노인 회관 |
| 29 waiting list | 대기자 명단 | | 13 mythology | 신화 |
| 30 stadium | 경기장 | | 14 a collection | 모음 |
| 31 folks | 가족 | | 15 hero myths | 영웅 신화 |
| 32 shuttle bus | 셔틀버스 | | 16 mortals | 인간 |
| 33 a wireless portable speaker | 무선 휴대용 스피커 | | 17 death myths | 사망 신화 |
| 34 the best sound quality | 최상의 음질 | | 18 end-of-the-world myths | 세계 종말 신화 |
| 35 shockproof | 충격방지처리 | | 19 adviser | 조언자 |
| 36 $10 off coupon | 10달러 할인쿠폰 | | 20 cousin | 사촌 |
| 37 foothill | 산자락 | | 21 aunt | 숙모 |
| 38 active volcano | 활화산 | | 22 clothing store | 의류 상점 |
| 39 wildlife | 야생동물 | | 23 superhero | 슈퍼 영웅 |
| 40 endangered sea turtles | 멸종위기에 처한 바다거북 | | 24 myth | 신화 |
| 41 villager | 주민 | | 25 god | 신 |
| 42 craft | 공예품 | | 26 magical creatures | 마법의 생물체들 |
| 43 selection process | 선발과정 | | 27 dehumidifier | 제습기 |
| 44 online registration from | 온라인 등록 양식 | | 28 humidity | 습기 |
| 45 educational adventure | 교육적인 탐험 | | 29 auto-defrost function | 자동 성에 제거 기능 |
| | | | 30 frost | 성에, 서리 |

| | | | |
|---|---|---|---|
| 31 air filter | 공기 필터 | 15 retain | 유지하다 |
| 32 original campaign promises | 참신한 선거공약 | 16 frown | 얼굴을 찌푸리다 |
| 33 competition | 경쟁 | 17 inspire | 영감을 주다, 고무하다 |
| 34 election strategy | 선거 전략 | 18 describe | 묘사하다 |
| 35 popular student | 인기 있는 학생 | 19 cancel | 취소하다 |
| 36 vendor | 행상인 | 20 seal | 밀봉하다 |
| 37 poison-arrow frog | 독화살 개구리 | 21 melt | 녹다 |
| 38 female | 암컷 | 22 unplug | 플러그를 뽑다 |
| 39 tadpole | 올챙이 | 23 reflect | 반영하다 |
| 40 other role | 상대역 | 24 explore | 탐구하다 |
| 41 recommendation | 추천 | 25 destroy | 파멸하다 |
| 42 meals and accommodations | 식사와 숙박 | 26 persuade | 설득하다 |
| 43 rectangular | 직사각형 | 27 hatch | 부화하다 |
| 44 fireplace | 벽난로 | 28 flock | 몰려들다 |
| 45 shortage | 부족 | 29 attract | 유인하다, 끌어들이다 |
| 46 specialized training | 전문 교육 | 30 sunburned | 햇볕에 탄(그을린) |
| 47 vocational training | 직업 교육 | 31 sliced | 얇게 자른 |
| 48 symptom | 증상 | 32 disturbing | 거슬리는 |
| 49 exposure | 노출 | 33 inappropriate | 부적절한 |
| 50 eating habit | 식습관 | 34 awesome | 멋진 |

**핵심 수능 영어 어휘 34**

| | | | |
|---|---|---|---|
| 01 customer | 소비자, 고객 | 35 gift-wrapped | 선물용 포장 |
| 02 consideration | 고려사항 | 36 packed | 꽉 들어찬 |
| 03 senior | 연장자, 선배, 윗사람 | 37 specific | 특정한 |
| 04 demonstration | 시범 | 38 available | ~할 수 있는 |
| 05 promotion | 홍보, 촉진 | 39 fashionable | 유행에 맞는 |
| 06 a perfect fit | 꼭 맞는 것 | 40 light skinned | 피부색이 밝은 |
| 07 line(s) | (연극, 영화의) 대사, 줄 | 41 wealthy | 부유한 |
| 08 rainy season | 장마철, 우기 | 42 entire | 전체의 |
| 09 submit | ~을 제출하다 | 43 related | 관련된 |
| 10 hand in | ~을 제출하다 | 44 supernatural | 초자연적인 |
| 11 turn in | ~을 제출하다 | 45 cute | 귀여운 |
| 12 run | ~을 진행하다 | 46 unbearable | 참을 수 없는 |
| 13 protect | 보호하다 | 47 washable | 물세탁이 가능한 |
| 14 soothe | 진정시키다 | 48 reusable | 재사용 가능한 |
| | | 49 annual | 매년의, 1년에 한 번 |
| | | 50 brightly colored | 밝은 색깔의 |

## 핵심 수능 영어 어휘 35

| | |
|---|---|
| 01 tiny | 작은 |
| 02 deadly | 치명적인 |
| 03 reasonable | 적당한 |
| 04 elderly | 늙은 |
| 05 loved | 사랑하는 |
| 06 amazing | 놀라운 |
| 07 specialized | 전문화된 |
| 08 first off | 우선, 먼저 |
| 09 to be honest | 솔직히 |
| 10 down on his knees | 무릎을 꿇고 있는 |
| 11 almost | 거의 |
| 12 though | 하지만, 그러나 |
| 13 tightly | 단단하게 |
| 14 constantly | 끊임없이 |
| 15 in fact | 사실은 |
| 16 soundly | 곤히 |
| 17 a variety of | 다양한 |
| 18 irregularly | 불규칙하게 |
| 19 not exactly | 꼭 그렇지는 않다 |
| 20 fortunately | 다행히 |
| 21 barely | 거의 ~않는 |
| 22 windsurfing | 윈드서핑 |
| 23 audience | 청중, 관객 |
| 24 principal | 교장 |
| 25 a new type of bird flu | 새로운 형태의 조류 독감 |
| 26 authorities | 정부 당국 |
| 27 emergency alert against | ~에 대한 비상경보 발령 |
| 28 safety | 안전 |
| 29 packet | 묶음, 꾸러미 |
| 30 quality | 질, 품질 |
| 31 paper | 보고서 |
| 32 public transportation | 대중교통 |
| 33 car pool | 승용차 함께 타기 |
| 34 the number of | ~의 수 |
| 35 private car | 자가용 |
| 36 viewer | 시청자 |
| 37 insight | 통찰력 |
| 38 piggy bank | 돼지 저금통 |
| 39 book holder | 독서대 |
| 40 grocery store | 식료품점 |
| 41 granddaughter | 손녀 |
| 42 tournament | 대회 |
| 43 jungle trekking | 정글 트레킹 |
| 44 ancient temple | 고대 사원 |
| 45 white water rafting | 급류타기 |
| 46 cave tour | 동굴 여행 |
| 47 golden bat | 황금 박쥐 |
| 48 marine life | 바다 생물 |
| 49 registration | 등록 |
| 50 pre-register | 사전 등록 |

## 핵심 수능 영어 어휘 36

| | |
|---|---|
| 01 cleanup | 대청소 |
| 02 accident | 사고 |
| 03 hometown | 고향 마을 |
| 04 cook | 요리사 |
| 05 cruise ship | 유람선 |
| 06 the rules of perspective | 원근법의 법칙 |
| 07 business trip | 출장 |
| 08 display | 화면 표시 |
| 09 a longer battery life | 더 긴 배터리 수명 |
| 10 heavy snow | 폭설 |
| 11 sidewalk | 인도 |
| 12 globalization | 세계화 |
| 13 growth | 성장 |
| 14 social media | 소셜 미디어 |
| 15 million | 100만 |
| 16 billion | 10억 |
| 17 germ | 세균 |
| 18 watermelon | 수박 |
| 19 weatherman | 일기 예보하는 사람 |
| 20 manual | 매뉴얼, 설명서 |
| 21 appreciation | 감사 |

| | | | |
|---|---|---|---|
| 22 camp director | 캠프 관리자 | 07 separate | 분리된 |
| 23 aquarium | 수족관 | 08 complicated | 복잡한 |
| 24 eyesight | 시력 | 09 additional | 추가적인 |
| 25 shrimp | 새우 | 10 enjoyable | 즐길 수 있는 |
| 26 squid | 오징어 | 11 particular | 특별한 |
| 27 military | 군대의 | 12 disappointed | 실망한 |
| 28 subtitle | 자막 | 13 in advance | 미리 |
| 29 exception | 예외 | 14 on stage | 무대 위에 |
| 30 permission | 허락 | 15 as much as possible | 가능한 |
| 31 resource | 자료 | 16 for sure | 확실히 |
| 32 dresser | 화장대 | 17 mainly | 주로 |
| 33 perspective | 원근법 | 18 basically | 기본적으로 |
| 34 spread | 퍼지다 | 19 potentially | 잠재적으로 |
| 35 trust | 믿다 | 20 tragically | 비극적으로 |
| 36 ruin | 망쳐놓다 | 21 luckily | 운 좋게 |
| 37 ban | 금지하다 | 22 statistically | 통계상 |
| 38 span | (강, 계곡에) 걸치다 | 23 surprisingly | 놀랍게도 |
| 39 memorize | 암기하다 | 24 incredibly | 믿기 힘들게도 |
| 40 save | 절약하다, 구하다 | 25 consistently | 시종일관 |
| 41 celebrate | 축하하다 | 26 no later than | 늦어도 ~까지는 |
| 42 inspire | (감정 등을) 불어넣다, 고취하다 | 27 individually | 개별적으로 |
| 43 detect | 탐지하다 | 28 opening | 공석, 빈자리 |
| 44 prefer | 선호하다 | 29 internship | 인턴사원 직 |
| 45 register | 등록하다 | 30 overweight | 과체중, 비만 |
| 46 reorganize | 재정리하다 | 31 pre-diabetes | 당뇨병 전증 |
| 47 convenient | 편리한 | 32 promising | 전도유망한, 장래성 있는 |
| 48 tons of | 다수의 | 33 free weight loss | 무료 체중 감량 |
| 49 incorrect | 부정확한 | 34 weight maintenance program | 체중 유지 프로그램 |
| 50 unattractive | 아름답지 못한 | 35 risk of | ~의 위험 |
| | | 36 expert | 전문가 |

### 핵심 수능 영어 어휘 37

| | | | |
|---|---|---|---|
| 01 dangerous to | ~에게 위험하다 | 37 mood | 기분 |
| 02 hopeless | 절망적인 | 38 trait | 특성, 특징 |
| 03 (be) frustrated with | ~에 좌절감을 느끼는 | 39 up and down | 기복, 오르내림 |
| 04 individual | 각각의 | 40 consequence | 결과, 결론 |
| 05 beneficial | 유익한 | 41 suggestion | 제안 |
| 06 air-conditioned | 냉방이 되는 | 42 parade | 행진 |
| | | 43 clown balloon | 광대 풍선 |

| | | | | |
|---|---|---|---|---|
| 44 performance | 연주, 공연 | | 28 spinach | 시금치 |
| 45 marching band | 고적대 | | 29 wheat | 밀 |
| 46 the lead person | 선두에 있는 사람 | | 30 coordinator | 진행자, 조정자 |
| 47 flag | 깃발 | | 31 homestay | 홈스테이 |
| 48 turkey | 칠면조 | | 32 accommodation | 숙박 시설 |
| 49 parking space | 주차공간 | | 33 custom | 관습, 풍습 |
| 50 spot | 자리 | | 34 nearby attraction | 인근의 명소 |

<br>

| 핵심 수능 영어 어휘 38 | | | 35 parenting | 부모 역할 |
|---|---|---|---|---|
| 01 white gown | 흰색 가운 | | 36 argument | 말다툼 |
| 02 magnetic strip | 자기 띠 | | 37 carpool | 승용차 함께 타기 |
| 03 notice | 안내문, 공고문 | | 38 co-workers | 동료 |
| 04 audition | 오디션 | | 39 traffic jams | 교통 체증 |
| 05 instrument | 악기 | | 40 cheerful personality | 쾌활한 성격 |
| 06 test piece | 지정곡, 과제곡 | | 41 downtown | 시내 |
| 07 row | 구역, ~가 | | 42 garage sale | 중고 물품 시장 |
| 08 a service charge | 서비스 요금 | | 43 arrangement | 배치 |
| 09 regular price | 정가 | | 44 laptop computer | 노트북, 휴대용 컴퓨터 |
| 10 citizenship preparation | 시민권 준비 | | 45 computer lab | 컴퓨터실 |
| 11 naturalization | 귀화, 순응 | | 46 inbox | 받은 메일함 |
| 12 citizenship application process | 시민권 인터뷰 연습 | | 47 departure | 출발 |
| 13 review | 복습 | | 48 reserve | 예약하다 |
| 14 constitution | 헌법 | | 49 greenhouse | 온실 |
| 15 globe | 지구본 | | 50 gardening | 원예 |
| 16 niece | 조카딸 | | | |

| 17 elementary school graduation | 초등학교 졸업 | | 핵심 수능 영어 어휘 39 | |
|---|---|---|---|---|
| 18 yoga | 요가 | | 01 bottom | 바닥 |
| 19 key concept | 핵심개념 | | 02 club | 동아리 |
| 20 knee pain | 무릎 통증 | | 03 section | 부문 |
| 21 function | 기능 | | 04 membership fee | 회비 |
| 22 muscle | 근육 | | 05 tropical rainforest | 열대 우림 |
| 23 pressure | 압력 | | 06 den | 굴 |
| 24 quadriceps | 사두근 | | 07 flesh | 과육, 살 |
| 25 hamstring | 오금줄 | | 08 campground | 캠프장 |
| 26 knee injury | 무릎 부상 | | 09 physics | 물리 |
| 27 essential nutrient | 필수 영양분 | | 10 semester | 학기 |
| | | | 11 chemistry | 화학 |
| | | | 12 speech | 연설 |

| | | | | |
|---|---|---|---|---|
| 13 editorial section | 사설란 | | 50 race around | 이리저리 뛰어다니다 |
| 14 enjoyment | 즐거움 | | | |

| | | | | |
|---|---|---|---|---|
| 15 current issue | 현안 | | 01 do without | ~없이 지내다 |
| 16 misconception | 오해 | | 02 be supposed to | ~하기로 되어 있다 |
| 17 medical checkup | 건강검진 | | 03 run for | ~에 입후보하다 |
| 18 dress rehearsal | 무대 의상을 입고 정식으로 하는 총연습 | | 04 prepare for | ~을 준비하다 |
| 19 rocking chair | 흔들의자 | | 05 give up | 포기하다 |
| 20 special offer | 특가 판매, 특가품 | | 06 deal with | ~을 다루다 |
| 21 reduce | 감소시키다, 줄이다 | | 07 (be) eligible to | -할 자격이 있다 |
| 22 reinforce | 강화하다 | | 08 conducted by | ~에 의해 시행되는 |
| 23 empower | 권한을 주다 | | 09 believable | 믿을만한 |
| 24 spill | 쏟다, 엎지르다 | | 10 imaginative | 상상력이 풍부한 |
| 25 borrow | 빌리다 | | 11 unnatural | 부자연스러운 |
| 26 withdraw | 인출하다, 취소하다 | | 12 realistic | 사실적인, 현실적인 |
| 27 preregister | 사전 등록하다 | | 13 actual | 실제의, 진짜의 |
| 28 illuminate | 비추다, 조명하다 | | 14 funny-looking | 우스꽝스럽게 생긴 |
| 29 complain | 불평하다 | | 15 related to | ~와 관련된 |
| 30 arrange | 마련하다, 계획하다 | | 16 frustrating | 좌절감을 주는, 불만스러운 |
| 31 mend | 개선하다, 고치다 | | 17 contrasting | 대조적인 |
| 32 suit | ~에 맞다, 어울리다 | | 18 intermediate | 중급의, 중간의 |
| 33 encourage | 격려하다 | | 19 advanced | 상급의, 진보적인 |
| 34 allow | 허락하다 | | 20 antique | 고풍스러운, 고대의 |
| 35 be designed to | ~하기 위해 설계되다 | | 21 healthy | 건강한 |
| 36 be monitored | 관찰되다 | | 22 constant | 끊임없이 계속되는 |
| 37 struggle to | ~하기 위해서 애쓰다 | | 23 proper | 적절한, 올바른 |
| 38 be in charge | 책임이 있는, 담당하는 | | 24 nutritious | 영양분이 풍부한, 건강에 좋은 |
| 39 drop by | 들르다 | | 25 plenty of | 많은 |
| 40 stressed out | 스트레스로 지치다 | | 26 located | 위치한 |
| 41 get back in shape | 건강을 회복하다 | | 27 fun-filled | 재미로 가득한 |
| 42 tune into | 채널을 맞추다 | | 28 independent | 독립적인 |
| 43 get used to | ~에 익숙해지다 | | 29 waterproof | 방수의 |
| 44 brighten up | 밝게 만들다 | | 30 movable | 움직이는, 이동시킬 수 있는 |
| 45 plan to | ~할 계획이다 | | 31 native to | ~가 원산인 |
| 46 move around | 이리저리 옮기다 | | 32 active | 활동적인 |
| 47 take place | 개최되다 | | 33 hollow | 속이 빈 |
| 48 sign up | 가입하다, 등록하다 | | | |
| 49 focus on | ~에 초점을 맞추다 | | | |

| | |
|---|---|
| **34 inconvenient** | 불편한 |
| **35 demanding** | 힘든 |
| **36 close** | 친한 |
| **37 political** | 정치와 관련된, 정치의 |
| **38 from time to time** | 때때로 |
| **39 furiously** | 맹렬하게 |
| **40 properly** | 올바르게 |
| **41 personally** | 개인적으로 |
| **42 as well** | 또한, 역시 |
| **43 definitely** | 물론입니다, 분명히 |
| **44 instead** | 대신에 |
| **45 actually** | 사실 |
| **46 pretty** | 꽤, 매우 |
| **47 entirely** | 전적으로 |
| **48 hardly ever** | 거의 ~ 않다 |
| **49 the other day** | 요전에 |
| **50 bank** | 은행 |